传世励志经典

忠孝的智者
诸葛亮

程颖 肖双丹 编著

中华工商联合出版社

图书在版编目（CIP）数据

忠孝的智者——诸葛亮 / 程颖，肖双丹编著. --北京：中华工商联合出版社，2015.12

ISBN 978-7-5158-1519-0

Ⅰ.①忠… Ⅱ.①程… ②肖… Ⅲ.①诸葛亮（181～234）一传记 Ⅳ.①K827＝362

中国版本图书馆 CIP 数据核字（2015）第 261863 号

忠孝的智者
——诸葛亮

作 者：	程 颖 肖双丹
出 品 人：	徐 潜
策划编辑：	魏鸿鸣
责任编辑：	林 立
封面设计：	周 源
营销总监：	曹 庆
营销推广：	王 静 万春生
责任审读：	李 征
责任印制：	迈致红
出版发行：	中华工商联合出版社有限责任公司
印 刷：	三河市燕春印务有限公司
版 次：	2016 年 2 月第 1 版
印 次：	2024 年 1 月第 6 次印刷
开 本：	710mm×1020mm 1/16
字 数：	200 千字
印 张：	14.75
书 号：	ISBN 978-7-5158-1519-0
定 价：	42.00 元

服务热线：010－58301130
销售热线：010－58302813
地址邮编：北京市西城区西环广场 A 座
19－20 层，100044

http://www.chgslcbs.cn
E-mail：cicap1202@sina.com（营销中心）
E-mail：gslzbs@sina.com（总编室）

序

  为了给《传世励志经典》写几句话，我翻阅了手边几种常见的古今中外圣贤大师关于人生的书，大致统计了一下，励志类的比例，确为首屈一指。其实古往今来，所有的成功者，他们的人生和他们所激赏的人生，不外是："有志者，事竟成。"

  励志是动宾结构的词，励是磨砺，志是志向，放在一起就是磨砺志向。所以说，励志不是简单的立志，是要像把刀放在石头上磨才能锋利一样，这个磨砺，也不是轻而易举地摩擦一下，而是要下力气的，对刀来说，不仅要把自身的锈磨掉，还要把多余的部分都要毫不留情地磨掉，这简直是一场磨难。所有绚丽的人生都是用艰难磨砺成的，砥砺生命放光华。可见，励志至少有三层意思：

  一是立志。国人都崇拜的一本书叫《易经》，那里面有一句话说："天行健，君子以自强不息。"这是一种天人合一的理念，它揭示了自然界和人类发展演化的基本规律，所以一切圣贤伟人无不遵循此道。当然，这里还有一个立什么样的志的问题，孔子说："士不可以不弘毅，任重而道远。"古往今来，凡志士仁人立的都是天下家国之志。李白说：大丈夫必有四方之志，白居易有诗曰：丈夫贵兼济，岂独善一身，讲的都是这个道理。

二是励志。有了志向不一定就能成事，《礼记》里说："玉不琢，不成器。"因为从理想到现实还有很大的距离。志向须在现实的困境中反复历练，不断考验才能变得坚韧弘毅，才能一步一个脚印地逐步实现。所以拿破仑说：真正之才智乃刚毅之志向。孟子则把天将降大任于斯人描述得如此艰难困苦。我们看看历代圣贤，从世界三大宗教的创始人耶稣、穆罕默德、释迦牟尼到孔夫子、司马迁、孙中山，直至各行各业的精英，哪一个不是历经磨难终成大业，哪一个不是砥砺生命放射出人生的光芒。

三是守志。无论立志还是励志都不是一朝一夕、一蹴而就的，它贯穿了人的一生，无论生命之火是绚丽还是暗淡，都将到它熄灭的最后一刻。所以真正的有志者，一方面存矢志不渝之德，另一方面有不为穷变节、不为贱易志之气。像孟子说的那样："富贵不能淫，贫贱不能移，威武不能屈。"明代有位首辅大臣叫刘吉，他说过：有志者立长志，无志者常立志，这话是很有道理的。

话说回来，励志并非粘贴在生命上的标签，而是融汇于人生中一点一滴的气蕴，最后成长为人的格调和气质，成就人生的梦想。不管你做哪一行，有志不论年少，无志空活百年。

这套《传世励志经典》共收辑了100部图书，包括传记、文集、选辑。为读者满足心灵的渴望，有的像心灵鸡汤，营养而鲜美；有的就是萝卜白菜或粗茶淡饭，却是生命之必需。无论直接或间接，先贤们的追求和感悟，一定会给我们带来生命的惊喜。

徐 潜

前　言

　　诸葛亮（181 年—234 年），字孔明，号卧龙（也作伏龙），是三国时期著名的政治家、军事家、思想家、发明家等。诸葛亮东汉光和四年（181 年）出生于琅琊郡阳都县（今山东沂南县），蜀建兴十二年（234 年）在五丈原（今陕西宝鸡岐山境内）逝世。诸葛亮生前被封为武乡侯，逝世后蜀汉后主刘禅追谥他为忠武侯，他还因为独特的军事才能被东晋政权封为武兴王。诸葛亮通天文，晓地理，有着胸怀坦荡的大智慧，还发明了木牛流马、孔明灯、诸葛连弩等。

　　据《三国志·蜀志·诸葛亮传》记载，诸葛亮是西汉时期司隶校尉诸葛丰的后代。诸葛亮的父亲叫诸葛珪，字君贡，汉末时期曾担任泰山郡丞。诸葛亮少年时，母亲和父亲相继离世，叔父诸葛玄心疼哥哥的子女无依无靠，于是就把八岁的诸葛亮、年幼的诸葛均，以及诸葛亮未出嫁的两个姐姐带在身边抚养。

　　193 年，出于个人志向及局势动荡的影响，诸葛玄接受了袁术的邀请，带着侄儿们到豫章赴任，这时的诸葛亮年仅 13 岁，远离故乡使得少年诸葛亮十分难过。从阳都到豫章，行程约八百公里，诸葛亮在途中领略了祖国的壮丽山河，南北的各异风情，使他长了不少见识，但沿途战火留下的痕迹也使幼年的他感受到了人世的艰辛，这为他之后隐居却心系天下大事埋下了种子。他们到达豫章后，原本期待的安定生活没有来到，就被朱皓的军队赶到了西城。15岁时，诸葛亮和姐弟们又由西城北上到达了荆州襄阳（今湖北襄樊），才结束了流离的生活。

襄阳交通发达，经济繁荣，有不少世家名族，诸葛亮在这里广交朋友、提高学识。建安二年（197年），诸葛玄病逝，诸葛亮失去了叔父政治、经济上的扶持，于是决定带着弟弟诸葛均隐居乡土。在襄阳隆中，诸葛亮躬耕田亩，但却依旧关心天下大事。隆中环境清幽，离襄阳又近，诸葛亮在这里既能静心博览群书，又能很快地了解到全国各地的重大信息。就这样过了十年，到建安十二年（207年），刘备三顾茅庐，著名的"隆中对策"发生，诸葛亮在《隆中对》中为刘备提出了三分天下、缔造蜀汉政权的进取方略，从此，诸葛亮结束了隐居，开始了他辅助刘备、刘禅父子打天下的生涯。

"隆中对"时，诸葛亮27岁，这一年，不仅仅是诸葛亮54年生命的中点，更是他事业、生活的重大转折点。从初出茅庐至病逝五丈原，诸葛亮生命的后27年，他辅佐刘备父子真可谓是"鞠躬尽瘁、死而后已"。赤壁之战中他头脑冷静、机智过人，失街亭挥泪斩马谡他执法严明、公平守信，擒孟获他多擒多纵使敌人心服口服……这些故事即使经历了千百年也流风余韵，诸葛亮不仅因为他对刘备父子的卓著功勋而留名，更因为他的高尚情操、懿德嘉言而受后人景仰。

编　者

目 录

第一部分　隆中十年养精蓄锐

　　少年诸葛　　001

　　隐居南阳　　009

　　隆中对策　　018

第二部分　火烧赤壁争霸荆州

　　联吴抗魏　　036

　　赤壁见智　　049

　　肇基荆州　　053

第三部分　平定益州治蜀有方

　　西取益州　　070

　　临危受命　　088

　　重联东吴　　097

　　开府治蜀　　113

　　农商并进　　135

　　备战北伐　　145

第四部分　鞠躬尽瘁死而后已

　　出师首伐　　154

　　败退汉中　　167

　　反击之战　　175

　　再战祁山　　183

　　明星陨落　　195

后记——千古名相诸葛亮　　210

附录　诸葛亮生平表　　223

第一部分　隆中十年养精蓄锐

少年诸葛

东汉末年

汉灵帝光和四年（181 年）。

这已经是皇帝登基的第十四个年头，但是这一年依旧和过去一样，灾情不止，兵乱不断。倍受折磨的百姓们在苛政重税的压力下苟延残喘，而东汉王朝却依旧夜夜笙歌，不问世事，仿佛对这残酷的现实毫无所知，将一座座高大华美的宫殿修建在了累累白骨之上。

经过一番深思熟虑，在汉桓帝刘志逝世后，手握政治实权的窦氏选择将刘宏推向了皇位。刘宏登基后，他一心钻入了钱眼儿里，忙着从全国各地敛财，疯狂地充实着自己的小金库，而国库却空虚到拿不出足够的钱来赈灾，卖官鬻爵成为一种社会常态，而在这个时期，东汉朝廷开始施行党锢及宦官政治，并设置了西园，国家政治陷入黑暗的漩涡之中不可自拔。面对这样的大环境，大多数官吏们为了能够得到顺利升迁的机会，只能跟随大流，恨不得从百姓身上剥下一层皮，找尽各种非常荒唐的借口收税，逼得百姓不得不卖妻鬻子，最后陷入家破人亡的悲惨境地。

东汉末年，朝廷的统治已经开始濒临崩溃。农业生产作为古代中国的政治基础摇摇欲坠，不仅出现了难以控制的土地兼并现象，更有天灾与瘟疫的双重打击，身处社会最底层的百姓与当权者的矛盾日益激化，在忍无可忍中，百姓只能纷纷举旗起义。

"苍天已死，黄天当立，岁在甲子，天下大吉。"充满叛乱色彩的言论很快在民间广泛传播，并因为有人告密而传到了皇帝的耳朵里，得到了密报的皇帝被吓破了胆，多年的骄奢淫逸已经磨平了他的冷静理智，当即就下令让全国搜捕叛党，只要与太平道扯上关系者，全部诛杀不留，一时间，血染山河，白骨遍野，因此牵连丧命者达上千人。即使如此，面对在朝廷不留余地的剿杀，太平道的口号却依旧响彻了民间，振臂之下，一呼百应，成千上万的信徒冲进了历史的洪流之中，东汉王朝这座已经腐朽的大厦开始摇摇欲坠，轰轰烈烈的起义像是咆哮着的猛虎撕咬着这个时代，被平静的假象所掩盖的矛盾掀起了骇人的惊天波涛。这次由张角领导的最后发展到全国性的农民起义因头戴黄巾为象征性的标志，史称黄巾起义。

在农民与东汉当权者斗争的十多年间，投于黄巾起义的人数达十万，青、徐、幽、冀、荆、扬、兖、豫八州皆有民兵成营。在这场起义中，"天公将军"张角、"地公将军"张宝和"人公将军"张梁，都扮演了极其重要的角色——兄弟三人不仅组织参与起义的民众在各处府署门上写上"甲子"的字样，还提前约定好在发动起义时缠上黄色头巾，作为识别的重要标志，并在之后领导起义军与东汉王朝进行战斗抗争。

不过几日之间，跟随张角等人的民兵就足矣震惊京师，手足无措的灵帝从各地调集精兵，准备全力进剿黄巾军，与此同时，这个时期比较著名的袁绍、袁术、公孙瓒、曹操、孙坚、刘备等各地豪强地主，在配合官军镇压起义的同时，也逐步建立起了自己的武装力量。在起义初期，黄巾军的主力分散在巨鹿、颍川、南阳等地，虽也有攻城略地的胜利战绩，但是始终没有形成一个坚固的阵营，不仅缺乏实际战斗经验，也不能几地协同作战，因此始终没能取得有绝对优势的局面。另一方面，为了平定战乱，打击黄巾余党，腹背受敌的朝廷只能被迫选择一次次将军事权力下放，各个地方势力如雨后春笋般冒出，纷纷拥兵自重，占领一方，形成了初具规模的群雄割据局面，原本的社会结构几乎分崩离析。

但是这次声势浩大的起义却没有真正推翻东汉王朝，根据黄巾军人数众多却兵力分散的特点，东汉王朝采取了集中兵力逐一击破的进攻方法，经过一番混战，逐步击败颍川、陈国、汝南、东郡和南阳的黄巾军，而在双方交战未果时，张角就因重病在冀州去世，黄巾军主力由张梁接手带领并继续固守广宗。同年10月，皇甫嵩率官军偷袭黄巾军营，张梁在两方交战中不幸阵亡，这次偷袭使三万多黄巾军惨遭杀害，五万多人投河而死，而死去的张角同样难免受人羞辱，更是被剖棺戮尸。随即，张宝也于下曲阳（今河北晋县西北）不敌镇压军，兵败阵亡，十余万黄巾军被杀害。但是在这场惨烈的战争之后，面对极其不利的局面，黄巾军余部和各地的农民武装仍然坚持斗争，不肯向东汉投降。

对于这场浩大的农民起义，严重的土地兼并问题并不是其唯一的导火索，造成地方豪强兴起的诱因也包括了刺史制度的变动。同时，这种政治变动也是造成东汉末年群雄割据的主因。180 年，各州的最高长官如下：南阳太守袁术、冀州刺史韩馥、豫州刺史孔伷、兖州刺史刘岱、河内郡太守王匡、陈留太守张邈、东郡太守乔瑁、山阳太守袁遗、济北相鲍信、北海太守孔融、广陵太守张超、徐州刺史陶谦、西凉太守马腾、北平太守公孙瓒、上党太守张杨、乌程侯长沙太守孙坚以及祁乡侯渤海太守袁绍，他们也是后来参与三国时期群雄角逐的重要人物。

这个时代的巨变给予了地方豪强崛起的机会，然而他们的最初目的不过是想依靠庞大的经济基础去组织私有武装军队在乱世中进行自保，却在自身势力的不断壮大发展中，逐渐演变成了拥有私人武力的军阀。如三国时期的重要人物曹操、刘备等人，都是在这样的背景下崭露了头角。尤其对于曹操来说，讨伐黄巾军成为他日后称霸的重要转折——青州黄巾军曾一度发展到拥众百万，后因作战失利，被迫接受了曹操的收编。而在平定冀州时，张燕领导的黑山军也投降于他，这使得曹操的军事实力迅速膨胀起来。

中央政府对于这样的情况，虽然有心改变，却终是无能为力，甚至还要依赖他们来维持制衡地方的稳定。这种特殊的格局发展到后期，又逐渐开始分化为士族与寒门两个阵营，其中，出身较高的士族在土地与权势方面占有明显优势，少数显贵也因此拥有垄断政府高层的实力，从而催生形成了三国两晋时期特有的士族政治。

家族渊源

诸葛亮生于一个官宦世家。

诸葛亮一族在三国时期有着极其深远的影响，魏、蜀、吴三国之中皆有其家族成员分布，而且其中一部分更手握重权，足矣掌握朝政动向。

《汉书》记载，诸葛亮之祖先可以一直追溯到西汉元帝时的诸葛丰，诸葛丰自小就表现得极为聪慧，并用功学习，熟读经史，曾出任御史大夫，后荐举为文学侍御史。因其性格刚直而扬名世间，执法公允，不畏权贵，当时的百姓都对他很尊重，元帝因为他的高尚节操而给予了其非常高的荣耀，授他符节，加封为光禄大夫。但是之后不久，诸葛丰在执法中威胁到了元帝宠臣的利益，元帝因此震怒而下令将符节收回，并降他为城门校尉。降为城门校尉后，诸葛丰并没有屈服，继续上书检举官员们的不法行为，后被元帝免为庶人。

幼年丧父

诸葛珪，字君贡，诸葛亮之父，汉末为青州泰山郡丞。诸葛亮在家中排行老四，上有两个姐姐和一个哥哥诸葛瑾，下有一个弟弟诸葛均。

中平六年（183 年），诸葛亮年仅三岁时，其母亲章氏染上了重病，没有撑过几日就撒手而去。

诸葛玄是诸葛亮的叔父，在当时很有权力的州牧刘表手下谋生，是他的属吏。刺史制度源自西汉武帝时期，原本是想通过等级低的官员去监察等级高的官员，从而达到权力制衡的目的，随着权力的变迁，刺史的权力却越来越大，直到东汉灵帝时期，刘焉的建议得以采纳实行，将各州刺史改称州牧，虽属于地方性的官员，但州牧位居郡守之上，掌握一州的军政大权。诸葛玄经常有机会在各地游历，素来与哥哥诸葛珪交往甚密，对几个侄儿自然是非常的疼爱，尤其是对诸葛亮，而诸葛亮也对这个叔父特别的喜欢，因为从他的口中，他总能听见他喜欢的那些奇人异事。

诸葛亮的童年和同龄的孩子一样充满了天真与烂漫，享受着无忧无虑的生活，因为生于富贵的望族中，丰富的物质条件给了他良好的教育条件，年纪尚小便显现出了学习天赋，但是一切都被迫在汉灵帝中平五年（188年）时画上了句号——他的父亲诸葛珪在病痛中去世了。

诸葛珪清楚地知道自己的大限之日马上要来了，趁着还算清醒，躺在病榻上的他唤来了自己的续弦顾氏，嘱咐她找回在外地的大儿子诸葛瑾和弟弟诸葛玄，顾氏听从了诸葛珪的要求，连夜派人把诸葛珪病重的消息带给了他们，催促他们立刻赶回见诸葛珪最后一面。向刘表说明了家中情况，诸葛玄就马不停蹄地奔驰在回乡的路上，而诸葛瑾也在接到消息的第一时间往家中赶。

看着失去了父母的诸葛亮，他的叔父诸葛玄心中更是一痛。三岁失母，八岁丧父，再逢上这样一个兵荒马乱的年代，诸葛家的孩子根本没有办法撑起这个偌大的家族。如今皇帝死了，叛乱起义四起，灾荒连年，官吏士兵犹如打家劫舍的土匪，如果自己不再对他们施以援手，那么这群孩子就真的没有了生存下去的希望。可怜诸葛亮他们几个小小年纪就面临如此光景，诸葛玄终于下定决心承担起兄长未完成的责任，好好照顾他的遗孀和这群孩子们。这也让诸葛亮感受到了从未有过的艰难，眼前的挫折就像是一座翻越不过去的大山，窘境使这个早慧的孩子坠入了深深的迷茫，但是他已经开始意识到，他的身上背负的不仅仅是自己的命运，更是诸葛一族的命运。

中平六年（189年）四月，汉灵帝刘宏在嘉德宫驾崩，谥号孝灵皇帝，于文陵安葬。年幼无知的少帝刘辩登基继位，暂由何太后临朝主政，这样就导致宦官和外戚轻松取得控制皇权的特殊权力，皇权逐渐没落衰微。深知朝廷派系之争的董卓得知灵帝驾崩的消息后，就密切注视朝廷各派动向，在河东伺机而动，随时准备见机行事。不久，大将军何进的密令就传到了董卓的手中。

少帝的舅舅何进是外戚势力的重要掌权人，在灵帝死后，他曾经一度因为担心自己利益不保，而与司隶校尉袁绍相互勾结，想要用计诛杀张让，但是此举遭到何太后强烈的反对，何进又诱董卓入驻朝廷，以圣旨名义召他进京讨伐张让，并希望以此来威胁何太后就范。董卓接到圣旨后，便立即召集人马，连日引军进京，上书少帝"逐君侧之恶"，"收让军，以清奸秽"，可是董卓还没来得及赶到洛阳，何进就因卷入争斗被张让等人杀死。这时，袁术也趁乱领兵进入洛阳，在听到何进被杀的消息后，便命人放火烧毁了南宫，并下令继续追杀张让等人，走投无路的张让和段珪劫持少帝刘辩和陈留王刘协半夜出逃至黄河渡口小平津（今河南省巩义市西南），对此不知情的董卓在行进途中望见京城一片火海，就知道情况有变，知道少帝逃往北芒后，又急忙率兵前往拦截。当时，刘协九岁，少帝十四岁，相比与惊慌失措的少帝刘辩，董卓对镇定自若的刘协更为喜欢欣赏，而又考虑到他是董太后亲自抚养长大的，于是，便有了罢黜刘辩、拥立刘协的念头。

少帝在董卓的帮助下重新返回了皇宫，董卓也开始光明正大地干预整个朝廷，这也使得各个州牧纷纷利用天下大乱，名正言顺在地方割据势力，而那些未被改为州牧的刺史和郡守，也趁机扩大权力和武装力量，还有人在战乱中自封为州牧和刺史，如此一来，东汉中央政府的统治已经名存实亡，不复昔日汉室的威严。

血洗琅琊

陶谦，字恭祖，扬州丹阳（今安徽宣城）人，任幽州刺史，在任时因受身边小人蒙蔽而疏远了许多可用之才，使幽州的政治一度陷入混乱之中。

中平五年（188年）冬十月，青州、徐州一带的黄巾起义再度爆发，陶谦被调任为徐州刺史，因其将义军在短时间内赶出了徐州而受到褒奖，后来升迁徐州牧，前途可谓是一片大好风光，但是这一切很快就因为一个人的意外死亡而终结，这个人就是曹操之父曹嵩。有资料证明，杀害曹嵩的人名为张闿，他原本只是陶谦手下的一个小小都尉，在一次日常巡视中，意外见到了曹嵩一行人带着大量钱财上街，并不知道他身份的张闿最终禁不起诱惑，带领手下制造了这一桩非常惨烈的杀人抢劫案——不仅抢走了全部钱财，更是杀害了曹嵩及其随行的所有人以灭口。自知闯下滔天大祸之后，张闿便带着赃物连夜跑到淮南藏匿起来，而受到牵连的陶谦将要面对的，就是这个无法收场的烂摊子，他心知这是要大祸临头了，因为受害人不是一般背景，而是大军阀曹操的亲爹。

初平四年（193年），青州军打着复仇的旗号屠徐州城。

下邳（今江苏邳州）阙宣与陶谦共举兵造反，曹操讨伐陶谦。

连天的赤色火焰仿佛要将一切都烧尽，打着复仇旗号的青州军已经逼近了琅琊郡，他们一身缟素，如同鬣（liè）狗般号叫着，挥舞着刀剑砍向无辜承受灾难的百姓。他们就像是一群杀人不眨眼的恶鬼，所到之处不留任何活口，短短几天时间，无辜百姓的污血染红了河流，遍地尸体堆积，周围百姓一听闻青州军要来，也不管是不是真的，立刻拖家带口地仓皇而逃。知道青州军已经打到了琅琊郡的附近，城中百姓一时间惊慌失措，马上回家收拾好了行李家当，纷纷领着孩子老人，大批大批地聚集到了紧闭的城门前，也不顾官吏士兵的阻拦，互相推搡着想要出城。

人群中也包括诸葛玄一家人。几人来到了城外的空地，虽然平安无事，但都已是特别狼狈。诸葛玄担心其他人的安危，带着诸葛亮兄弟俩在城外守了半天，却只等来了诸葛亮的两个姐姐前来与他们会合，诸葛瑾、顾氏两人到底还是不见了踪影，与他们一行人走散了。想到那魔鬼般的青州军马上就要杀来，看着身旁毫无抵抗能力的几个孩子，诸葛玄忍着锥心的痛下了一个决定——不再找诸葛瑾和顾氏，他要带着诸葛亮和他的兄弟姐妹立刻启程出发避难，或许在哪个地方能够找到他们的安身之所。

隐居南阳

定于荆州

袁术曾委任诸葛玄为豫章太守（今江西南昌县），诸葛亮便依随他叔父来到任所生活，但不久汉朝却派朱皓来接替诸葛玄的职务，本来诸葛玄就任了豫章太守，他们的生活应该趋于稳定，但是这次意外又再一次打破了这份安宁，诸葛玄的身体也因为病伤交加而越来越差。百般状况的紧逼之下，诸葛玄想到了曾经有过交情的刘表，认为他身在富庶的荆州比较安定，又与自己有过几分交情，在思考了众多利弊之后，便决定带着几个孩子去投靠他。

刘表，字景升，山阳郡高平人，是当时有着很高威望的名士，同时也是汉室宗亲，盘踞在荆州一带，少时便知名于世，与七位贤士同号为"八俊"，用蒯氏兄弟、蔡瑁等人为辅，是当时得势的群雄之一。十七岁时，刘表就曾向自己的同乡兼老师——当时的南阳太守王畅提出："奢不僭上，俭不逼下，盖中庸之道，是故蘧伯玉耻独为君子。府君若不师孔圣之明训，而慕夷齐之末操，无乃皎然自遗于世。"在董卓被杀后，其余部李傕、郭汜进据长安，想联盟刘表为外援，便以朝廷命诏封刘表为镇南将军、荆州牧，封他为成武侯，于是刘表在荆州八郡营造了一个相对中原来说比较安全的割据势力。刘表这个人城府极深，为人精明聪慧，招诱有方，恩威并着，爱民养士，待人处事都很有自己的一套方法，并开经立学，传播文化。荆州在他有力的治理下，百姓安居乐业，生活富庶。然而不足的是他性多疑忌，处事只求自保，好于座谈，胸中只有自己眼下的一亩三分地，又非常宠溺后妻蔡氏，使妻族蔡瑁等人在荆州得权，放任他们为非作歹，在日后为自己埋下了巨大的祸根。

诸葛玄带着诸葛亮及其弟弟、姐姐一路风餐露宿，因为各路军队正在混战，他们几个在路上根本不敢停歇，又疲惫又辛苦地走了好些时日，终于风尘仆仆地来到了襄阳城。

刘表和诸葛玄早年就交往很密切，一听说他带着孩子来投靠他，先是感到了非常吃惊，但是仔细一想诸葛玄现在的情况也就明白了，他没有犹豫地就派人给诸葛玄一家安排了舒适的住所，还热情地设宴款待了他们。就此，诸葛亮一家在得到了刘表的帮助后，这才算是真正的安定了下来。这时的诸葛亮已是一个沉稳的少年了，他经历了多年的磨砺已显示出了不凡的才能，他在诸葛玄的安排下，进了城南的学堂继续他的学业。

当时，荆州管辖南阳、南郡、江夏等七个郡，诸葛亮所在的襄阳是荆州的首府，因而那时的襄阳几乎成了当时南部半个中国的政治、经济、文化中心，当地物产丰富，文化教育也相当发达，又因为中原地区几乎完全处于狼烟之中，很多能人异士纷纷逃到襄阳来避难，襄阳一时间文人荟萃，集中了各地的俊杰，这给诸葛亮营造了一个良好的成长学习的空间。由于诸葛玄和刘表的关系，诸葛亮又先后认识了襄阳名士庞德公、黄承彦和中庐县的蒯良、蒯越等人，这样就大大开阔了他的眼界，增长了他的见识，这为他未来事业打下了良好的基础。

在襄阳求学时，诸葛亮与石广元、徐元直、孟公威三名学友非常交好，几个人常常会聚在一起探讨平定天下的道理，交流各自的看法。

有一次，几个人谈到了各自的才能和抱负，你一言我一语，场面好不热闹，唯有诸葛亮一人不说话，等到众人聊到尽兴时，才低叹一声，开口对其他人说："以你们三个人的才能，以后可以官居刺史、郡守。"三人一听，觉得十分好奇，立刻反过来问他，"那你以后能做到什么官职呢？"诸葛亮笑而不言，他知道他的心里装的可是天下。

有一天，孟公威动起了思乡之念，很想回到北方的老家，看到他因为思念家乡而备受折磨的模样，诸葛亮就对他说："中国之大到处可以遨游，老兄何必一定要回到故乡呢？"

在刘表的引荐下，诸葛玄很快就与当地的望族交往起来，念及诸葛亮的两个姐姐已是出嫁的年龄，又随着他们漂泊了多年，心想着她们早该稳定下来好好寻个人家出嫁了。在几个上好的人选中仔细地挑选后，诸葛玄就自己做主，将她们一个嫁给了房陵太守蒯（kuǎi）祺，另一个嫁给了当时最有声望的名士庞德公的儿子庞山民。房陵太守蒯祺是西汉大臣蒯通之后人，蒯良、蒯越、蒯祺兄弟三人都是智仁双全之辈，在刘表入主襄阳后，诏书拜蒯越为章陵太守，封樊亭侯。而庞山民，是名士庞德公之子，庞统的堂兄，也是贤士。至此，流离了数年的诸葛氏姐弟四人，就只剩下了诸葛亮和诸葛均两个人相依为命。

解读《梁父吟》

建安二年（197年），叔父诸葛玄病逝，诸葛亮按礼节守孝。

这些年来，叔父无微不至的关怀与孜孜不倦的教诲让诸葛亮感受到了亲情的温暖，但是接下去的路，不论平坦还是坎坷，他都要自己一个人去尝试着走了。两个姐姐已经嫁为人妇了，叔父诸葛玄也去世了，诸葛亮找不到自己继续留在这里的理由，也不愿在此继续仰人鼻息。此时，他做出了他人生中第一个重大决定——带着弟弟诸葛均去隆中山南麓的隆中村隐居。

此时的诸葛亮年仅十七岁，只是一个涉世未深的少年。

考虑了众多的地点，诸葛亮最终选择了隆中村。隆中村自建立便被群山环抱，属荆州南阳郡邓州市管辖，整个村落清幽安静，男耕女织，与世无争，沿隆中山向东行，离隆中村不远的就是汉水南岸，而从隆中到荆州首府襄阳，只需要二十多里的路程，可谓是不远也不近的佳地，正合他的心意。诸葛亮向弟弟诸葛均说了自己的决定，得到了他的支持，便立刻着手收拾行李前往他所心仪的隆中村，开始了他所向往的隐居生活。

来到隆中，诸葛亮就把现在与曾经分割开了，但是他和弟弟两个人没有谋生的手段，现在基本是失去了生活来源，面临着异常艰苦的局面。诸葛亮和弟弟商量了一下对策，就上山寻了一些能用的茅草和树枝，就地搭了一座还可以遮风避雨的草棚，两个人凑合着在这草棚暂时住下，彻夜合计着以后该如何生活下去。耕种收割对从未接触过农活劳作的诸葛亮来说，无疑是相当繁重艰难的。他既没有像样的农具，也没有耕种的经验，只能靠着村民施舍的种子和简陋的工具，从零开始干起。

南阳隐居后，诸葛亮喜欢每日坐在田间地头，大声唱着音调悲切凄苦的《梁父吟》，声声哀婉动人，足矣催人落泪。

梁父吟

步出齐城门，遥望荡阴里。

里中有三墓，累累正相似。

问是谁家墓，田强古冶子。

力能排南山，文能绝地纪。

一朝被谗言，二桃杀三士。

谁能为此谋，国相齐晏子。

《梁父吟》本是一支在齐鲁地区用作送葬的民间曲子，音调婉转凄切，其中饱含了沉重深刻的痛苦，写的内容是春秋时齐相晏子"二桃杀三士"典故，以对死者的惋惜来谴责谗言害贤的阴谋。

在齐景公时期，齐国有三个名为田开疆、古冶子和公孙接的勇士，他们三个人武艺高强，勇气盖世，都曾为国家立下了赫赫功劳，但是又因为自恃武艺高，功劳大，三个人非常高傲而且狂妄，做事也异常蛮横，尤其是对丞相晏子不够尊敬。

考虑到这三人意气相投，结为异姓兄弟，在朝中形成了一个非常有势力的小团体，晏子认为如果放任他们这群莽夫得权，必然会威胁到齐国王室的安全，便私下向齐景公表明了自己想要除掉他们的心思，在得到了他的首肯后，晏子就设计了一个陷阱——将两个娇艳欲滴的大桃子送到了田开疆、古冶子和公孙接三个人的面前，声称齐景公要赏赐他们三个人中最勇猛的两个。

他正是利用了这三人恃才傲物的弱点，让他们三人内部彼此相互争功，离间人心，结果三个人果然激烈地争来争去。

公孙接、田开疆两个人抢先说了自己的功劳，一个人说："我曾在密林捕杀野猪，也曾在山中搏杀猛虎，我是一个真正的勇士。"另一个人说："我曾两次领兵作战击溃来犯的强敌，我保护了国家，保护了国君和人民，我难道不配吃一个桃子。"说完二人就大大方方地拿走了这两个桃子。而古冶子原本是想谦让一下，却不料一眨眼桃子就被人全部拿走了，一股怒火直冲他的头顶，古冶子厉声对他们说："当年我护送国君渡黄河，有一大鳖拖走了国君的马，我下河与它搏斗，最终杀了这个怪物，难道我没有你们勇敢吗？我保护了国君，难道功劳没有你们大吗？"

他的一番话让另二人感到了羞耻，都想到了自己因为争功而丧失了君子之风，在极度的悲愤羞愧之中，他们举剑自刎，鲜血溅在了地上。古冶子见到二人竟然如此，心中感受到了丧失好友的切肤之痛，也开始痛悔自己的行为，便也舍生取义，随二人一起赴了黄泉。这就是《梁父吟》中所说的"一朝被谗言，二桃杀三士"，晏子只用了两个桃子就杀了三员大将的原委。

诸葛亮躬耕陇亩之日，"好为《梁父吟》"，用意深矣。世传诸葛亮好为《梁父吟》之所寄寓，一为士之道，一为相之体。

同时，对于《梁父吟》，他的感情也是很矛盾的，这份感情既有对齐国三士的同情，也期望着自己终有一日可如晏婴一般出人头地，成就自己的一番事业。

隆中自勉

在隐居隆中后，诸葛亮的生活重心就只剩下了三件事：白天躬耕陇亩；晚上挑灯夜读；闲暇之际就去拜会名士，结交朋友。

诸葛亮常常喜欢以管仲、乐毅比拟自己，但当时别人对他的态度大都是嗤之以鼻，更对他的才能不屑一顾，认为他这个人眼高手低，只是个不值一提的小人物，唯有他的几个好友徐庶、崔州平等人与他经常来往，愿意一齐共同探讨天下大事。

徐庶、崔州平等人都能读懂诸葛亮平静外表下的内心波涛，更是对他的才能佩服万分，认为他定会有一番大作为。几个人中，要算徐庶和诸葛亮的关系最为亲切。徐庶字元直，本名福，是姓单人家的孩子，早年为人报仇，被同党救出后改名徐庶，求学于儒家学舍，初平三年（192年），因董卓作乱京师而导致中州四处兵起，与同郡石广元避难于荆州，这才与诸葛亮相识，并结为了挚友。

与诸葛亮交往、接触的众多隐士中，除去向他传授知识的老师司马徽，对诸葛亮影响最大的当数庞德公。庞德公是诸葛亮二姐的公公，与诸葛亮既是师生关系也是姻亲关系，是在襄阳之南岘山躬耕的隐士，在襄阳地区有着很高的威望与影响，是当时的荆襄八俊之一，同时也是襄阳当地名士、隐士集团的自然首领。当初，刘表费尽心思，多次请他出山来做官，都遭到了他坚定的拒绝。有一次，刘表又一次找上门请庞德公出山，这时，庞德公正在田中辛勤劳作，刘表就与他在田垄间攀谈起来。"先生，您不做官就是为了保全自己的性命，但是天下的百姓又能被谁保全呢？你能给后代留下什么呢？"刘表苦口婆心地说。庞德公摇摇头，语气非常平静地回答："世人留给子孙的是贪图享乐、好逸恶劳的坏习惯，我留给子孙的是耕读传家、过安居乐业的生活，所留不同罢了。"庞德公这人眼力超群，眼光还高，瞧不起酸腐的儒生，认为他们只是不值一提的小角色，而真正的能入他眼的只有那些德才兼备的"千里马"，其中就有诸葛亮。

庞德公博学多才，品德高尚，诸葛亮、庞统、徐庶、崔州平等都曾拜在他的门下学习，同时他和司马徽关系非常要好，两个人亦师亦友。诸葛亮也十分尊重他，觉得他为人忠贞，胸襟开阔，是难得的真正的有才之人，诸葛亮常常要走很远的山路来到他的住所求教，每次造访均拜于床下，他不辞辛苦地坚持了一年又一年。庞德公深知诸葛亮才华，怜惜他的品德，对他自然是颇为器重，给予他最大的关照，在概括、评价当地人才时，他称朋友司马徽为"水镜"，侄儿庞统为"凤雏"，诸葛亮则为"卧龙"。他知道，卧龙者就是盘踞在深渊中的猛兽——一条养精蓄锐、守候观望的真龙花费了漫长的时光用来等待，只是再等一个时机，时机一到，必定会一飞冲天、腾云驾雾、遨游八极，他的力量足矣搅动九州、撼动天下了。

诸葛亮从小就喜欢读书，现在几乎更是书不离手，在学问上对自己的要求相当严格，常常是白天来到田间耕种，晚上则在一盏昏暗的油灯下，挑灯夜读，即使他有时下地干农活，也要找时间读几页，把书带在身上。但是与当时大多数人不一样，诸葛亮不喜欢拘泥于那些所谓的正经书，也不喜欢一字一句地琢磨，大都以理解为主，他还对天文地理的知识出奇的热爱，擅长学以致用，更在家中收集了大量兵书来潜心钻研。几年苦读下来，他不但熟知天文地理，而且精通战术兵法，在这期间，诸葛亮的阅读视野已超越了儒家经典的狭窄范围，广泛涉猎了很多政治、经济、军事等方面的书籍，并对道家、墨家、法家、兵家、纵横家等诸子百家进行了认真的研究，而辛劳的农作生活又让他对自然有了很深的认识，真正地了解到了下层人民的生活。这时的诸葛亮博采众长，融会贯通，充分吸取了百家的优秀养分，他的才能也随着时间的增长逐渐显现了出来。

才女阿丑

诸葛亮成天潜心用功读书，几年来几乎不怎么出门，根本不懂什么花前月下的浪漫之事，眼看着马上就要二十五岁的人了，还没有找到一个合他心意的媳妇，当时像他这般年纪还未成家显得有些格格不入。

那时，诸葛亮与一个名士黄承彦交往甚密，二人彼此互相欣赏，在学问学识上很谈得来。黄承彦在当时很有名气，但是并不全因为他学问大而知名，也因为他有个独生女儿叫黄月英。黄月英长得丑，身体又壮硕，头发枯黄稀少，脸皮很黑，还有几颗大麻子，被十里八乡的人称为阿丑。黄承彦相中了诸葛亮的德行，认为诸葛亮志在邦国，淡泊寡欲，就想把自己的女儿许配给诸葛亮，便屡次热情地邀请他来家中与女儿见一面，但诸葛亮耳闻过黄家小姐的丑，心里不愿意又不好拒绝黄承彦，只能先支支吾吾地应了下来。诸葛亮推辞几次后，黄承彦便对他说，"你想要平定天下，就需要一位才德俱备的贤内助，而不是那些出身名门望族的美貌女子，我的女儿虽然相貌丑陋，但是才华横溢，和你正是非常般配。"这番话打动了诸葛亮，后来他与黄月英真的就结成夫妻。黄月英不以面貌为意，打破古人"女子无才便是德"的迷信思想，一生相夫教子，实为弘扬了中华妇女的坚韧及伟大精神，她是诸葛亮得以施展自己抱负的坚强后盾。

在隆中的这一段日子里，诸葛亮依旧靠种着几亩田过日子，娶了黄承彦的女儿黄月英为妻后，小两口相亲相爱，非常幸福。黄月英不仅笔下滔滔，而且武艺超群，和诸葛亮切磋学问时，有时他竟然也要让她三分，两人的小日子过得倒也十分惬意。听说诸葛亮把黄承彦的女儿阿丑娶回了家门，不知道真实情况的村民议论纷纷，都觉得不可思议，背地里讥讽诸葛亮傻气，还顺嘴编了一句顺口溜，"莫学孔明择妇，正得阿承丑女"。他们哪里知道诸葛亮正是得其所哉，庆幸自己娶到了一位贤德的媳妇呢。

隆中对策

官渡之战

东汉末年的黄巾起义轰轰烈烈地来，又轰轰烈烈地去，但它却沉重地打击了汉朝地主阶级的统治，动摇了本就是腐朽不堪的东汉政权。由于社会危机日益深重，广大农民被迫奋起反抗，在南方和西北，甚至还出现了汉族和少数民族的联合起义。在镇压黄巾起义的过程中，中央政府的统治面临崩溃，各地州郡大吏独揽军政大权，纷纷依靠自身的武装力量占据地盘，形成了大大小小的割据势力，整个社会都卷入了争权夺利、互相兼并的残酷战争中，形成了群雄争霸的动荡局面。在连年的征战中，袁绍、曹操两大集团逐步壮大起来。

袁绍，字本初，汝南汝阳（今河南周口）人，出身于一个势倾天下的官宦世家，自曾祖父起四代有五人位居三公，自己也居三公之上，其家族也因此有"四世三公"之称。因家世门第颇高，他为人比较骄横，自视清高，瞧不起一般人。袁绍虽然是庶出，过继于袁成一房，但模样生得英俊威武，非常得袁逢、袁隗喜爱。袁绍凭借高贵的出身，年少便入仕途，不到二十岁已出任濮阳县长。

当董卓专权引起众怒，关东州郡牧守联合起兵讨伐董卓时，因为袁绍身上有着诛灭宦官之功，并且坚决不与董卓同流合污，被众人推选为这次讨伐战争的总将军，而董卓在得知袁绍在山东起兵之后，为了报复袁绍，就下令把袁绍的叔父袁隗及在京师的袁氏宗族全部给杀害了。袁绍没有时间悲伤，冷静地指派王匡杀掉了胡母班、王瑰、吴循等人，他的弟弟袁术也捕杀了阴循，这个时候有能力的人大多数都愿意归附于袁绍的旗下。因为同情他一家老小遭了董卓的毒手，人人唾弃董卓的心狠手辣，都想着要为他报仇雪恨，所以州郡里蜂拥而起的部队几乎都打着袁氏旗号，一时间袁旗飘飘。

待董卓西走长安后，袁绍的权力已经膨胀，他准备抛弃已经没有用处的汉献帝，自己另立新君，以便于他能更好地在幕后控制局面，而他选中的第一对象就是性格软弱无能的汉宗室、幽州牧刘虞。但是袁术一向看不起庶出的袁绍，在拥立戴幽州牧刘虞做皇帝的问题上，二人产生了不可调节的矛盾。于是二人新仇旧恨相继，索性反目成仇，袁绍把袁术看成敌人，私下勾结刘表，让刘表与袁术为难，袁术也把袁绍看成自己的敌人，在外勾结公孙瓒，叫公孙瓒与袁绍为难，两个人发生了激烈的冲突。后来，在汉末群雄割据的战争中，袁绍先占据了冀州，又先后夺青、并二州，随后更是击败了割据幽州的军阀公孙瓒，手里的权力达到了人生中的最顶峰。

曹操，字孟德，小字阿蛮，是沛国谯县（今安徽亳州）的汉族人，其祖上是汉相曹参。二十岁时，他被举为孝廉，入京都洛阳为官，作风强硬，不肯向权贵低头，大力整治不良风气；二十三岁时，因为得罪了蹇硕等一些当朝权贵被调至远离洛阳的顿丘，曹操到职后没有自怨自艾，大力整饬当地腐败现象，贪官污吏纷纷逃窜；等到朝廷再次提拔曹操为议郎时，曹操知道东汉王朝已经没有挽回的余地了，就以身体抱恙为借口推辞了，回到乡中开始了暂时的隐居生活。

中平五年（188年），汉灵帝为巩固自己的统治，设置西园八校尉，曹操又因其门第被任命为八校尉中的典军校尉；中平六年，董卓进军洛阳，废了在位的皇上，改立汉献帝刘协，后来又杀害太后及废帝，自称相国，开始专擅朝政，曹操见董卓倒行逆施，不愿成为董卓的附庸，为了保全性命，遂改姓易名逃出了京师洛阳（今河南洛阳东北）；初平元年（190年）正月，关东州郡牧守起义讨伐董卓，推选袁绍为盟主，而曹操以行奋武将军的身份参加讨董军；初平三年，青州黄巾军壮大，连破兖州郡县，斩杀了兖州刺史刘岱，济北相鲍信等遂迎曹操出任兖州牧，在这之后，曹操和鲍信合军进攻黄巾起义军，鲍信不幸战死，留下曹操孤军奋战，他"设奇伏，昼夜会战"，终于将连连胜利的黄巾军击败，获降卒三十余万，人口百余万。

曹操将其中的青壮年编成了一支强大的军队，名为"青州兵"，在征讨徐州期间，曹操为了报父亲惨死的仇恨而放纵青州军大肆杀戮，一路上"鸡犬亦尽，墟邑无复行人"，他的名声也被这场战役弄臭，一时间千夫所指。后来由于种种原因，曹操虽几度起起落落，最终也形成了自己相对稳定的势力集团，盘踞在南方地区。

建安元年（196年），曹操迎汉献帝，迁都许县，取得了在政治上的优势，开始了"挟天子以令诸侯"、"奉天子而征四方"的策略，曹氏的威势在日愈剧增。

建安二年春，袁术脱离袁绍势力，不顾自己实力不济在寿春（今安徽寿县）称帝，曹操以"奉天子以令不臣"为名，领军征讨袁术并将这股势力消灭，接着又击败了吕布，利用张扬部内讧取得河内郡。从此曹操势力西达关中，东到兖、豫、徐州，控制了黄河以南，淮、汉以北大部地区，从而与袁绍形成了在黄河下游地区南北对峙的局面。

建安三年，袁绍击败公孙瓒，占有青、幽、冀、并四州之地，势力进一步扩大。

建安四年，幽州、冀州、青州、并州显然已经满足不了袁绍的胃口，看到脚下的大好河山，他决定南下伐魏以争天下。这样一来，华北最重要的两个政治军事集团必然要面对面，决战之势在所难免，但是实力方面显然是袁强曹弱，明眼人都能看出来袁绍的胜利即将来临。当时，袁绍所占地盘地广人众，可动员的兵力在十万以上，而曹操的士兵数量根本无法与之抗衡。六月，袁绍挑选精兵十万，企图南下攻打许都，被历史所记载的官渡之战由此拉开了它的序幕。

建安四年的十二月，当曹操正部署与袁绍的战役时，刘备联合袁绍起兵反曹，迅速占领了下邳，并占据了沛县（今江苏沛县）为本营。没有几日，刘备的军队增至数万人，并与袁绍的军队形成了联盟，打算合力攻曹。当曹、刘双方陷入了胶着的战争时，曹操为了保持许昌与青、兖二州的联系，避免陷入两面作战的不利形势，亲自率精兵东击刘备。在这个时候，袁绍谋士田丰建议袁绍"举军而袭其后"，因为担心刘备势力会借此膨胀，袁绍以幼子有病为借口拒绝了他的建议，但是田丰依旧在极力进谏，善嫉善妒的袁绍心中充满了对他的猜忌，随后就以他败坏军心为罪名将他关了起来，这就间接致使关羽被降，刘备全军溃败，曹操从容击败刘备回军官渡。

等到了大雪纷飞的正月，袁绍派手下陈琳书写檄文并昭告天下，文中指控曹操"豺狼野心，潜包祸谋，乃欲挠折栋梁，孤弱汉室，除忠害良，专为枭雄"，字字句句都在恨骂曹操。

建安五年（200年）的二月，袁绍依仗自己人多势众，派颜良包围白马进军黎阳，而自己则率领主力企图渡河寻求与曹军主力决战。在袁绍的想法里，他认为自己兵多粮足，实力远远超出了曹操，在这一战里他图谋一举消灭仅据兖、豫二州的曹军。同年十月，袁绍又派人运送大批粮草，并令淳于琼率兵万人护送，囤积在袁军大营以北的故市（今河南延津县内）、乌巢（今河南延津东南）二地。四月，曹操以声东击西之计，于白马（今河南滑县东）击斩袁将颜良，大败袁军，袁绍初战失利，锐气受挫，改分兵进击为结营紧逼。两军对垒于官渡，相持数月，其间曹操因兵疲粮缺，一度欲回守许昌（今河南许昌东）。恰在这关键的时候，袁绍的谋士许攸出了问题，他的家族中有人犯法，被留守的审配抓进了监狱，许攸向袁绍求情遭拒，面子上很是挂不住，心里充满了怨言，因此就生了二心，于是索性就投奔了曹操。许攸非常了解袁绍的战略，建议曹操轻兵奇袭乌巢，烧毁袁军物资，曹操听从其建议并立即付诸实行，这一仗把袁军打得措手不及。

在官渡之战中，曹操事先留下曹洪、荀攸守营垒，而亲自率领步骑五千人，冒用袁军旗号，衔枚缚马口，每人带一束柴草，利用黑天的掩护抄小路偷袭了乌巢，他一到达就立即围攻放火，火势借着大风汹汹而来，袁军不能控制。袁绍听说曹操袭击乌巢，又做出了错误的判断，他只派了一部分兵力去救援乌巢，而用主力部队集中猛攻位于官渡的曹军营垒，谁又知道曹营坚固，如何都攻打不下。当曹军突袭乌巢淳于琼营时，袁绍增援的部队已经迫近，曹操不愿放弃，身先士卒鼓励士兵决一死战，曹军大破袁军，杀死淳于琼，并烧毁了囤积在乌巢的全部粮草。乌巢粮草被烧的消息很快传到袁军前线，袁军军心动摇，激发了内部的矛盾。袁军大将张郃、高览闻得乌巢被破，心中知道袁绍此役必败，于是就投降了曹操，这导致了袁军上下人心动摇，产生了巨大的分裂，大军开始陷入全面崩溃，士兵纷纷溃散投降。曹军乘势出击，袁军几乎全军覆没，危难间袁绍仓皇带八百骑退回了河北，而得胜的曹军先后歼灭和坑杀袁军七万余人，官渡之战就这样以曹胜袁败而迎来了结束。

官渡之战是以多胜少的经典战役，这一场闻名天下的战争增强了曹操的实力，也打响了曹军的名号。在曹操击溃袁绍后，北方就无人再能与曹操抗衡，这一役迈出了曹操统一北方的第一步。官渡之战转变了天下的局势，也扭转了诸葛亮的命运，他注定要遇上这一生最强劲的对手——曹操。

刘备三顾茅庐，诸葛亮出山

诸葛亮自己也没有想到在隆中这一住就是漫长的十年，而外面的天下早已变了样子。

经过十多年的火拼厮杀、群雄割据，眼下，刘表占据了荆州，但他胸无大志；公孙瓒占据了幽州；袁绍占据了冀州、青州、并州三地；袁术占据了扬州；而曹操占据了兖、豫二州，军队人强马壮，实力不可小觑；孙策、孙权两兄弟占据了江东一带，已有数十年之久；公孙度攻据了辽东；韩遂、马腾占据了凉州；刘焉、刘璋这一对父子则占据了富饶的益州；唯独只有刘备先后依附于公孙瓒、曹操、袁绍、刘表等人，虽然小有名声，但是一直都没有自己的固定的地盘，只能率领部队辗转四方，踏遍了大半个江山。这时，诸葛亮人生舞台上的重要角色刘备登场了。

刘备，字玄德，东汉末年幽州涿郡涿县（今河北涿州）人。刘备本出生于一个没落的汉朝皇室世家，是西汉汉景帝之子中山靖王刘胜的后代，先年刘备的祖父刘雄被举为孝廉，官至东郡范令。刘备的父亲刘弘早亡，家道中落，少年时期他与母亲相依为命，以织席贩履为业，生活过的非常艰辛清苦。刘备其貌不扬，生有两个大耳朵，个性比较沉闷，待人态度谦和，喜怒不形于色，非常善于结交朋友。

在刘备家的东南角，生长着一棵高大的桑树，高有五丈多，从远处看上去就好像富贵人家所使用的华丽车盖一样，来往的行人看到了之后都觉得这棵桑树长得非常特别，都盛传这户人家必然会出贵人。在刘备小时候，他经常与其他小孩在这颗桑树下结伴玩耍，他曾经指着这棵桑树说："将来我一定会乘坐有像这棵桑树一样华盖的马车。"这个意思就是他一定会出人头地。

刘备少年时期曾与公孙瓒一齐拜卢植为师求学，出师后的刘备喜欢与英雄豪杰来往，与关羽、张飞在涿州市组织起了一支地方武装，投身东汉王朝扑灭黄巾起义军的战争。因为他数战有功而被封为安喜县县尉，这使他登上汉末的政治舞台，但由于他拥有的军队力量实在弱小，一直没有打下一个属于自己的固定地盘。后来逢朝廷政策改变，朝廷下令要遣散因为战功而做官的人，刘备的上司郡督邮要遣散他，当刘备知道消息后，立即到督邮入住的驿站求见，但是督邮谎称自己有病而拒绝了他的要求，刘备被怒火冲昏了头脑，脑袋一热就联合了关羽、张飞二人将督邮抓起来，狠狠地鞭打了他两百下。害怕事情败露的刘备与关羽、张飞一起弃官逃亡，从此开始了一生的风雨之路。

建安元年（196年），经陶谦保荐，刘备出任豫州刺使，驻屯小沛（今江苏沛县），在徐州牧陶谦死后，刘备曾一度出任徐州牧，后来徐州被吕布攻占，他只能抛弃妻子投奔曹操。曹操敬重刘备是个英雄，为他供其军粮，增其将士，让他收合散兵组成军队，在曹操殷勤的帮助下，刘备终于消灭了吕布。当时大权已归曹氏，汉家天下已有名无实，大权在握的曹操认为刘备可为自己所用，先后表他为豫州牧、左将军，但是刘备始终认为曹操名不正言不顺，而自己是汉室遗后，两者无法共存，最终还是选择了弃曹投刘。后来，刘备领军与曹操对战，在战争中他被曹操重创，失去了自己好不容易建立的军队，只能孤身一身逃跑去投奔了刘表。

刘备本出身贫贱寒门，入世时更是无枝可依，先后投靠公孙赞、陶谦、袁绍、曹操、刘表等人，却时过多年仍是居无定所，只能到处流浪，惶惶如丧家之犬，但是这一切从刘备跃马过檀溪、躲过蔡瑁的追杀开始就发生转变，三顾茅庐的戏也在此正式悄悄拉开了帷幕，他将会碰见可以改变他一生的人——诸葛亮。

适逢刘备一行人驻扎在新野，打听到了附近有个隐士名为司马徽，听说此人能言善辩，学问高深，刘备此时正是遭难的时刻，心里总是闷闷不乐，便想着找时间去拜访他，想着说不定可以请动他出山相助，能为自己寻找个好助手。

刘备登门拜访名士司马徽时，被告知说："您如果想要争江山，就一定要有人才，要知道千里马常有，但伯乐不常有，您得擦亮眼睛，这会儿，襄阳的奇才都集中在这地儿，他们就在您的身边，但一定得是您要自己亲自去请他们出山。"刘备惊奇地问："这些奇才都是什么人？住在哪里呢？"司马徽继续说："响马老汉得卧龙、凤雏得一人可安天下。"听了这话，刘备赶紧问："您说的卧龙、凤雏是什么人呀？"司马徽又说："这一带有卧龙和凤雏两个人最有才华，如果您有幸能请到其中一位，就可以平定天下了，其中，卧龙名叫诸葛亮，字孔明；凤雏名叫庞统，字士元，两人都是名门之后，是德才兼备之人。"刘备得到了司马徽的指点，再三感谢他，拜别之后就立刻动身直奔庞统所在的地方，而"卧龙"诸葛亮却被他放在了第二位，这一次，刘备与诸葛亮擦肩而过。

恰逢诸葛亮的挚友徐庶听闻刘备带军驻扎在襄阳境内，正在招募能人异士，特地来亲自上门拜访来投奔他，想要在他的旗下谋个一官半职。刘备与徐庶聊得非常投缘，两个人惺惺相惜，刘备很器重他，答应要给他一个可以实现抱负的机会，并不加吝啬地称赞他为济世之才。徐庶听见刘备的夸奖，十分谦虚地说："我可不敢接受将军您的称赞，要知道我的好朋友诸葛孔明这个人，他才是人间卧伏着的龙啊，他的才能要高出我好几倍。"刘备已经是第二次听见了诸葛亮的名讳，就连忙问他："他是什么人？""将军可愿意见他？"徐庶问。刘备点点头，毫不犹豫地说："您和他一起来吧，我为你们安排官职。"没想到徐庶立刻摇摇头，非常坚定道："这个人只能你去他那里拜访，不可以委屈他，让他自己上门来，如果将军你真想召他，就应该屈尊亲自去拜访他。"刘备先后听到司马徽、徐庶这样推重诸葛亮，知道诸葛亮一定是个了不起的人才，就说："罢了，罢了，若他真是人间的一条卧龙，有着能撼动九州的本领，我真得亲自上门请他助我兴复汉室。"

这天，刘备和关羽、张飞打点好军中事务，三人就动身去往隆中，刘备准备亲自说服诸葛亮出山辅佐他。诸葛亮早耳闻刘备要请他出山，但是他知道刘备是个何等角色，几年来打着兴复汉室的口号却连一块自己的地盘都没有，现在更是依附刘表过着寄人篱下的生活，完全不是一棵可以栖身、依附的大树，而他这只猛禽如果想要择枝而息，必定要先考考刘备这个人。

这天一早，诸葛亮就对妻子黄月英嘱咐道："我听说刘玄德这个人知人待士，宽宏仁义，是个明主，但是我还要亲自考考他到底是不是这样的人，一会儿，如果他来上门拜访就告诉他我出门了，叫他下次来。"说完，诸葛亮就刻意避开了他，转身出门闲游去了。刘备同关羽、张飞两人一起等来隆中，遥望山畔有数人正荷锄耕于田间，而作歌曰："苍天如圆盖，陆地似棋局；世人黑白分，往来争荣辱：荣者自安安，辱者定碌碌。南阳有隐居，高眠卧不足！"刘备听到了这首歌，立即勒马唤来唱歌的农夫，问他说："此歌何人所作？"农夫回答："乃卧龙先生所作也。"刘备一听正是他要找的人，就再问他说："卧龙先生住何处？"农夫说："自此山之南，一带高冈，乃卧龙冈也。冈前疏林内茅庐中，即诸葛先生高卧之地。"刘备感谢了他，带着其他二人策马前行，来到了诸葛亮隐居的草庐前。黄月英理解丈夫的用心，就照着他的话，待到三人登门时告诉刘备诸葛亮外出了，让他下一次再来登门拜访。得知诸葛亮不在家，刘备只得失望地回去。

　　不久，刘备又和关羽、张飞又一次冒着大风雪去请诸葛亮出山，不料刚到门前就碰到了诸葛亮的弟弟诸葛均，他听了三人的来意，对他们摆摆手，可惜地说道："哥哥出外闲游去了，一时半会不可能回来，你们不必等了，下一次再来拜访他吧。"刘备舍不得就这么离开，就请诸葛均拿来了笔纸，仔细用心地写下了一封信，字里行间都表达了自己对诸葛亮的倾慕之情，说明自己想请他出山帮助自己挽救国家危险局面的意图，最后又写了自己的见解，才将信交到了诸葛均的手上，请他代为转交给诸葛亮。夜里，就着昏暗的灯光，诸葛亮将刘备的信细读了一遍，在信中不难看出刘备这个人有志替国家做事，想要还天下太平，而且真心诚恳地请他帮助，诸葛亮能够看到他的求才之心绝对不假。夜里诸葛亮难以入睡，索性挑亮油灯，双手摊开了纸张，根据这些年静观全局的心得与刘备军事集团的特点和所占据的地位，在一番全面仔细的思索后，他终于落笔写下了一份关于政治、军事的精彩对策，字字泣血，句句都是点睛之笔。这份对策就是诸葛亮为刘备准备的《隆中对》（《草庐对》）。

"自董卓以来，豪杰并起，跨州连郡者不可胜数。曹操比于袁绍，则名微而众寡。然操遂能克绍，以弱为强者，非惟天时，抑亦人谋也。今操已拥百万之众，挟天子而令诸侯，此诚不可与争锋。孙权据有江东，已历三世，国险而民附，贤能为之用，此可以为援而不可图也。荆州北据汉、沔（miǎn），利尽南海，东连吴会，西通巴蜀，此用武之国，而其主不能守，此殆天所以资将军，将军岂有意乎？益州险塞，沃野千里，天府之土，高祖因之以成帝业。刘璋暗弱，张鲁在北，民殷国富而不知存恤（xù），智能之士思得明君。将军既帝室之胄（zhòu），信义著于四海，总揽英雄，思贤如渴，若跨有荆、益，保其岩阻，西和诸戎，南抚夷越，外结好孙权，内修政理；天下有变，则命一上将将荆州之军以向宛、洛，将军身率益州之众出于秦川，百姓孰敢不箪食壶浆，以迎将军者乎？诚如是，则霸业可成，汉室可兴矣。"

再说刘备，他回到了营地，心里又是遗憾又是可惜，但是对诸葛亮仍不死心，准备在几日后再去拜访他。这次，为了表达自己的求贤之心，刘备特意吃了三天的素，准备再去一次隆中，请诸葛亮出山助自己一臂之力，而这一次拜访也没有令他失望，诸葛亮这次就等在草庐中。

在与诸葛亮的谈话中，刘备十分坦率地说："如今汉室衰落，汉室的统治崩溃，佞臣盗用政令，皇上蒙受风尘遭难出奔，如今国家大权落在了奸臣手里，我自己知道自己并没有什么才能，德行也不能服人，但是我心怀天下，见不得百姓流离失所，想要为天下人伸张大义……只是我落到如今这个地步，虽是我才疏学浅，但是还是心有不甘，很想挽回这个局面，我又实在是想不出好办法，所以特地来请先生指点一二。"

诸葛亮看到刘备这样虚心请教，也就推心置腹地跟刘备谈了自己的主张，对他畅谈天下大势："自董卓独掌大权以来，占据州、郡的人数不胜数，导致了天下大乱。其中，曹操与袁绍相比，要弱小的多，但是曹操却最终打败了袁绍，这是他的谋划得当，所以事半功倍，现在已是不可小觑的角色了。我以为，以将军现在的实力，完全可以图谋荆州，那里交通便利，信息充足，自古就是一个军事要地，是一块大家都想要争夺的地方，但是它的主人刘表守不住这块地方，他没有足够的能力，性格更是懦弱，将军你大可攻占它，给自己留下喘息之地。"刘备听了诸葛亮这一番精辟透彻的分析，思想豁然开朗，马上对他肃然起敬，态度便更加恭谦。

诸葛亮又接着道："现在的曹操占尽天时地利人和，实力已经战胜袁绍，拥有一百万兵力，而且他又挟持天子发号施令，您不能光凭武力去和他角逐。而孙权占据江东一带，已又三代之久，江东地势险要，是个易守难攻的地方，那里百姓安居乐业，都归附于他，还有一批有才能的人为他效力，您可以考虑和他联合，但千万不能打他的主意，否则后果不堪设想。"刘备点头称赞："先生果然是神机妙算。"接着，诸葛亮分析了益州的形势，他说："益州土地肥沃广阔，物产丰富，人口兴旺，被人称为

'天府之国'，但是那里的主人刘璋也是个懦弱无能的人，骄奢淫逸、不懂节制，大家都对他不满意，那个地方迟早会被人吞并，将军如果想要平定天下，完全可以从那里下手。""如果我攻占了荆州、益州，那里的百姓受战火荼毒，还会接受我吗？"刘备说出自己的担心之处，希望能从诸葛亮口中有所解答。诸葛亮片刻思索后，对刘备自信满满地说："将军既是汉室皇室的后代，为人又是声望很高，天下闻名，这几年到处罗致英雄，思慕贤才，早已是众人心目中的英雄。如果您能占领荆、益两州的地方，守住险要的地方，和西边的各个民族和好，又安抚南边的少数民族，对外联合孙权，对内革新政治，一旦您有机会，就可以从荆州、益州两路一齐进军，集中力量攻击曹操。到那时，有谁不欢迎将军您呢？老百姓谁敢不用竹篮盛着饭食，用壶装着酒来欢迎将军您呢？如果您真能做到这个地步的话，那么平定天下的事业就一定能够成功，汉室的天下就可以复兴了。"刘备听了诸葛亮的一番话，不禁打心里钦佩起眼前这个青年人，认为他是旷世奇才，便十分真挚地说："先生的话真是让我茅塞顿开，我一定照您的意见规划，现在就请您出山辅佐我吧，不要浪费您的才华。"诸葛亮当即摇摇头，婉拒道："我志不在此，就请将军不要再为难我了。"见诸葛亮不肯出山，刘备又劝道："我自知蹉跎半生，身边虽有关羽，张飞等猛将，而无出谋划策运筹帷幄之谋士，便礼仪贤下士，寻求良辅，因缘巧合之下，我在司马徽和徐庶的荐举下得识了您，您就是我心目中的良将，真心希望您不要再推脱了。"即便此时，诸葛亮还要再考验他一番，便故作冷漠高深之态，再三拒绝他的盛情邀请，摆出了一张柴米油盐不进的表情。没想到诸葛亮越拿架子，刘备就越是谦恭尊敬，他觉得诸葛亮人才难得，便又多次恳请他，下定决心一定要将他收到麾下。最后，诸葛亮表现出还想推托的样子，但是刘备已经没有别的方法可用，只得使出最后一招，当着诸葛亮的面放声大哭，一边抹泪一边哽咽地说道："如果先生您此时还不出山，那天下的百姓可怎么办啊？他们还在经受着巨大的苦难，现在甚至还没有安身之所啊！"诸葛亮看到刘备这样的热情诚恳，心中对他的知遇之恩充满了感激，也就逐渐松了口，答应了刘备的请求，并且立即收拾了简单的行李，带着弟弟和妻子，跟着刘备到新野去了。从诸葛亮出山辅佐刘备以后，刘备就把他当作自己的老师对待，让他成为自己的军师，掌管军中要事，而诸葛亮感激刘备的知遇之恩，也把刘备当作自己的主人，倾注全力协助刘备建立蜀汉政权。因此，两人也越来越亲密，关羽和张飞将这些看在眼里，心里很不满意，认为诸葛亮年纪轻轻，没有经过大风大浪，就是个纸上谈兵的白面书生，心想他未必有多大能耐，经常责怪刘备把他看得太高了，放得太重。刘备听见他们的偏见，感到很不高兴，就耐心地向他们解释说："我有了孔明先生，就像鱼得到水一样，以后我可不许你们乱发议论，在背后对他指手画脚。"关羽、张飞听了刘备的话，觉得自己的确对诸葛亮有成见，自知有错，就不再说这事了。

这次谈话让诸葛亮从此踏入了滚滚的战争硝烟中，也正式走上了三国时期的历史舞台，并在以后逐步踏上了遥不可及的神坛。而诸葛亮所提出的《隆中对》（《草庐对》）成为此后数十年刘备和蜀汉的基本国策。

当诸葛出山成定局后，这一天，司马徽像是忽然预见到了什么似的，一个人站在家门口，远远望着那斗折蛇行的山路，司马徽曾经说过"儒生俗士，岂识时务？识时务者在乎俊杰。此间自有卧龙、凤雏"，而这一次他又开口了，只不过这一次他说了这样一句话，他说："卧龙虽得其主，不得其时，惜哉！"这一年诸葛亮二十七岁。这一年是他人生的中点，也是他人生的转折点。这一年，他开始了他辅佐刘备成就大业的历程。

择主玄德

自各地豪杰同时起兵起以来，天下出尽英豪，而现在的曹操更是今非昔比，坐拥百万精兵雄师，再加上挟持皇帝来号令诸侯，一般人早已没有能力与他争强。孙权占据江东，已经历三世了，地势险要，民众归附，又任用有才能的人治理，实力也是上乘。除去这两个最有实力的，还有众多可供选择的军阀，只剩下刘备既没有自己的领地，又没有什么本领，只打着汉室的旗号，诸葛亮为什么会选择刘备呢？为什么不辅佐更有可能统一天下的曹操来成就自己的事业呢？诸葛亮为什么没有投靠近在咫尺的刘表？

当时刘表的实力不逊于曹操孙权，但是诸葛亮用敏锐的政治眼光看出了刘表并不适合依附，这也是促使他当初决定隐居南阳的原因之一，否则念及叔父与他的情义，诸葛亮的最优选择也应该辅佐刘表。刘备打着汉室宗亲的口号有政治优势，曹操和孙权有经世之才、军事优势，而安居一隅的刘表与之相比，统一天下的概率太小了，这与诸葛亮的最终理想相差太远。所以，诸葛亮不会浪费自己的才能在这样一个扶不上墙的刘表身上。

曹操相比与其他急于求成的军阀要高明许多了，知人善用，有勇有谋，为了使自己名正言顺地掌握国家大权，他不仅没有换掉这个皇帝，而且还把皇帝客客气气地供奉起来，利用这个现成的傀儡来号令天下、号召诸侯，这便是"挟天子以令诸侯"。曹操凭借着自己高超的政治本领对本集团实行强人政治，对自己的产业，曹操主张必须只有自己才能说了算，有着相当独立的决定权，可以说是近乎独断专权，身前和身后的一切事情，他事必躬亲，只信任自己一个人的决断，是一个相当多疑的当权者。

曹操才略过人、风头正劲，而诸葛亮却没有足够的资本与之抗衡，如果这时的诸葛亮选择了跟随正处大势的曹操，那么很可能形成一山二虎的形势，而事实证明诸葛亮的顾虑是非常正确的，未来杨修的命运就是最好的证明。南阳隐居的阶段是他修身养性立志用世的准备阶段，十年磨一剑，他学有所成后没有北走曹操，也没有南归孙权，而是辅佐了"名微众寡"的刘备，这其中一定存在客观原因，但是也并非完全出于偶然。诸葛亮志向是建立一个非士族法治国家，他是没落士族的典型代表，这种身份在当时看中门第的社会想要成就事业是相当艰难的。因为各方军阀混战，世家豪强与军阀的合作纽带越来越稳固，并呈现越来越明显的地域特征，如袁绍与河北豪族（逢纪、田丰、沮授）、刘表与荆州豪族（蔡瑁、张允）、孙氏与淮泗、江左豪族等。与之相呼应的就是荀彧、孔融这样的名士投靠一方诸侯时，从不是形单影只，而是携家带口，与宗族、部曲相伴而行，像李典、许褚投奔曹操时，部曲皆有几千人。曹操的崛起因素中，与荀彧为代表的颍川郡望合流是至为关键的一步，荀彧先后又为曹操举荐了荀攸、钟繇、郭嘉、陈群、杜袭、戏志才等颍川名士，后始称雄一方。诸葛亮纵有经天纬地之才，也不可能弥补其身后不可忽视的宗族背景，若要有更加广阔的政治舞台以施展才能的机会，宁为鸡首不为牛后，仕于刘备这样的新兴军阀才是他更好的选择。

诸葛亮之所以要选择兴复汉室的道路，说明他是一个维护封建纲常、崇尚儒家忠义道德的人，诸葛亮本是徐州琅琊人，曹操放任青州军在徐州屠城，迫使他举家迁到荆州，并间接导致了他与哥哥诸葛瑾、继母顾氏的失散，算来曹操和诸葛亮是有仇恨的。再加上曹操手下人才众多，星光闪耀，想要博得曹操的赏识是非常困难的事情。曹操起兵，同族的曹仁、夏侯惇等人相随，纠集沛国谯县乡里少年几千人。初时无多少地盘势力，靠镇压黑山起义军，封东郡，以东郡程昱、陈宫为幕僚，后荀彧转投曹操。曹操又靠镇压青州黄巾，升为兖州牧，掌控黄巾三十万众。此为后来曹统一北方的奠定基石。曹操选才方面虽"不拘一格"，但仍然需要依赖与世家大族的合作，人杰如郭嘉者，也难以企望得到荀彧、司马懿那般政治地位，况且当时曹操已经统一北方，在他的阵营中已经形成了完整的系统，可以说是几无多少没落士族的政治上升空间。

据《三国志·诸葛亮传》裴松之注引《袁子》中叙述，在曹操败走赤壁前，诸葛亮考虑过是否要派人出使东吴，去说服孙权与刘备联盟。孙权身边的谋士张昭看出诸葛亮是非同寻常的人，极力向孙权推荐诸葛亮，而孙权也动心了，想要留住他，但遭到了诸葛亮的拒绝。袁子曰："张子布荐亮于孙权，亮不肯留。"有人问诸葛亮原因，诸葛亮答道："孙将军可谓人主，然观其度，能贤亮而不能尽亮，吾是以不留。"意思就是："孙权将军可以说是人主，但通过观察，他能认可人的才能，但不会让我尽展所学，所以我不会留下！"诸葛亮清楚地知道，江东，是一个历经孙坚、孙策、孙权三代人苦心经营发展起来的一个利益集团，经过时间的沉淀，孙权那边人才已经积累太多，供大于求，而且各方势力关系相当密切，已经形成了固定、稳定的关系网，这与曹操的阵营情况差不多，而诸葛亮的愿望不仅仅是一个谋士的位置，而是希望成为一个开国元勋，成就一个国家，在东吴的各方势力的打压下，他是不可能有机会上位的。

刘备只是一普通不过的织席农民，唯一可以称得上是优势，就是沾了祖上中山靖王刘胜的光，算起来，也只是名声比曹操、孙权能稍好一点，除去这块汉室金字招牌，其他无所凭借，但是后来刘备照样得天下三分，不得不说其中有诸葛亮很大的功劳。刘备一世枭雄，早期各处辗转流离，虽称汉室宗亲，有帝王之分，但几无世家大族青睐，追随者如关羽、张飞、糜竺、孙乾等人，都没有显赫背景，再加上刘备不似曹操那样强势，使诸葛亮能最大限度地地掌握权力，施展自己的抱负。刘备对诸葛亮的信任和诸葛亮对刘备的忠诚，这使得两人情同手足，同生死共命运，遂开蜀国之天下。后来在刘备临终时，他托孤诸葛亮于白帝城，将蜀国全部事情委托给诸葛亮，这也证明了诸葛亮的眼光独到。

第二部分　火烧赤壁争霸荆州

联吴抗魏

内忧外患的荆州

荆州的安宁，外因各路军阀忙于自身的巩固与扩展无暇争夺荆州，内则由于刘表团结荆州士人佣兵自保。建安八年（203年），荆州得以安宁的两个条件已经起了变化。

先说外部条件。

官渡之战，曹操奇兵大败袁绍，在此之后，袁绍于建安七年忧愤离世。袁绍共有袁谭、袁熙、袁尚三个儿子。袁绍生前将长子袁谭派出去做青州刺史，任命二儿子袁熙为幽州刺史，而后妻刘氏宠爱小儿子袁尚，因此袁绍打算把他留在自己身边，继承自己的位置。袁绍死后，众人都认为袁绍长子袁谭应当继位。袁谭也认为是自己继位，从青州赶回。袁绍的老部下分为两派，逢纪、审配支持袁尚，而辛评、郭图则依附于袁谭。逢纪、审配怕袁谭继位对自己不利，便抢先拥立袁尚为嗣。等到袁谭赶回，局面无法改变。袁谭便自称车骑将军，屯兵黎阳（今河南浚县西南）。从此，兄弟二人矛盾更加深了。

袁谭、袁尚兄弟不和，则给了曹操北平冀州的机会。建安七年九月，曹操出兵攻打袁谭。大军压境，促成了袁谭、袁尚兄弟二人的暂时联合。袁尚率领大军助袁谭抵抗曹军，使得曹操无法夺下冀州。建安八年，谋士郭嘉向曹操建议："袁绍喜爱这两个儿子，并没有指明继位的人选。有郭图、逢纪这几个谋臣在，袁谭、袁绍必定相互斗争疏离。遇到紧急情况则联合，情势好转之后又相互斗争。您不如先向南征服荆州刘表，等待二人之间关系变化之后再出击，就可以一举拿下了。"曹操接受了郭嘉的建议，于是撤兵。

曹操于建安八年八月南征荆州，屯军在西平（今河南西平西）。曹操这一举动，有实有虚。虚的是，曹操想要减轻对袁谭、袁绍的压力，让二人矛盾重新激化。但是，曹操此举也不完全是做做样子，如果二袁之间没有变化，或是遇到机会，曹操也会征伐荆州。

事实上，当曹操撤兵之后，袁氏兄弟果然纷争又起，袁谭还曾派人向曹操求助。考虑到袁尚不足为虑，曹操本打算先征服刘表，但曹操手下许多谋士都建议曹操先攻打袁尚，于是曹操听从众人劝说，放下荆州，先北上攻打袁尚。

曹操在荆州北边等待时机，而东面的孙权已经采取了行动。建安五年，东吴政权的孙策在死前对黄祖的第二次讨伐，实际上是向荆州拓展势力。孙策死后，他弟弟孙权继位掌管江东，东吴部下张昭、周瑜等人都认可孙权，并尽心尽力地辅佐他。孙权用对待师傅的礼仪对待张昭，封周瑜、程普、吕范等人为将帅，又广招才俊，奉鲁肃、诸葛瑾等名仕为宾客。鲁肃最开始见到孙权时，就建议他先剿除黄祖，然后讨伐刘表，先将长江流域收归，再建号称帝谋取天下。孙权当时表示：如今我只想巩固江东辅佐汉室，并没有到你所说的那样。孙权虽然这样说，但并非不想占据荆州，只是觉得江东尚未巩固，进取荆州是下一步的事。经过几年的时间巩固了江东以后，孙权便开始实施鲁肃的建议。

建安八年，孙权向西出兵讨伐荆州夏口（今湖北武汉）守将黄祖。这一仗，吴军虽然大破黄祖水军，但因后方反叛，孙权还没有攻破夏口城便撤军了。

建安十二年，孙权再次西击黄祖，"虏其人民而还"。

建安十三年，黄祖下属甘宁投奔孙权，促使孙权下决心再一次大规模征伐黄祖。

黄祖对孙吴的第三次进攻做了比较充分的准备。为了抵御孙吴的进攻，他在沔（miǎn）口设下两只艨艟大舰，用两条粗大的棕榈绳各系一块巨石沉入江底，把两条大舰牢牢固定住。每条大船上有千名射手，他们同时射箭，形成一道屏障，使吴军不能通过沔口。吴国前锋大将董袭和凌统，各领百名敢死队员，每人身穿两层铠甲，乘大舸船冲进去，逼近艨艟大舰。董袭挥刀接连砍断两条棕榈绳，使两条艨艟大舰失去了根基。这样，两条大船就失去了防卫功能，吴国水军一下涌进来。黄祖连忙命令都督陈就率水军迎战，但被吕蒙斩杀。黄祖见大势已去，开门逃走，被骑士冯则赶上，一刀杀死。这一仗，孙权大获全胜，不但杀死了黄祖，还"虏其男女数万口"。

北面的曹操，东面的孙权，都想要得到荆州。而荆州内部这时也并不稳定，矛盾重重，主要体现在三个方面：刘表家族内部纷争，主要指刘表两个儿子刘琮、刘琦的继承权问题；刘表政权内部降曹与抗曹的对峙，主要指刘表自保荆州的主张与其臣下降曹派主张的分歧；荆州内部刘表与刘备的矛盾，主要指刘表集团与客居荆州的刘备集团的矛盾。这三种矛盾相互交叉、相互作用，对荆州的局势具有重要的影响。

刘琦与刘琮分别是刘表的长子和次子。最初由于刘琦是长子又很像刘表，刘表很喜欢这个儿子。但当次子刘琦与刘表后妻蔡氏侄女结婚后，蔡氏想让刘琮继位，于是联合蔡瑁、张允等向刘表进谗言，渐渐地，刘表对刘琦的好感就减弱了。蔡氏与蔡瑁都属于亲曹派，而刘琦作为刘表长子则是坚持父亲自保荆州的方针。

刘琦非常重视与自己同为抗曹派的诸葛亮，当被刘表逐渐疏远时，刘琦内心十分不安，便找诸葛亮帮忙出主意，以求自保。一开始，诸葛亮并未认真给他出主意，不是因为诸葛亮对刘琦不负责任，而是认为这件事情应当谨慎处理。此时诸葛亮已加入刘备集团，如果此事处理不好，不仅会害了刘琦，而且会使刘备集团受到影响。诸葛亮希望想出一个既能保证刘琦安全，不让荆州当局疑心，又对刘备集团有益的办法。刘琦见诸葛亮迟迟不为自己出主意，心中十分着急。有一天，刘琦又请诸葛亮去他家里作客。诸葛亮知道刘琦又要向自己请教安保的方法，而此时，诸葛亮已经想出了一条三全其美的办法了。诸葛亮接受了刘琦的邀请到他家，给他讲了一个春秋时期晋国的故事，暗暗告诉他只有离开襄阳去别处任职才是一条安全之策。刘琦很快就明白了诸葛亮的用意，他决定离开襄阳。诸葛亮走后，他便到父亲刘表处，请求外出任职，恰好此时黄祖刚死，刘表便任刘琦为江夏太守。诸葛亮为刘琦出此计策，一方面是为了解决刘琦的危机，另一方面则是为了刘备集团的利益。诸葛亮知道刘表内部主张降曹的人不在少数，万一荆州有变，江夏可作为刘备集团的一块立足之地。事实证明诸葛亮的猜想果然正确。

作为荆州的主人，刘表是不主张降曹的，他一生苦心经营荆州，使荆州成为方圆数千里，有十多万兵甲的小王国，这是他的心血，怎可轻易放手让给别人呢！荆州内部还有一些人同样主张抗曹，但是主张降曹的人也有很多，有许多举足轻重的人物都认为应当投降曹操。建安十三年，刘表病重，刘琦从江夏赶回，蔡瑁、张允怕父子见面感动刘表，于是千方百计阻止拦住刘琦。刘琦无奈，只好流泪返回江夏，此事表明，荆州内部降曹派已经控制了政局。

此时，躲过了曹操，离开了袁绍的刘备客居荆州，是想兴复汉室，成就霸业。刘表把刘备安置在新野，是想利用刘备的力量对抗曹操，在抗曹上，两者是一致的。为了抗曹，刘表不但给刘备增兵，还不得不允许刘备在不影响本土利益的情况下扩大自己的实力。表面上看，刘表对刘备持信任态度，并没有阻止刘备扩军，但实际上他对客居荆州的刘备很不放心，特别是当许多荆州人都归附刘备时。刘表病重时，他叫来刘备，假意要将荆州托付给刘备。但是，刘表那么喜欢刘琮，不惜舍长立幼，怎么能让一个外来人取代自己的儿子呢？刘表一是想试探刘备有没有夺取荆州的野心，二是想拉拢刘备让他好好辅佐自己的儿子。

就这样，荆州得以安宁的外部条件和内部条件都被打破了，可以说，荆州陷入了内忧外患的局面。

刘备兵败长坂

建安八年（203 年）十月，曹操开始清剿袁氏余力，袁尚、袁熙败走乌丸，短短三年时间，曹操将之前由袁绍占据的青、冀、幽、并四州平定。

建安十二年（207 年），曹操北征乌丸，将袁氏的残余势力消灭。

建安十三年，曹操在邺县休整军队，演练水师，打算先征服关中，但由于荆州外部东吴孙权杀死黄祖，而荆州刺史刘表病重，荆州内部矛盾尖锐，曹操害怕荆州这块战略"争地"落入他人之手，只得先放弃征服关中，挥师南下。而处于荆州东面的孙权，正苦于如何联合荆州内部的力量对抗曹操，此时，刘表病故，鲁肃请求以吊唁刘表之死为名前往荆州，替孙权联合荆州与刘备共同抗曹，而令孙权没有想到的是，鲁肃还是晚了一步。

这一年的九月，刘表次子刘琮被拥立为荆州之主，出于曹操的强大实力，处于荆州内部降曹派包围之下的刘琮背弃了原本与他站在统一战线的刘备，投降曹操。

此时，刘备失去了与荆州内部的联合，孤军抗曹，只得连忙与部下商量对策。众人都认为，刘备集团力单势孤，留在樊城，不但会受到曹操的压力，还有可能被荆州降曹派所袭击，应当南撤至江陵（今湖北江陵）。江陵是荆州所辖的一个大郡，位于长江沿岸，是军事要地。刘表在世时，十分重视江陵的建设，在那里修筑了坚固的城墙，存储了大量的军需物资，利用那边的条件抗曹比在樊城要好得多，甚至还可以在经过襄阳时将刘琮劫持。在经过考虑之后，刘备同意撤往江陵，但却不同意劫持刘琮，刘备是讲信义的人，刘表临死时曾将荆州与刘琮托付给他，他不会做出背弃信义的事。在经过襄阳时，诸葛亮又提出了攻击刘琮，占领荆州的建议，但还是被刘备拒绝了。

当刘备南走之际，曹操害怕储存了大量粮食和兵器的江陵被刘备占据，以致后患无穷。于是，曹操亲自率领五千精兵，以一日夜走三百里的速度快速追赶刘备。而刘备这边，南撤江陵时吸收了不少士兵，但更多的是荆州的百姓，还有很多是老人和孩子，到了当阳时，就有十万多人了，而装衣物的车子也有数千辆，速度可想而知。刘备在荆州七年，对人民爱抚有加，深得百姓的好感，而曹操在作战时却滥杀无辜，引起百姓恐慌，所以在危难之际，百姓都想获得刘备的庇护。但是，刘备带着这样一只庞大的队伍，行走迟缓，一天只能走几十里路。诸葛亮见情况危急，与刘备协商后，派遣关羽率部分军队乘船数百艘，走水路赶往江陵。刘备眼看着就要被曹操追上，但却决心要与百姓共患难，终于在当阳的长坂（今湖北当阳东北）被曹操追上，并迅速被曹军击溃。刘备连自己的妻子、儿子女儿都顾不上，就与诸葛亮、徐庶、张飞、赵云等骑马往东南方向快速逃跑，恰好与关羽所率领的水军精锐部队会合。刘备根据形势只得放弃江陵，转而投向刘表长子江夏太守刘琦。刘琦听说刘琮投降，襄阳沦陷，曹军日夜追赶刘备，急忙率领自己的万余人部队接应刘备一同到夏口（今湖北武汉汉口），后来又从夏口退到樊口（今湖北鄂城西北），修整士兵，商量对抗敌人的计策。

当阳长坂这一战，曹操大获全胜。而刘备人马损失惨重，就连两个女儿也被曹军俘虏，还好妻子甘夫人与儿子刘禅被赵云保护突出重围，才免于灾难。随刘备一同南下的徐庶，因为长坂一战母亲被曹军掳去，不得已离开刘备投奔曹操。曹操占领了江陵，又收编了荆州的散兵，实力大增，只要使孙权屈服，而刘备势单力薄，那么天下可就被他所控制了。于是曹操就写了一封信派人送给孙权，信中说："近者奉辞伐罪，旌（jīng）麾（huī）南指，刘琮束手。今治水军八十万众，方于将军会猎于吴。"很显然，这是一封充满威胁的逼降书，"治水军八十万众"完全是夸大声势想要迫使孙权就范。据史料记载，曹操此时的兵力加上荆州新降部队也只有二十四五万人，而"会猎于吴"更是警告孙权，如果不投降，那么曹军就将深入吴境，歼灭吴军。这一封气势汹汹的警告信，确实在孙权集团内部引起了强烈的不安。

诸葛亮出使东吴

鲁肃想要结合荆州内部力量与刘备一起抵抗曹操，他刚到夏口时，就听说刘备被曹操所击败准备南下。鲁肃根据当下形势分析，做出判断：荆州中可以与孙权联合抗曹的力量只有刘备，必须要阻止刘备南下，转向东南与东吴联合。于是，鲁肃找到刘备，向他表达了孙权对他的慰问之意，并问道："目前情况如此紧张，刘豫州你现在打算去哪里呢？"刘备对鲁肃的到来本来就有些吃惊，见鲁肃这样问，他就回答说："我与苍梧太守吴巨有旧交情，想要投奔到他那里去。"之前刘备三顾茅庐时，诸葛亮就为刘备分析了天下大势，刘备不可能离开荆州，这样回答鲁肃只是为了试探他。而鲁肃却相信了刘备的话，连忙劝阻刘备，说："吴巨只是一个普通人，在偏远的地方，就快要被人所吞并了，怎么能够托付呢？而孙权聪明仁厚，礼贤下士，江中的英雄豪杰都归附与他，已占据了六郡，士兵精良，粮草充足，是能够成大事的。今天我为您出计谋，希望您派遣心腹出使江东，和东吴结下同盟之好，这岂不是比远投吴巨要好得多么？"刘备弄清鲁肃的目的之后，对鲁肃说："先生您刚刚说的正和我的心意。我早就听说孙将军英明神武，仰慕已久。"又说："诸葛先生早就建议我与孙将军联合了。"

诸葛亮敬重鲁肃的诚意和见识。而鲁肃虽是初与诸葛亮相见，但他与诸葛亮的哥哥诸葛瑾是多年好友，领略过诸葛家族的风范，又早听说诸葛亮早就提出与东吴联合，因此十分佩服眼前这位年轻人。鲁肃对诸葛亮说："我是诸葛瑾多年的好朋友。"语气中充满了对诸葛兄弟的敬慕之情。于是，两人结为好友，在共同抗曹中，两人都为维护和巩固"孙刘联盟"做出了积极的贡献。

曹操率军从江陵东下，战争的气氛越来越浓。诸葛亮见形势紧迫，就向刘备建议说："事情很紧急，请让我去向孙将军求救。"刘备也感到形势危急，于是派遣诸葛亮与鲁肃一同前往柴桑（今江西九江西南）到东吴拜见孙权。

在鲁肃的安排下，孙权与诸葛亮会面了。当初孙权让鲁肃到荆州去，希望鲁肃能为他带回一个强大的盟友，可是事实是鲁肃带回的盟友势力弱小，刘备加上刘琦的军队也只有区区的两万人而已，孙权心中有点失望。诸葛亮在见到孙权时，立马就看出了孙权的矛盾：一方面，孙权不想把江东六郡给曹操，向他俯首称臣；另一方面，又害怕曹操实力强大难以与之抗衡。诸葛亮于是对孙权说：

> 海内大乱，将军起兵，据有江东。刘豫州亦收众汉南，与曹操并争天下。今操芟（shān）夷大难，略已平矣。遂破荆州，威震四海。英雄无所用武，故豫州遁逃至此。将军量力而处之：若能以吴、越之众，与中国抗衡，不如早与之绝；若不能当，何不按兵束甲，北面而事之！今将军外托服从之名，而内怀犹豫之计，事及而不断，祸至无日矣！

诸葛亮这番话，主旨顺畅，将形势分析得深刻有力，每一句话都说到了孙权的思想矛盾之处。首先诸葛亮说孙权"据有江东"，而刘备"收众汉南"，都是当代的英雄人物。但是诸葛亮这句话可不是单单夸赞孙权和刘备，而是暗示孙刘联合是有基础的。接着，诸葛亮又分析了刘备失败的原因，曹操吞并了一些割据势力，基本平定了北方，既壮大了力量，又没有后顾之忧，而刘备力量过小，无法与之抗衡。他又为孙权指出了两条路：一、与曹操断绝关系，拼尽全力与之抗衡；二、向曹操称臣。诸葛亮想让孙权走第一条路，他知道孙权肯定不想向曹操称臣，但是但却没有明说，是想刺激孙权。最后，诸葛亮对孙权说：像您这样表面顺从曹操，而内心犹豫不马上做出决断，是会引来大祸的！

诸葛亮一番话，无疑给了孙权极大的刺激。他的自尊心与责任感使他在面对抗曹与降曹问题上不容妥协。于是他反问道："如果像您所说，为什么你们刘将军却不向曹操投降呢？"

料到孙权会这样问，诸葛亮不慌不忙地回答说："田横，是齐国的一名壮士呀！他都能够坚守大义宁死而不受屈辱，而我们刘将军是皇族后裔，英名盖世，受众人仰慕。如果事情不顺利，那也是上天的意思。怎么能够因此而向曹操投降呢？"诸葛亮是要用田横宁死也不肯向刘邦屈服的例子来激励孙权。

孙权听了这番话，也不甘示弱，说："那我也不能让我整个吴国，十万将士，被别人控制呀，我反抗曹操的心是坚定的！我知道除了刘将军，没有人再敢正面反抗曹操。但是你们刚打完败仗，怎么有能力抵抗曹操那样强大的敌人呢？"

诸葛亮发现孙权抗曹的决心已经被激发起来，为了坚定他的信念，于是诸葛亮继续为他分析说道："刘将军虽然在长坂一战中失败了，但是剩余的将士和关羽的水师精兵还有一万多人，加上刘琦在江夏也还有一万多将士。"说明，刘军还是有一定实力的。诸葛亮知道孙权已经初步做出了抗曹的决定，但由于曹军实力强大心里仍有一定的顾虑，而孙权自己的力量也没有"十万之众"那么多。为了消除孙权的犹豫，诸葛亮接着又为他分析了曹军的几项弱点。

第一，曹军远道而来，已是疲惫不堪，已经违背了兵法的基本原则。第二，曹操的部队以骑兵、步兵为主，北方人，对在水中作战并不擅长。第三，曹操在荆州并不是民心所向，没有民众的支持，必定会影响曹操军队的士气。

上面曹军的三个弱点，对于孙刘联军来说却颇为有利。最后，诸葛亮说："如果将军您能够派数万猛将，与刘将军同心协力，那么一定可以击败曹军。曹军被击败后，一定会退回北方，那么，孙、刘的势力必定会强大，三分天下的局势就会形成。成败之机，就在今日！"

诸葛亮的对敌我形势的客观分析，使孙权清醒过来，他认识到要想获得胜利，就必须与刘备建立联盟。孙权被诸葛亮的远见卓识所折服，于是派遣了东吴大将军周瑜、程普与谋士鲁肃率领水军三万沿着江西上，至此，孙刘联盟就这样初步建立了。当然，在孙权集团内部对于是迎曹还是抗曹的问题也是有争议的，下面笔者也会做详细的介绍。

至此，诸葛亮完成了"东和孙权"建立孙刘联盟的任务，为取得赤壁之战的胜利和隆中决策中所规划的先夺取荆州作为根据地奠定了基础。诸葛亮在《出师表》中说到的"后值倾覆，受任于败军之际，奉命于危难之间"指的就是出使东吴，劝说孙权这一事件，可见当时的诸葛亮，心里也是十分紧张的。但是，隆中十年的隐居终是没有白费，诸葛亮以他的非凡才智、远见卓识顺利地完成了任务并深受孙权赏识。诸葛亮还被张昭推荐留在东吴，但被他婉言谢绝了，他的坚贞守信使他不可能做朝秦暮楚、背主求荣之事，而且，诸葛亮"兴复汉室"的政治目标与孙权的并不相同。

诸葛亮这次出使东吴，还见到了十五年未见的哥哥诸葛瑾。兄弟二人在柴桑重逢，是诸葛亮在出使东吴中的另一个重要收获。

东吴内部迎曹与抗曹之争

当诸葛亮与孙权刚刚达成孙刘联合时，前文中提到的曹操给孙权的威胁信也送到了。孙权读过后，心中十分忧虑，急忙把信给群臣传阅，征求他们的意见。曹操信中所写"八十万水军"使大臣们惊恐不已，加上曹操"挟天子以令诸侯"，很多文臣武将都主张投降曹操。孙权受到诸葛亮启发后，对敌我双方的势力对比心中已有数，但他并没有轻易表态。

在这次讨论中，只有鲁肃一言不发，等到会议散后，鲁肃追上孙权，孙权问鲁肃："您想要说什么呢？"鲁肃回答说："我听了大家的意见，都想要误导您向曹操投降，这些人都不能让您做成大事。从现下的局势来看，我鲁肃可以归顺曹操，但是将军您万万不可以呀！我鲁肃归顺曹操，出门可以乘车，有随从跟随，可以与天下之仁人志士交朋友，可是将军您就不一样了。您今天要是归顺了曹操，以后怎么办呢？希望您早日定下计策，不要听那些人的建议呀。"孙权听后十分感动，说："今天这些人的态度和意见，真的让我失望。而您的想法，刚好和我一样。您真是上天赐给我的呀。"鲁肃又进一步为他分析了局势，剖析利害，坚定了孙权的抗曹决心。

周瑜，字公瑾，庐江舒县（今安徽庐江西南）人。孙权收到曹操的威胁信时，周瑜正奉孙权之命在鄱阳湖征集水军进行操练。周瑜同鲁肃一样是坚决反对降曹的主战派，于是鲁肃建议孙权召回周瑜商量抗曹的计策。周瑜回到柴桑后，得知大多数官员都主张降曹，于是他立马拜见孙权，对他说："曹操虽然托名为汉相，但其实是汉贼。将军您是英明神武的雄才，又有着父兄所打下的基业，占据着江东，地方数千里，士兵精良够用，应该凭借着这些力量征服天下，为汉家扫去污秽，何况是曹操前来送死，怎么能说向曹操投降这样的话呢？"接着周瑜又列举了曹军的四大弱点：一、北方并不安定，曹操带领大部分精锐部队南下，后方兵力空虚，有后患；二、曹操的骑兵善于在陆地上作战，不善于在水中作战；三、冬季曹操军队缺少草料，骑兵难以在冰天雪地的江湖之间奔驰作战；四、曹操的士兵从北方而来，容易水土不服，肯定要生病。

孙权听了周瑜的见解和分析，又想到前几天他和诸葛亮的谈话，终于下定了决心，他对着群臣拔出佩刀向前面的奏案砍去，说道："将吏敢复有言当迎操者，与此案同！"这下，以张昭为首的主和派一个个都吓得目瞪口呆，不敢说话了。就这样，东吴内部有关降曹还是抗曹的问题就这样解决了。

周瑜向孙权请求五万精兵，说："那些人只是见了曹操的书信，听说他有八十万将士，就被吓住了，也不想想是真是假，就主张降曹。按实际计算一下，曹操带来的中原士兵大约有十五六万，经历了之前的战斗，都十分疲惫。而他在荆州得到的士兵，就多也就七八万，他们不一定都忠于曹操。曹操虽然在人数上占有优势，但没有必要太担心。将军您给我五万精兵，我必能制服曹操。还请将军您不要多虑。"孙权听了，十分高兴，对周瑜说："公瑾（周瑜字）你的话说到这，很是符合我的心意。子布（张昭字）、文表（秦松字）这些人，都顾虑自己的妻子和儿女，带着私心，使我失望，只有你和子敬（鲁肃字）与我的想法相同，是上天让你们的想法同我相同呀！五万精兵一时难以凑齐，现在已经选拔出了三万，战船粮食兵器都已经准备好了，你和子敬、程公（即程普）先出发，我会在你们后面到达，多准备粮食和兵器作为你们的后援。如果你们能打败曹操就最好，如果战斗不顺利的话，就等着我，我必定要和曹操决一死战！"接着，孙权就任命周瑜为左都督，程普为右都督，鲁肃为赞军校尉，参赞军机。他们与诸葛亮一起到樊口与刘备的军队会合，准备迎战从江陵顺流而下的曹操大军。

闻名历史的赤壁大战就这样拉开了帷幕。

赤壁见智

大战初始

近十年来曹操在讨伐黄巾、攻打徐州、诛杀吕布、攻破袁绍、斩杀袁谭、征服乌丸的一系列战争中可以算是尝尽了甜头，而当他轻易拿下荆州，刘备又被他在长坂打的溃不成军之后，胜利更是冲昏了他的头脑。曹操原本以为孙权收到自己的逼降信后肯定不敢和自己作对，但那封信却被孙权给无视了。曹操觉得十分生气，但他认为此时的刘备已不足为虑，孙权也不堪一击，如果不趁此时机一举拿下江东，将要留下祸患。于是这年冬天，也就是建安十三年（208 年）的冬天，曹操派兵从江陵分水路和陆路两路大举东下。

刘备在樊口休整军队，听说曹操的军队将要来到，心中十分焦虑。在得知东吴的援军船只已经到达后，十分高兴，立马派人前去慰问，接着又乘着小舟去见周瑜。刘备问周瑜："你带了多少人来？"周瑜回答："三万人。"刘备十分失望地说："三万人太少了！"周瑜对他说："这些已经足够了，您就看我如何攻破曹操吧。"双方商量好作战的方案后，刘备便与诸葛亮回到樊口，遣兵调将，与吴军一起对抗曹操。过了几天后，孙刘联军与曹操大军在赤壁相遇了。

正如诸葛亮、周瑜所料想的那样，曹操的水兵主要是荆州降兵，是狐疑之众，而曹操从北方带来的士兵由于水土不服，且连日征战在外，十分疲惫，开始流行疾病，大大影响了曹操军队的战斗力。初次交战，曹操就吃了败仗，退到江北的乌林，与孙刘联军隔江对峙。

曹操此次征战，想的是像讨伐襄阳一样速战速决。但是，此次征伐与征讨荆州不同。曹操征讨荆州，军队士气正盛，战斗力强，而对手刘琮却软弱无力，不战而降。但此次出征江东，因为出征时间较长，军中有不少士兵因水土不服而患上了病，士气和战斗力已经被大大削弱，而对手却是坚决抵抗并且战斗力较强的孙刘联军。曹操敏锐地感觉到速战速决是不可能的。他退回到江北乌林，一方面想修整部队，制止疾疫，恢复锐气；另一方面是想借对峙之局以等待、寻找破敌的敌机。当初在官渡之战时，曹操就是这样在对峙的僵局中发现和利用破敌的机会，取得了胜利。在这场战争中，无论是人数还是军力，曹军与孙刘联军相比起来，都占绝对优势，这样的修整无疑对曹军是极为有利的。这一点，孙刘联军也十分清楚。

为了解决士兵不习惯船上作战而出现的晕船现象，曹操决定用铁链把大小战船的头尾相互连接起来。这样做使船舰的覆盖面积变大，抵抗风浪的力量增强，将士们因船体平稳，晕船的现象大为减少，战斗力也得以提升。然而把战船连在一起，有两个致命的缺点：一、战船用铁链锁紧，船只无法自由行动，易进难退；二、船只一旦失火，必定延烧他船，敌人如果采用火攻容易全军覆灭。果然，周瑜的部将黄盖经过侦查就发现了曹军的弊端。于是，黄盖就对周瑜建议说："现在敌军人多，我军人少，难以持久抗衡。但是我看曹操的军船是首尾相连的，火势容易蔓延。"周瑜十分赞成黄盖的火攻计谋，于是，两人就进一步周密策划了火攻的方案。

火烧赤壁

为了接近曹军战船，以实施火攻计划，黄盖首先派人给曹操送去了一封诈降信，信中写道：

> 黄盖我受到孙权的恩惠，担任将帅，待遇不薄，本来不应该怀有二心。但是如今江东孙权只有六个郡，和您近百万之众相比相差太大，这是众所周知的。东吴的人，都知道不能与您相敌，但周瑜小儿，无知蠢笨，坚持自己的看法，想要以卵击石，而且作威作福，没有罪的人要受刑，有功劳的人不给赏。我是老臣了，被这样的人侮辱，实在痛恨！听说丞相您诚心待人，虚心待人，我愿意带着我的兵将，向您投降，为了立功雪耻，我的粮草等物，都放入船内献给您。

黄盖的这封诈降信，语气诚恳，逻辑缜密。他讲自己投降的原因，不是政治上的不得意，也不是嫌地位不高，而是明白曹操必将胜利的趋势。而且，明白这一趋势的也不止他一个人。曹操生性多疑，但显然他是不会轻易相信黄盖的。他把送信的人叫来，仔细地询问了一番，并没有发现什么破绽，这才相信了。他对送信的人说："我怕你欺骗我。如果黄盖在信中说的确实诚心诚意，一定会受到奖赏的。"曹操十分高兴，认为黄盖投降是上天赐给他击破吴军的机会。当初官渡之战时，也是袁绍手下的许攸投降，给了他可靠情报，才帮助他取得了胜利。

周瑜见曹操中计，就命令黄盖挑选了数十艘冲锋船和大型战船，里面装满柴草和油脂，然后用布盖上，然后在船上竖起军旗。在大船后面，还有许多轻便、灵巧的快船，名为"走舸"。这种小型战舸，往返迅捷如同飞鸥，船上载满了经过挑选的精锐士兵。一旦火攻得手，"走舸"就迅速脱离大船，乘势冲杀。

到了黄盖约定投降的这一天，恰好刮起了东南风。黄盖命令十艘冲锋船先出发，其他的船跟在后面。过了江心之后，黄盖一边命令这十艘船向北扬帆疾行，一边命令众将士齐声呐喊：黄盖"降焉"！这时曹营将士都纷纷出寨观望，指点船上的标志，认为黄盖果然如约前来投降。而在离曹军约两里远的地方，黄盖令将装满柴草和油脂的大船一起点燃，等到火船行驶到曹军面前时，早已燃成一个火球。不一会儿，凶猛的火就乘着强劲的东风将曹军的战船卷入火海之中。火势继续蔓延，呼啸的火窜上江岸，点燃了曹军营寨的木栅栏、军营、马厩、帐篷、仓库……曹军人马被烧死的不计其数，有的士兵跳入江中，想借江水灭火，但因不习水性淹死在江中。刘备大军远远望见江北火光冲天，知道曹军的舟船、营寨都已着火，于是下令出击，与东吴军队水陆并进，追击逃敌。

曹操见无法挽回局势，干脆借联军的火烧掉其余的战船，带领人马从陆路向江陵方向撤退。从陆路到江陵，要走华容道。那时候，那里是一片沼泽，曹军退到那里，在凛冽的寒风中踏泥而行。为了穿过沼泽，曹操令老弱士兵背着草填泥路，好让骑兵踏草而行。那些负草填泥的老弱士兵，在填泥时多陷入泥中死去。赤壁一战曹军败得十分狼狈。

赤壁之战为三国鼎立的局面奠定了基础，而孙刘联军在诸葛亮、周瑜等人的指挥下，把曹操打得一败涂地，因此这次战争一直为后人所赞，是历史上以少胜多的又一典例。

肇基荆州

三国鼎立局面的初步形成

曹操赤壁之战败后，退至江陵，孙刘联军乘胜追击。曹操鉴于形势严峻，难以击败孙刘联军，于是留下征南将军曹仁、横野将军徐晃守江陵，折冲将军乐进守襄阳，自己则率领残余部队北还。在回到中原之后，曹操把注意力放在后方的巩固工作上：军事上他筹划解决马超、韩遂等割据于关西的武装集团，以杜绝后患；经济上则继续发展中原地区农业，为日后统一全国积蓄力量。曹军在荆州处于战略防御，而孙刘联军则转为战略进攻。

周瑜、刘备率领军队沿江南下逼近江陵，诸葛亮留守江夏，孙吴军屯驻柴桑，分别作为刘备和周瑜的后援。

此时，诸葛亮在江夏，一边密切注视着江陵方面的战争状况，一边思考着下一步的战略行动。诸葛亮认为，江夏不适合久留，它靠近孙吴，如果周瑜拿下江陵，那么江陵便是孙吴势力的中心地带，必定容不下刘备军，那么刘备及诸葛亮等人的处境就非常危险了。然而此时又必须留在江夏，江夏对于刘备的发展，有着其他地方无法相比的优势。周瑜率领三万孙吴军队在江夏郡的西面同曹军作战，而孙吴的主力军在江夏郡的东面。诸葛亮率刘备集团主力两万多人驻扎在江夏，方便向荆州的西南方向行动发展。事实证明，诸葛亮先屯兵江夏，后又在合适的时机离开江夏，是同当时紧张的军事斗争密切相关的。

孙吴与刘备之间，既有联合关系又有斗争关系。

在孙权集团中，既主张抗曹，又主张抑制刘备的代表人物就是周瑜。周瑜虽然反对诸葛亮提出的联合抗曹但却没有明确表示出来。当周瑜率军西上，在樊口与刘备相会，以军务在身为由让刘备前来相会。而当刘备遗憾援军太少时，周瑜表示三万足矣，让刘备看他如何破曹。这些言语体现出周瑜轻视刘备，自信却又自负的统帅心态。

孙刘联军到江陵后，并没有立刻攻城，而是和曹仁隔江相对。这时刘备提出带领一批人马渡过夏水，从侧面包抄江陵，以配合周瑜的正面进攻。刘备率领两千人马，即使是侧翼，人也少了些。为了不让周瑜疑心，刘备又提出以张飞率领一千人马随周瑜，要周瑜给自己两千人马，实际上等于给刘备增兵一千。周瑜同意了。

周瑜同意给刘备增兵，让刘备率领三千人侧攻江陵，是出于三方面的打算。一是利用刘备力量牵制曹仁，二是借机消耗刘备力量，三是分兵西进为占据荆州做准备，其中第三个是周瑜的主要目的。

吴军一到达江陵南岸，周瑜就命令大将甘宁向西占领夷陵。曹仁听说吴军占领夷陵，江陵上游受到威胁，急忙派人前来争夺。当时甘宁驻守夷陵，新旧部队加起来只有千余人，而曹仁所派人马是甘宁的五六倍，甘宁一面坚守，一面派人向周瑜告急。甘宁请求增援的急报传来，大多数人都认为援助甘宁会使抵御曹仁的兵力分散，对吴军不利。而吕蒙则认为应当援助夷陵，他对周瑜和程普说："我与你们前去救援，留下凌统坚守。我们援救甘宁的时间不会太长，我保证凌统在曹军进攻前能坚守十天。"他还建议在救援的同时，派出三百人马在险峻的要道上堵住敌人。周瑜认为吕蒙的意见很对，就采纳了。果真，甘宁守军见援军到来，士气大涨，里应外合击败曹军，又在险峻的道路上截击了曹军。这一仗，曹军大败，吴军巩固了对夷陵的占领。

夷陵大胜后，吴军渡过长江，在长江北岸安营扎寨。建安十四年（209年）十二月，曹仁在与周瑜相持一年多，损失惨重，抵抗不住士气大涨的吴军，只好放弃江陵，退兵回襄阳。这样，荆州八郡之一的南郡（江陵）就归孙吴所有。

诸葛亮在刘备侧攻江陵撤退后，周瑜率军同曹仁的相持中，敏锐地察觉到周瑜想要占据荆州境内长江的意图。诸葛亮认为吴军是向北而不是向南发展，因此，周瑜占领夷陵后的进攻重点一定是江陵。这样，就给刘备向荆州南部发展留下了宝贵的时机。于是，诸葛亮果断地向刘备提出放弃江夏，全力占据荆州南部四郡，等根基稳固后，再寻找时机谋取荆州北部的战略要地，刘备采纳了诸葛亮的建议。

在向荆州南部进军前，刘备上表汉献帝奏请刘琦为荆州刺史，刘琦是刘表的长子，是最合适的掌管荆州的人选。刘表临终前，刘备曾答应辅佐公子，这样可以实现诺言，不失信于人。当然，刘备主要是想利用刘表及刘琦父子的潜在影响力去安抚荆州士民，为自己在荆州立足减少阻力，奠定基础。

就这样，荆州八郡的归属情况如下：曹操占有南阳、章陵二郡；孙权占有南郡、江夏二郡；刘备占有武陵、长沙、桂阳、零陵四郡。所谓"鼎足之形"就是三分天下，鼎足而立。局面正如诸葛亮在隆中所设想的那样。

孙、刘两家在划分荆州中，各有不满意之处。虽然刘备得到的土地面积大于孙权所得到的，但从地理位置来看，荆州境内的长江归孙权所有，而长江是荆州境内中的战略要地。刘备不满意孙权全据长江，而孙权也不满意刘备占据那么大的地盘。所以在曹操势力退回北方，孙刘联盟的外部压力减轻时，孙刘之间开始重分荆州。

孙刘重分荆州共有三次。

三次重分荆州

第一次重分荆州是在建安十四年（209 年）。

《资治通鉴·汉纪·建安十四年》记载："会刘琦卒，权以备领荆州牧，周瑜分南岸地以给备。备立营于油口，改名公安。"

刘琦是刘备上表汉献帝立为荆州刺史的，而刘表逝世前刘备也算是刘表集团的一分子。刘琦死后，刘备接管荆州顺理成章，孙权也只能同意让刘备领荆州牧。

孙权让刘备领荆州牧，是出于抗曹大局的需要。据《三国志》记载，刘备承认了孙权徐州刺史的地位，换取了孙权对他荆州刺史地位的承认。徐州在长江下游，荆州在长江中游，孙刘二人相互承认，是联合对曹操施压。

刘备成为荆州刺史，那么他要求与孙吴共有长江便有了十分充足的理由：他是荆州刺史，却不能拥有贯穿荆州东西的长江，没有长江，难以北上，就不能更好的对抗曹操。孙吴没有理由也没有拒绝刘备的要求，在经过一番权衡过后，孙吴将南岸的油江分给了刘备。

油江是今湖北境内一条自西向东的河流，是长江流经江陵后的一条支流。油江入江口就是油口，后来被刘备改名为公安。公安地处江陵下游，仍被江陵所控制，但对于刘备来说，能够走到长江边上，就使他实现"隆中对"有所依托。

孙刘第二次重分荆州，是在建安十五年（210年）。

刘备进驻公安后，许多刘表旧部都归附于他，因此刘备集团的势力渐渐扩大起来，这使孙权感到不安，但是为了抗曹大局，又不得不任其发展。为了笼络刘备，孙权在刘备的甘夫人去世后，把自己二十九岁的妹妹嫁给了当时已经四十九岁的刘备。

在孙刘联合的第二年，刘备以人口增加为由向孙权争取土地。孙权把事情告诉了属下，周瑜建议把刘备留在东吴，用美女、器物将刘备软化，再把张飞、关羽分开解决，最后将他们逐一消化。鲁肃则认为刘备不是好酒色之人，而他身边的诸葛亮、张飞、关羽等皆不是平庸之辈，把他留在东吴并不是一个明智之举。孙权在反复权衡之后，没有采纳周瑜的建议，而是同意鲁肃的观点，将南郡借给了刘备，他认为鲁肃的意见更适合当时政治斗争的形势。周瑜在知道自己的建议没有被采纳，孙权决定把荆州南郡借给刘备之后，他又提出了西取巴蜀的计划，这个计划既维护了孙吴的利益，也符合孙吴未来的发展方向，更与孙权想要建立帝王之业的志向相契合。此计划一出，立即得到了孙权的采纳。孙权决定西取巴蜀之后，把让南郡给刘备的事放在一边，他给刘备写信，约他共取巴蜀。

刘备在收到孙权的来信之后，将孙权此举给刘备集团带来的危害看得清清楚楚，他立刻回信给孙权，强调了西取巴蜀的危害，拒绝了与孙权共取巴蜀的请求。尽管如此，孙权还是决定攻打刘璋，并派周瑜率水军进入夏口。可是所有人都没有想到的是，周瑜在回江陵的路上——巴丘（今湖南岳阳）病逝。损失了一员猛将的孙权只好放弃西取巴蜀的计划。

周瑜之死，对孙吴无疑是重大的损失，但是对于刘备集团的发展却是一个机会。刘备再次提出领有南郡的问题，孙权终于同意了。孙吴让南郡给刘备，是一件对双方都极为有利的事，这使得双方联合对抗曹操的力量得到了加强。

第三次重分荆州，是在建安二十年（215 年）。

建安十八年，经过数年征战，刘备集团攻下成都（今四川成都），益州刺史刘璋投降，益州归刘备集团所有。孙权对刘备占有益州深感不安，刘备集团的日益强大使孙权害怕东吴会受到来自盟友的攻击。而此时刘备集团还同时拥有荆州、益州，又处在孙权的上游，只有拿回借出的南郡，把荆州收为己有，孙权才能感到心中踏实。

建安二十年，孙权派诸葛亮的哥哥诸葛瑾前往成都，向刘备索要荆州。此时，刘备已经把成都作为了自己的政治重心，诸葛亮、张飞、法正等重臣都已经聚集到了刘备身边。孙权知道诸葛亮是刘备的心腹，是刘备集团的决策人物之一，派诸葛瑾去，与公与私都好说话。不料，诸葛瑾到了成都之后，向刘备提出索要荆州，却被刘备婉言拒绝了。刘备对诸葛瑾说："我现在计划夺取凉州，等到我把凉州拿下之后，就把荆州全部交给你们。"诸葛瑾见刘备虽然婉拒，但是态度坚决，知道此次来成都必定要不回荆州。诸葛瑾了解自己的弟弟，知道诸葛亮不会因为兄弟之情而牺牲自己集团的利益，劝说诸葛亮不仅要不回荆州，恐怕还会影响自己与诸葛亮的兄弟之情，因此，诸葛瑾没有与诸葛亮见面，就回江东去了。

孙权听到诸葛瑾的答复之后十分生气，认为刘备就是不想归还荆州，等拿下凉州再归还荆州的话只是为了拖延时间而已，于是他决定出兵收回荆州。当吴军与蜀军相持于益阳时，传来了曹操率兵进入汉中的消息。汉中是益州北部的门户，刘备怕继续与孙权相持，会威胁到益州的安危，于是派人向孙权求和。孙、刘双方达成协定：以湘江为界，江夏、长沙、桂阳三郡属于东吴，南郡、零陵、武陵归属刘备。第三次重分荆州，就这样结束了。

对于孙、刘两家来说，荆州是战略要地，是他们实现各自政治抱负的心腹之地。重分荆州，意味着孙、刘两家利益的调整，也在一定程度上体现了两家力量的对比。

三次重分荆州，对于孙吴来说，可能有许多不满意之处；但对于刘备来说，却是一个比较完满的结果。刘备终于有了一块属于自己的地盘，这使刘备集团在益州的发展有了坚实的靠山。而刘备集团能在重分荆州中取得如此的结局，诸葛亮功不可没。

诸葛亮治理荆州

自从刘备三顾茅庐结识诸葛亮后，刘备集团就在诸葛亮的帮助下日益强大起来。赤壁之战后，天下三分，刘备集团获得了荆州四郡，并逐渐稳住了根基，北边的曹操和东边的孙权都不能轻易地将他赶出荆州。

荆州是诸葛亮的第二故乡。当初诸葛亮被战争所迫四处流离，叔父将他带到了荆州，相对稳定的荆州使他结束了流转不定的状态，过上了平定而又安宁的生活。诸葛亮在荆州生活了二十年，前十年在隆中隐居，后十年则为刘备集团出谋划策。这二十年是诸葛亮的一生中最宝贵的时期，他在这里获得了知识，结交了仁人志士，还得到了出仕的机缘。

诸葛亮在荆州的二十年（195—214 年），大体上可分为三个阶段：从兴平二年（195 年）到建安十二年（207 年），是他借居荆州和隐居隆中的时期；从建安十二年到建安十四年（209 年），是他辅佐刘备在荆州寻求立足的时期；建安十四年到建安十九年（214 年），是他协助刘备治理荆州的时期。在这三个时期，诸葛亮的身份依次为：布衣平民、谋士和军师中郎将。

布衣诸葛亮，胸怀一颗拯时济世之心，静静地等待着时机。

谋士诸葛亮，用他的智慧和谋略，帮助刘备在荆州立住脚跟。

而身为军事中郎将的诸葛亮，在协助刘备治理荆州的过程中，则表现出了政治家的杰出才干。

从建安十四年到建安十九年，诸葛亮治理荆州五年。这五年里，诸葛亮主要做了五个方面的工作。

第一，为刘备集团网罗荆州人才。

随着集团的壮大，刘备在荆州的地盘不断扩大，需要管理的区域越来越多，对管理人才的需求也越来越多。据史书记载，在刘备集团管辖荆州期间，归附刘备集团的荆州人士有以下诸人：

黄忠，字汉升，荆州南阳人。刘表在世时，黄忠任中郎将，与刘表的侄子一起守卫长沙攸县。曹操占领荆州之后，黄忠"仍担故任，假行裨将军，统属于长沙太守韩玄手下"。赤壁之战后，刘备占领长沙郡，黄忠便加入了刘备集团。

庞统，字士元，荆州襄阳人。庞统早年在襄阳，号为凤雏，与诸葛亮齐名并交好。庞统虽然是荆州人士，却和孙吴的人关系很好。所以周瑜领南郡太守时，庞统曾担任功曹。后来，刘备领有南郡南，庞统便加入了刘备集团。

马良，字季常，荆州襄阳人。他的弟弟马谡（sù），字幼常。两人在刘备领荆州刺史时，加入刘备集团，担任荆州从事。

陈震，字孝起，荆州南阳人。在刘备领荆州刺史时担任荆州从事。

廖立，字公渊，荆州武陵人。刘备领荆州刺史时担任荆州从事，不到三十岁时，被提拔为长沙太守。

蒋琬，字公琰，荆州零陵人。刘备取得荆州四郡后被任命为荆州书佐。

邓方，字孔山，荆州南郡人。刘备领荆州刺史时担任荆州从事。

张存，字处仁，荆州南阳人。"以荆州从事随先主入蜀"。

殷观，字孔休，荆州宜城人。刘备领荆州从事时，殷观任州主簿别驾从事，曾出谋拒绝孙权与刘备共同伐楚的要求。

习祯，字文祥，荆州襄阳人。"有风流，善谈论，名声仅次于庞统，高于马良"。他是随刘备入蜀的荆州人士，刘备在荆州时便得到重用。

郝普，字子太，荆州义阳人。刘备西征巴蜀时，将郝普留在荆州任零陵太守。

潘濬（jùn），字承明，荆州武陵人。潘濬二十岁左右时跟随荆州大学者宋忠学习，不到三十岁就被刘表任命为江夏从事。刘备领荆州时任他为治中从事，后刘备入蜀，留下助关羽管理州事。

上述十二个人，都是刘备在领荆州刺史时期囊括的人才。上述人才加入刘备集团，绝大多数都是诸葛亮努力的结果。黄忠、廖立、蒋琬等许多在蜀汉政权上有作为的人才，都是得到了诸葛亮的赏识和提拔。而庞统、习祯等人不仅与诸葛亮是好友，还与诸葛亮有亲戚关系，正因为这种亲戚朋友关系，诸葛亮在劝他们出来为刘备效力时，就更具有说服力和号召力。

第二，参与荆州的人事安排。

刘备占领荆州四郡，命诸葛亮为军师中郎将，这是一个权利很大的职位，既能决定军事策略又有兵权。

诸葛亮在治理荆州的期间，协助刘备对荆州的人事做出了安排：

> 任关羽为襄阳太守、荡寇将军，驻扎江北；
>
> 任张飞为宜都（今湖北枝城）太守、征虏将军，后又转在南郡；
>
> 任赵云为桂阳太守、偏将军；
>
> 任廖立为长沙太守；
>
> 任郝普为零陵太守；
>
> 让向朗督秭（zǐ）归（今湖北秭归）、夷道（今湖北夷都）、巫县（今重庆巫山北）、夷陵四县军民事。

诸葛亮这样的安排，首先体现了"隆中对"中战略的需要。"隆中对"中提出，占领荆州并跨有益州，一旦局势有变，就派一上将军从荆州北上，配合关中的大军对中原实行两路夹击。诸葛亮做上述安排时，襄阳仍在曹操手中，把关羽任命为襄阳太守，放在长江以南襄阳以北的地方，一是显示必得襄阳的决心，二似乎是选定了关羽作为从荆州一路向上夹攻中原的上将军。诸葛亮把向朗放在夷陵、秭归一线，是为了实现占有荆州的需要。

夷陵、秭归四县，是荆州、益州的门户，占有四县，就等于握有了西进益州的主动权。诸葛亮早年在襄阳隆中时，就与向朗相识，出于对向朗的信任，诸葛亮才把荆州的西部门户交给他管理。

诸葛亮这样安排，还体现了他对江陵防务的重视。诸葛亮重视江陵，是因为江陵对实现"隆中对"的战略计划有着极其重要的地位。曹操占据襄阳、樊城之后，江陵就成为了刘备集团至关重要的战略重地。诸葛亮重视江陵，还因为江陵是刘备集团在荆州的政治中心，刘备领荆州刺史，州治（一州最高行政长官的官署，类似于今天各省的省会）就设在这。把关羽安置在江陵北面，把张飞安置在长江南岸的江陵地区，使得刘备、关羽、张飞紧紧聚在江陵为中心的地带。刘备、关羽、张飞三人关系本就亲近，这三人聚在一起，是保证荆州安全的最佳阵容。

诸葛亮在荆州的人事安排中，是在知人善用的基础上协调刘备了集团内部力量，来达到最好的效果。在诸葛亮奉命离开荆州入四川之前，江陵地区固若金汤，说明关、张二人完全胜任守卫江陵的职责。通向四川的通道畅行无阻，说明向朗守卫荆州西部大门尽职尽责。在南方四郡，也没有出现任何问题。

特别值得一提的是赵云，他在刘备占领江南四郡后被任为桂阳太守。赵云与刘备相识于公孙瓒处，刘备投奔袁绍时，赵云便追随他左右。赵云虽然跟随刘备较早，却始终谨慎自律，不以旧臣自居。赵云担任桂阳太守后，前任桂阳太守赵范试图拉拢赵云。赵范有个嫂嫂，姓樊，长得非常漂亮，但很早就死了丈夫，一直过着寡居生活。赵范见赵云尚未娶亲，便想把嫂嫂樊氏嫁给他。赵云拒绝说："我们都姓赵，你的哥哥就是我的哥哥，哪有弟弟娶嫂的道理。"其实，在那个年代，弟弟娶嫂嫂是有先例的，更何况赵云与赵范仅是同姓，并非亲兄弟。别人也觉得赵云太古板了，都劝他应下这门亲事。然而，赵云拒绝这门亲事的原因并不是因为与赵范同姓，他觉得，赵范嫁嫂的举动并不简单，很可能有别的用意。赵范虽然已经投靠了刘备，但赵云觉得赵范对待刘备并没有足够的忠实与坦诚。他对劝他娶樊氏的人说："赵范是被迫投降的，心未可测。况且，天下女人多的是，何必非娶樊氏！"果然，赵范是在施美人计，他企图利用樊氏的美貌拉赵云背叛。他见赵云拉拢不了，便自己叛逃了。赵云以自己一身正气，识破并拒绝了赵范的美人计，确保了桂阳郡的安全，是很称职的。

后来，荆州的长沙、桂阳、零陵三郡在诸葛亮率军入川援助刘备以后，被吴军占领。《三国志·吴书·吕蒙传》记载："是时刘备令关羽镇守，专有荆土，权命蒙西取长沙、零、桂三郡。蒙移书二郡，望风归服，惟零陵太守郝普城守不降。"（当时刘备让关羽镇守已占领的荆州领土，吕蒙奉孙权的命令向西进取长沙、零陵、桂阳三郡。吕蒙传递书文给长沙、桂阳两郡，两郡守将望风归降东吴，只有零陵太守郝普坚守城池没有投降。）这里说长沙、桂阳郡守望风降吴，是为夸耀吴将的功劳，记载有失实之处。诸葛亮入川，赵云随同前往，担任桂阳太守，他在吕蒙进攻时到底有没有投降，史书并没有记载。但是长沙太守廖立绝不是望风而降的。诸葛亮曾批评廖立"奉先帝无忠孝之心，守长沙则开门就敌"。这是批评他在战术上的失误，敌强我弱，应闭城坚守待援，不能开门迎战。所谓"开门就敌"，意为开门迎战，不是开门迎降。《三国志·蜀书·廖立传》载："建安二十年，权遣吕蒙掩袭南三郡，立脱身走，自归先主。"廖立打了败仗，丢了长沙，脱身逃走，并未投降。

至于郝普，更是牢牢地守住了零陵，以至于吕蒙始终无法攻下此郡。这时，刘备已从蜀地到公安，派遣关羽南下争夺三郡，而孙权在陆口，派鲁肃住益阳阻止关羽。孙权又命吕蒙放弃零陵，回兵援助鲁肃，形势对郝普十分有利。但很可惜，郝普对此一无所知。吕蒙在准备放弃零陵以前，打算作一次最后的努力，他把孙权的命令藏起来，召集众将，布置任务，做出明天攻城的样子。郝普有一个老朋友，名叫邓玄之，吕蒙经过酃（líng）县（今湖南衡阳）时被征入军中。吕蒙故意让邓玄之看到他部署第二天攻城的情景，并对邓玄之说："郝普想做忠义之人，行忠义之事，但却不知审时度势。现在，刘备远在汉中，被曹将夏侯渊所围困。关羽在南郡，由我家主公亲自对付。不久前关羽攻破了曹军在樊城的大本营，回军援救炎陵县，被我方孙规击败，这是你所知道的。现在，关羽处在首尾倒悬的危险境地，自救尚且不及，岂有余力救零陵。如今，郝普以旦夕之命，等待没有希望的救援，我明日攻城必破，其必死无疑。你可以去见他，向他说明这种形势。"邓玄之赶忙去见郝普，向他说了这番话，郝普这才投降。荆州南部三郡的丢失，一是由于吕蒙富有谋略而又带领重兵，二是由于诸葛亮把荆州主要力量移向了益州，而荆州主要力量移往益州则是军事形势发展变化的结果。

诸葛亮参与刘备在荆州的人事安排，在如何使用庞统的问题上也表现得十分睿智。庞统是荆州人，早年在周瑜手下任郡功曹。周瑜病逝，庞统护送灵柩回到吴地之后，才离开孙吴加入到刘备集团。庞统在荆州以"凤雏"之雅号与诸葛亮齐名，但是，一开始庞统却并没有受到刘备的重用。刘备在吃饭时问庞统："你在周瑜处任过功曹，听说我到吴国时，周瑜曾向孙权秘密献策，把我留在吴国，有这回事吗？"庞统没想到刘备会在这种场合提出这样的问题。刘备见庞统不语，又说了一句："在君为君，你不必隐瞒。"庞统只得回答说："确实有这么回事。"刘备说："那时我正处在危急中，不得不去，这实在是走险路，不是万全的计策，几乎让我逃不出周瑜之手！天下的智谋之士，看法都差不多，当时诸葛亮劝我不要去，也是担心发生这样的事情。"

刘备口头上这样说，心里却把庞统与诸葛亮进行比较，他认为庞统比不上诸葛亮。诸葛亮辅佐自己开创了荆州事业，而庞统却曾效命于孙权；诸葛亮劝自己提防周瑜时，庞统却在周瑜下任功曹。所以，他并未把这位"凤雏"先生看得与"卧龙"同等重要，只是让他代理耒（léi）阳（今湖南耒阳）县令。

刘备这样安排，分明没有将庞统的才干用到实处。诸葛亮也认为不妥，但他没有马上进行劝谏。他很了解刘备，知道在这时劝他不会有好的效果，最好的劝谏时机是在庞统有特殊表现的时候。他相信，像庞统这样的具有大才的人物，一定会有特殊表现的。果然，庞统上任后，不久便有了"特殊"表现：把耒阳县治理得一团糟。刘备大怒，将庞统免官。诸葛亮见劝谏刘备的时机成熟，便乘机对刘备讲，庞统是有大才之人，委之以大任才是正确的。刘备听从了诸葛亮的劝告，任庞统为治中从事。后来，庞统以他非凡的才华，得到了仅次于诸葛亮的待遇，还与诸葛亮"并为军师中郎将"。庞统得到刘备的重用，诸葛亮在其中的作用是显而易见的。诸葛亮力荐庞统，是因为庞统确实有才华，而实现"隆中对"的目标，就需要这样的人才。

封建时代，嫉贤妒能、邀宠争功是官场上常见之事。而诸葛亮心中只有辅佐刘备复兴汉室之业，他不怕有才能的人脱颖而出，不怕有才能的人与自己平起平坐，正是这样一种心系大业而又宽阔的胸怀，才让他深得刘备的信任。

第三，妥善处理与孙吴的关系。

荆州处于孙吴上游，孙权把南郡让给刘备，一方面减去了西面曹操对自己的压力，另一方面又在自己的上游悬起一把利剑。孙权需要时刻提防着还占有荆州的刘备。而刘备集团进攻的重点方向是荆州的西北，东边的孙权并不在短期的计划之内。因此，如何稳定刘备集团与孙权集团的联盟，减少孙权对荆州地区的担忧，是诸葛亮治理荆州时所考虑的问题之一。

鲁肃是孙吴政权中颇有远见的政治家，他对孙权与刘备联合共同对抗曹操有着清醒的认识和坚决的态度。诸葛亮治理荆州期间，始终与鲁肃保持着密切的关系。鲁肃还在刘备任免庞统的问题上写信谈自己的意见，说明鲁肃与刘备、诸葛亮等保持着良好的关系。另外，诸葛亮主张重用庞统，也有利用他与孙吴士人关系密切，来稳固刘孙同盟的用意。诸葛亮治理荆州期间，还经常与孙权互派使节，通好双方。《三国志·蜀书·廖立传》也有记载刘孙双方的友好往来："先主进入蜀地之后，诸葛亮坐镇荆州，孙权派遣使者向诸葛亮交好。"

当然，荆州与孙吴之间，并不是没有一点冲突斗争发生。建安十六年（211 年），刘备率军入蜀，当初刘备曾以刘璋"托为宗室，冀凭英灵，以匡汉朝"为由拒绝与孙权共同伐蜀。孙权对于盟友不与他共同伐蜀且又单独率兵入蜀的行为十分生气，甚至派人把妹妹从荆州接回来，实际上是与刘备断亲，这是孙、刘争夺荆州的一个预兆。孙权派出船只，来到江陵，把孙夫人接走。孙夫人走时，把刘备的儿子阿斗刘禅也带上了。诸葛亮得知后，忙派张飞、赵云在长江下游截住孙夫人的船只，留下阿斗刘禅，放孙夫人自己回去。刘禅并非孙夫人所生，留下刘禅完全有理；留下刘禅，使得孙权不能以刘禅为质，要挟刘备，对刘备有利；放孙夫人回去，不使孙吴与刘备的矛盾扩大，表现为对与东吴斗争力度的节制。有理，有利，有节，这体现了诸葛亮在处理与东吴关系中的机智。

第四，安抚荆州南部的少数民族。

东汉时期，荆州长沙、零陵、武陵等郡居住着一些少数民族，他们和汉族人民一样向封建政权缴纳赋税并服役，还曾先后举行十一次武装斗争，来反对东汉政权繁重的赋役剥削和民族压迫。最早一次在光武帝建武二十三年（47年），最后一次在汉灵帝中平三年（186年），其中规模最大时人数近三万，规模最小的也有数千人。当刘备集团占领荆州南部四郡后，对少数民族问题的处理也是较为关键的。诸葛亮一贯主张对少数民族实行和抚政策，使其与汉人友好相处。他在督长沙、零陵、桂阳三郡租赋时，对少数民族做了大量的安抚工作。

诸葛亮安抚荆州南部四郡少数民族的过程是十分艰辛的，他的不懈努力使他获得了成功。蜀汉章武元年（221年），当刘备伐吴，进兵秭归时，"武陵蛮夷皆遣使请兵"，刘备派马良"招纳五溪蛮夷"，"于是诸县及五溪（蛮）民皆反为蜀"。意思就是说，许多少数民族的民众都归于刘备军中帮助刘备伐蜀。孙权害怕少数民族起兵会牵制陆逊主力，还分派了军队进行防御。这些都说明了诸葛亮对荆州少数民族的安抚工作不仅卓有成效，而且影响深远。

第五，督统三郡，调发粮赋。

《三国志·蜀书·诸葛亮传》记载："曹操在赤壁之战兵败后，带领大军回到北方。刘备将长江以南收归，命诸葛亮为军师中郎将，让他督领零陵、桂阳、长沙三郡，调度粮食和征收税收，来补充军队所需。"裴松之注引《零陵先贤传》说："诸葛当时住在临烝。"临烝是汉末所置的一个县,这个县处在长沙、零陵、桂阳三郡中间,是调度粮食和征收税收最为重要的地方。诸葛亮督三郡名义上是征发调税,实际上有双重意义:政治上由于三郡才刚刚归蜀,需进行整顿来巩固政权;经济上强有力地支持着刘备集团在荆州以及益州的一系列政治、军事活动。

诸葛亮治理荆州五载,使荆州成为刘备集团壮大的稳固根据地,显示了他作为政治家的才能和对政治目标的勤奋追求和实干精神,也为他日后治理蜀国积累了丰富的经验。

第三部分　平定益州治蜀有方

西取益州

天府之国

　　东汉时期的益州包括汉中、广汉、蜀郡、益州、永昌及广汉蜀国等各个郡国，其辖属范围相当于今陕西省南部和云南、贵州两省的部分地区及四川省的全部。益州地势险峻：北面有秦岭和大巴山，东面是广袤的湘鄂山区，南面有起伏的云贵高原，是一个名副其实的盆地之国。益州虽然闭塞，但却是一个物产丰富的地区，也因此有"天府之国"（天府原是天庭中的一个官职，主要掌管人间珍宝。秦朝时李冰和他的儿子二郎修建了都江堰水利工程之后，有了成都平原的富庶，随着历史发展，"天府之国"一词逐渐用来专门指代四川盆地尤其是成都平原）的美称。

　　在军阀混战的东汉末年，由于益州的地理位置偏西，且交通不方便，才得以在战争中没有受到太大影响。诸葛亮说："益州険塞，沃野千里，天府之土”，正是当时蜀州的实际情况。

　　刘焉，字君郎，江夏郡竟陵（今湖北潜江）人，是汉景帝之子鲁恭王的后代。刘焉年轻时在州郡任职，因为宗室身份而被授予郎中一职，后被举为贤良方正，官职位列九卿。黄巾起义过程中，原益州刺史被杀害，刘焉听侍中董扶说益州有天子之气，于是向朝廷请求为益州牧。后来刘焉就被封为阳城侯，领益州牧。刘焉接管益州后，为了缓和阶级矛盾，不断收揽民心，在他身后逐渐形成了一个庞大的政治集团。刘焉死后，其子刘璋继位，西取益州就发生在刘璋在位时期。刘焉父子软弱无能，并不能将益州真正地治理好。

　　按照诸葛亮在隆中设想的三分天下的宏图，刘备不能只满足于借栖荆州，西取益州才是他最后的归属。益州之地，地广物丰，只有占据益州，刘备才能真正站稳脚跟。

　　刘璋手下有两个有才干的谋士，一个叫法正，一个叫张松，这两人私底下关系很好。他们认为刘璋庸碌无能，不能成大器，于是想另谋出路。而赤壁之战前，刘璋为了保全自己，向曹操投诚，还为他出兵出钱，帮助他攻打刘备孙权。那时候，曹操刚打了胜仗，气势正盛，再加上刘璋派去的张松，个子矮小，外貌平常，曹操根本不把他放在眼里，对张松很不礼貌，就把张松给气走了。张松回到益州后，就对刘璋说：“曹操野心很大，恐怕是想并吞益州。”刘璋着急起来，张松就劝他说：“刘备是主公的本家，又是曹操的对头，跟他结交，就可以对付曹操。”刘璋听了张松的话，就派法正到荆州去联络刘备。那时刘备已经有了稳固的地盘，他十分高兴法正的到来，还和他一起谈论天下形势，谈得十分融洽。法正回去之后，就和张松秘密商议，打算把刘备接来做益州的主人。

进入益中

刘备在东汉末年的历史舞台上是一个不可轻视的人物，在天时、地利、人和三要素中，他早已占了两项，即天时与人和。东汉末年，天下大乱，这恰好给了刘备施展其抱负的历史舞台，此为天时；赤壁之战后，刘备手下已拥有一大批文臣武将，都是刘备的患难兄弟，如诸葛亮、关羽、张飞、赵云等，此人和也。这样，刘备想要成就霸业，所缺少的正是地利一项。

建安十六年（211年），按照诸葛亮的计划，就是要向益州发展的。正好在这个时候，一个天赐良机落到了刘备和诸葛亮手里。刘璋害怕曹操攻下张鲁之后进兵益州，就听从了张松、法正的建议，主动请刘备进川，这相当于送给刘备一个天府之国，补其地利。刘璋让法正带了四千人马到荆州去迎接刘备，法正到了荆州，对刘备说："益州是十分富庶的地方。像将军这样英明，又有张松和我做您的内应，取得益州，真是再容易也没有的事。"刘备还有点犹豫不决，诸葛亮闻知却大喜过望，即刻促使刘备与谋士庞统先领万人大军入蜀，名曰援助刘璋，实则待机而动。那时候，庞统已经当了刘备的军师。他也坚决主张刘备到益州去，他说："荆州土地荒凉，而且东有孙权，北有曹操，不容易得志，要建立大业，就应该拿下益州做基础。"刘备听从了法正、庞统的劝说，就派诸葛亮、关羽留守荆州，自己带领人马到益州去。

刘备率军到达涪（fú）城（今四川绵阳），受到刘璋的亲自迎接。刘璋邀请刘备与他一起北上出兵张鲁，而张松、法正则建议刘备立即突袭刘璋，取而代之。这两种选择对于刘备来说都不是最好的选择，因此他都没有接受，他听从诸葛亮的建议，留下诸葛亮关羽张飞赵云留守荆州，亲自带兵与刘璋会面，先按兵不动，以观其变。在与刘璋会面期间，谋士庞统劝刘备杀了刘璋直取成都，刘备说："此大事也，不可仓卒。"在与刘璋欢饮数日以后，带兵去了绵竹为刘璋防守北方。刘璋还上表推荐刘备代理大司马，兼领司隶校尉，并配给刘备士兵，督白水军，让他攻击张鲁。但在这一年中，张鲁不敢南下，刘备也不去攻打张鲁，他把军队驻扎于葭萌关（今四川广元）一带，自己则争取蜀地民心，这使得刘璋心存不满。

第二年，即建安十七年（212年），曹操出兵进攻孙权，远在蜀地的刘备听说后，想要援助孙权。正好这时曹军襄阳守将乐进攻打荆州，与关羽相持于青泥，刘备要回军增援，便派人向刘璋请求军队和兵粮，刘璋不愿意，只给了四千老弱残兵和一半军粮。刘备在去留之间徘徊时，时局突然发生了变故。张松暗通刘备之事被他的哥哥广汉太守张肃知道了，张肃向刘璋告发了此事。于是刘璋下令将张松斩杀，还布置人马抵抗刘备，派军队把蜀地各地关卡全部防守起来，不让刘备通行，打算困死刘备。刘璋与刘备的关系骤然恶化起来。刘备知道刘璋不让他通行后十分愤怒，他招来刘璋的白水军督杨怀，以无礼为由杀了他，并正式开始了夺取益州的军事行动。

刘璋先后派遣了刘璝、冷苞、张任、邓贤等人在涪城攻击刘备，都失败了，于是撤退到绵竹。刘璋又派李严督绵竹众军，但是李严带领部下投靠了刘备。经过了一段时间的修整，刘备的实力得到了加强，他派遣部下分别平定各个下属县。诸葛亮、张飞、赵云等带分别带兵平定白帝、江州、江阳，只留下关羽镇守荆州。

刘备率军向成都前进，打到雒（luò）城（今四川广汉北）时受到雒城守军的坚决抵抗。刘璋部下刘循死守雒城一年，终是抵不过刘备军。张任等人战败，李严等人投降，不久，刘璋的大多数将领都投降了刘备。诸葛亮见时机已到，马上率领大部队入川，协助刘备迅速攻下雒城。建安十九年（214年）夏，诸葛亮到达江州，决定兵分三路支援刘备，第一路由赵云带兵，从外水（今长江）进军江阳（今四川泸州），然后绕至成都西；第二路由张飞带兵，进军巴西（今四川阆中），攻向成都之北；第三路由诸葛亮带兵，奔赴绵竹，从中路援助刘备，三路大军在成都会师。刘备拥重兵直逼成都城下，刘备和诸葛亮合围成都，此时西凉马超也归顺了刘备，协助刘备夺取成都。围城数十日后，刘璋虽然可以围城死守，但迫于形势只得开城投降，于是刘备就占领了蜀地。

刘备占领益州后，自称益州牧，论功行赏，拜诸葛亮为军师将军，兼益州太守，封法正为蜀郡太守，让他管理成都。但是在攻打雒城的战争中，刘备的主要谋士庞统被刘循射死，不幸阵亡，年仅三十六岁。庞统虽然早期不被刘备重视，但后来却是刘备的得力助手、杰出谋士，他为蜀汉的政权建设做出了很多卓越的贡献。

至此，刘备以荆州牧兼领益州牧的双重身份坐镇成都，诸葛亮在"隆中对"中提出的"跨有荆、益"的目标经过多年努力终于实现了，他独到的指挥能力在此次攻取益州过程中得到了充分的展现。在长期的实践过程中，诸葛亮将自己沉着冷静的洞察力以及超乎寻常的判断力发挥得淋漓尽致。至此，三国鼎立中的蜀汉国的雏形才真正地显现了出来。

益州地处中国西南部，占地面积很大，但地势起伏不平，交通不便，一直以来，这个地区的经济都比中原地区要落后。益州的南部居住着大量的少数民族，他们跟中原的联系很少，因此经济也就更不发达了。治理益州，发展经济，成为诸葛亮帮助刘备巩固新政权的首要任务。作为刘备的军师，刘备的所有治国之策实际上皆出自诸葛亮之手，刘备对诸葛亮非常尊重，对他提出的建议从不轻易给予否定。诸葛亮也对刘备忠心耿耿，至死报答刘备的信任和知遇之恩。

诸葛亮主张实行法治，来帮助刘备整顿益州长期以来混乱、松弛的社会秩序。诸葛亮执法严明，赏罚分明，"无恶不惩，无善不显"，在他的治理下，益州社会秩序明显好转。史书上记载说，经过诸葛亮的治理经营，益州变成了一块"吏不容奸，人怀自厉，道不拾遗，强不凌弱"的好地方，整个社会风气良好。诸葛亮实行法治时，遭到一些人的反对，如曾帮刘备夺取益州的刘璋旧部法正。

法正（176—220 年），字孝直，扶风郡（今陕西眉县）人。法正这个人心地狭窄，对一些小事情斤斤计较，还以公权报个人恩怨。他不满意诸葛亮在益州实行严峻的法治，还对诸葛亮说："汉高祖入关后，也不过约法三章而已，刘公刚占有益州，对百姓没有什么恩德；再说，你们都是外来人，按主客关系来讲，也应把政令放得宽一些，使大家安心。"法正说的是汉高祖刘邦当年推秦王朝的暴政后，把秦王朝的政令都废除了，只宣布了三条法令：杀人者死，伤人者刑，盗窃者抵罪。刘邦的"约法三章"在秦王朝多年的暴政后，的确是对老百姓的一种安抚，但是，这种历史经验是不能用在益州的。诸葛亮对法正晓之以理，说："当年秦王朝残暴无道，用严酷法令欺压人民，老百姓怨声载道，那么刘邦的约法三章当然顺应民心，正得其时，然而现在的情况完全相反，刘璋软弱无能，治理益州时一直法令松弛，使得蜀地的官吏横行不法，很多豪强无所不为。因此严肃法纪，整顿秩序，这才是现在治国所需要的。这与刘邦时的放松政令一样，都是处于实际的需要。"诸葛亮效仿古人却不照搬古人，治国有法，安邦有道，由此可见一斑。法正从此以后打心底里佩服诸葛亮，他也不敢像以前那么专横了。

攻取汉中

曹操自从赤壁战败之后，深悉统一中国的大业一时难以完成，因而对刘备、孙权就采取了战略防御方针。从建安十六年（211 年）三月开始，曹操就用兵关陇地区，要消灭马超、韩遂等部的割据势力，以解除自己侧背所受的威胁。经过多次激烈战斗，韩遂败亡；马超败投张鲁，因政见不相容，最后归降刘备。到建安十九年，关中、陇右一带的地方武装悉数被消灭，结束了自董卓乱政以来的割据局面，获得了安定。

建安二十年，曹操害怕已经取得益州的刘备进兵汉中，随即调派大兵征讨张鲁。同年十一月，张鲁投降。张鲁，字公祺，沛国丰（今江苏省丰县）人，是天师道创立者张道陵（张陵）的孙子。东汉末年，张鲁率领众弟子攻取汉中，自称师君，"不置长吏，皆以祭酒（官名）为治，民夷便乐之"。凡入教者，需出五斗米，故俗称"五斗米道"。五斗米道可以说是我国民间宗教发展史上最早的教派之一。

汉中是益州北面的门户，在历史上和地理位置上都具有重要位置。汉中郡是秦国实行郡县制后划分出的一个郡，四面环山，属于盆地地形，北至秦岭，南至大巴山，东到鄂豫山区，西达祁山，无论是关中到蜀中还是从蜀中到关中，汉中都是其间的必经之路。

张鲁占据汉中近三十年，在一定意义上使益州和汉中的平衡得以保持。但自建安十六年，曹操讨伐汉中开始，益州和汉中的平衡就被打破了。

曹操讨伐汉中，恰好在孙权和刘备第三次重分荆州时。曹操攻克汉中虽然遇到了很多困难，但当刘备再次赶回益州时，曹操已经攻下了汉中，这使刘备在汉中问题上比曹操晚了一步。当时诸葛亮不是没想到汉中，只是荆州问题暂时没能完全解决，因此不能分心去实施关于汉中的计划。

建安二十二年，孙吴将军鲁肃去世，诸葛亮与鲁肃从赤壁之战后就结下了深厚情谊，因此诸葛亮对鲁肃的死感到十分伤心。同时，诸葛亮也担心接替鲁肃职位的吕蒙，不能顾全大局与关羽友好相处。如果荆州不安定，曹操又在北面死守汉中，那么益州就会面临危险。因此，诸葛亮劝说刘备攻取汉中，这恰好也与诸葛亮"隆中对"所描绘的政治蓝图相吻合，于是，曹操、刘备争取汉中的战役开始了。

刘备将他的军队兵分两路，一路由张飞、马超、吴兰率领，直接抵达武都，屯兵于下辨（今甘肃成县西北）。此路线经过陇右，不仅能够牵制曹军，而且还能起到配合蜀军主力的作用。曹操听说此举后，急忙派曹洪和曹休攻取下辨。经过深思熟虑，曹洪下令进攻吴兰，吴兰部将任夔（kúi）被杀，吴兰也被斩杀，张飞、马超见下辨失守，也慌忙撤退。

曹洪，字子廉，沛国谯（今安徽亳州）人，曹操的堂弟。曹操起义兵讨董卓时，军至荥阳，却被董卓部将徐荣所败。曹洪舍命献马并救护曹操，使曹操免于厄难，后跟随曹操征战，平定兖州、征讨刘表、讨伐祝臂。官渡之战时曹操令其驻守本阵。后在下辨破斩吴兰、任夔，使张飞与马超纷纷撤退。曹丕即位时封曹洪为骠骑将军，后来曹丕想借机处死曹洪，由于卞太后求情使曹丕免于处死，被贬为庶民，曹睿即位，拜曹洪为后将军，封为乐城侯，后又拜为骠骑将军。曹洪逝世，追谥曰恭侯。

曹休，字文烈，是曹操的族子，曹洪的亲侄，被曹操待若亲子。曹休经常跟随曹操征伐，曾统领虎豹骑。刘备派将军吴兰屯兵于下辩，曹休随曹洪进兵征讨，名为参军，实为主帅，在他的建议下，大败蜀军，曾经在洞浦大破吴将吕范，因战功累迁征东将军、征东大将军、大司马，一直负责扬州军务。后来吴将周鲂诈降诱曹休深入伐吴，结果曹休被吴将陆逊杀得大败，不久背生恶痈（yōng）而死。

而此时，刘备正率领众兵直攻汉中，在阳平关与曹军对峙。刘备与曹操经过激烈的战争，相持于巴、汉之间，从建安二十二年刘备出兵开始，一直到建安二十三年（218年），两军人马在汉中僵持了一年之久。

建安二十三年，刘备率兵进入汉中准备亲自指挥作战，当曹操听说此事后，更是坐不住脚，也准备亲临前线，抗战指挥。而正当曹操准备离开邺城时，曹军内部却发生了吉本、耿纪、韦晃等人的造反事件。虽然这次叛乱被很快镇压下去，但对曹操依然震动很大，进而延缓了曹操西入汉中的时间，这年七月，曹操准备西征刘备，并于九月到达长安。而就在十月准备西进时，又发生了宛县叛乱。内部局势的不安没有挡住曹操进兵汉中，建安二十四年正月，宛县之乱被平定，曹操再次把西进汉中的事项提上日程。

建安二十四年春，刘备根据法正的计策，从阳平慢慢向前推进，并依托定军山安营扎寨，又采用夜里偷袭的方法，趁曹军不备之机，火烧曹营的外围。定军山一战，曹操猛将夏侯渊被杀，曹军失去主帅，曹军大败，而此时在邺城的曹操也开始分心于此。

三月，曹操率领重兵前往汉中，想反击刘备，保住汉中。刘备听说曹操到来后，并没有与曹操硬碰硬，而是在大将黄忠的建议下前往北山袭击曹操军粮。赵云不放心，亲自去接应黄忠，在途中与曹操的前锋部队进行厮杀，后在张翼的帮助下使曹军退下。这样僵持了一个月，正当曹操考虑要不要放弃与刘备的争夺，放弃汉中时，又传来了魏讽在邺城谋反的消息。魏讽的造反使曹操使他决心放弃汉中，巩固内部局面。建安二十四年五月，曹操带兵撤出汉中，汉中自此归刘备所有。

刘备称汉中王

刘备用了三年时间，拿下了汉中全境。夺取汉中成功之后，刘备集团的形势可谓一片大好。汉中已经拿下，益州北面安全形势好转；与孙权重新分割了荆州，东面与孙权的荆州争端也暂时得以解决。

攻克汉中是刘备一生事业所达到的光辉顶点，也是诸葛亮对于《隆中对》中所提出的具有远见的战略目标的胜利实现。

平定汉中以后，诸葛亮提出了巩固政权的三项措施：

第一：拥戴刘备为汉中王；

第二：打通汉水；

第三：派关羽北攻襄阳、樊城。

首先，诸葛亮想先立刘备为汉中王，再考虑其他两件事。按当时的形势，汉王朝名存实亡，有实力者就可以称王称霸，可见刘备称王是一件很简单的事情。然而，看似简单的事情实际上行动起来相当复杂，并没有想象中的那么容易。刘备称王前，群臣都写了上奏表文，刘备称王后，又亲笔上书汉帝，表明自己的态度和立场。

关于诸葛亮拥刘备为王这一事件，按时间顺序来说，刘备先攻取成都，然后取得汉中，诸葛亮当初不拥刘备为蜀中王而是此时拥刘备为汉中王，主要有两点分析：第一，在历史上，蜀国被秦国所灭，是亡国，而汉王是最终战胜霸王取得天下的开国之王；第二，诸葛亮拥立刘备为汉中王，主要针对的是曹操。曹操早在建安二十一年称为魏王，诸葛亮此举就是想告诉曹操，在曹操势力的西南方，还有一个和曹操势力相互抗衡的汉中王。

除此之外，诸葛亮为了促进刘备集团内部势力的团结，倾尽心血，合理处好刘备旧部与新的投降者的关系，妥善对待刘璋旧部有缺点却也有大才干的人才，为刘备成为汉中王打好人才基础。

建安二十一年（216年）七月，刘备自封汉中王，在沔（miǎn）阳（今陕西勉县）兴筑高台，由武装部队列阵，官属陪伴，宣读呈递皇帝刘协的奏章（奏章事实上不能上达，用宣读代替上达，表示仍居于臣僚地位，不敢自专）。奏章读毕，行礼，接受印信，戴上王冠（跟曹操的魏王王冠"远游冠"一样）。派人乘马车将奏折送往首都许县（今河南许昌东），同时缴还"左将军"、"宜城亭侯"（都是曹操所表授）印信。立儿子刘禅为太子；擢升牙门将军、义阳（今河南桐柏东）人魏延为镇远将军，兼汉中郡（今陕西汉中）郡长，镇守汉中。

关羽"威震华夏"

建安二十年（215年），当刘备准备向北扩大自己的统治范围时，孙权以刘备已经取得益州为由，派人要求他归还荆州。（即第三次重分荆州）荆州是刘备集团财政收入的主要来源地之一，是赤壁之战后刘备取得的一份胜利果实，严格说来并不存在借与还的问题，所以他自然不会轻易让给孙权，于是推辞说：等我夺取了凉州，荆州自然归还给你。孙权大怒，认为刘备对荆州借而不还，太不讲信用，不加说明，就派吕蒙夺了长沙、零陵、桂阳三郡之地。刘备闻讯，急忙领兵五万来争，孙刘间的冲突眼看就要升级。正值此时，曹操打败张鲁，平定汉中，进而直接威胁到巴蜀之地。刘备权衡利害，不得已与孙权讲和，约定孙权统辖江夏、长沙、桂阳，刘备享有南郡、武陵、零陵三郡，然后迅速回防益州。这样，刘备虽然丢掉了一些地盘，却避免了与孙权的一场火拼，得以腾出力量与曹操在汉中周旋。

刘备丢失掉了荆州受的地盘，那么夺取汉中，并把它发展成对抗曹操的军事据点，是刘备集团的一个重大的战略目标。汉中，周围群山环绕，土壤肥沃，人民生活丰实，是一个战略要地。刘备如果能占有汉中，进可以伺机出军中原，袭击曹操，退可以占有雍州（今陕西西安西北）、凉州（今甘肃张家川）。汉中本属益州，曹操从张鲁手中夺下汉中后，蜀中上下都十分惊慌，刘备想用斩首示众的办法制止慌乱，但都无济于事。当时曹操的谋臣刘晔劝曹操一鼓作气，灭掉蜀汉。曹操考虑到自己后方不稳，控制汉中又需要大量的人力物力，所以没有采纳他的建议。实际上，后来曹操控制汉中确实没有足够的力量。建安二十三年，曹操令夏侯渊、张郃镇守汉中。刘备采纳谋臣法正的建议，让诸葛亮驻守成都，负责供应军需，自己率兵进攻汉中。二十四年，刘备在汉中西南的定军山（今陕西勉县东南）与夏侯渊对阵，令老将黄忠出击，消灭了夏侯渊。曹操迅速率军从长安赶来，企图夺回失地，刘备自信地说："曹操即便赶来也没用，我肯定夺下汉中了。"刘备占据险要，任凭曹操多次挑战，始终不出兵交锋。时间一长，曹军将士大多疲于应战，战斗力减弱。到这年夏天，曹操仍然一筹莫展，不得已撤军回了长安，刘备终于实现了占领汉中的目标。这年秋天，刘备自立为汉中王，提拔魏延为督汉中镇远将军，领汉中太守，留守汉中，自己迁至成都。

同年七月，关羽为了配合刘备在汉中的军事行动，率领一批人马攻打荆州北部的樊城，并将曹操大将曹仁围困于樊城。曹操派出大将于禁率领七军（三万以上）援救襄阳、樊城。

庞德，字令明，东汉末年雍州（今甘肃天水）人。在平定羌民的征伐中屡立战功，后又跟随马超征战平阳，抵御袁将郭援、高干，在马上亲斩郭援首级，十分勇猛。几经辗转，后随张鲁归降于曹操麾下，被授官立义将军，封关内亭侯，食邑三百户。因常乘白马，又有"白马将军"一名。

关羽在樊城与庞德交战，将士们都对庞德甚为忌惮，"白马将军"一名也是由关羽军而来。这年八月，樊城连着下了好几场大雨，汉水暴涨，水高五至六丈，将于禁所率领的七军全部淹了。于禁、庞德只好上高处回避。关羽乘机率领水军攻击于禁、庞德，于禁等无处可逃，只能投降。庞德站在堤上，身穿铠甲，手拿弓箭，无一虚发，从早晨就开始拼力死战，到了中午，关羽的进攻愈来愈急，庞德的箭射尽了，就短兵相接，庞德愈战愈勇，胆气愈壮，但水势愈来愈大，部下的官员和士兵都投降了。庞德乘上小船，想返回曹仁的军营，小船被大水冲翻，失去了弓箭，只有他一人在水中抱住翻船，被关羽俘虏，庞德最后因不肯投降而被关羽斩杀。曹操听说这件事之后，说："我和于禁相识三十年，怎料在危难之处，于禁反而不如庞德呢！"

这一站，关羽俘虏了曹将于禁及士兵近三万人。关羽将这些人押往自己的大本营江陵，接着又向樊城发起猛烈的进攻。樊城连降大雨，城中进水，导致多处崩塌，众人都惊恐不安。有人对曹仁建议说："现在的危难，不是我们的力量所能应付的，应该趁关羽的包围尚未完成，乘轻便船只连夜退走。"但汝南太守满宠却说："山洪来得快，去得也快，希望不会滞留很久。据说关羽已经派别的部队去到郏（jiá）下，许都以南许多百姓都混乱不安。关羽之所以不敢再向前推进，是顾虑我们，怕我们攻击他的后路。如果我军现在退走，黄河以南地区，就不再是我们所有了。您应该在这里坚守以待。"曹仁说："你说得对！"于是将白马沉入河中，与将士们盟誓，齐心合力，坚守樊城。城中军队只有数千人，未被水淹没的城墙也仅有几尺高。关羽乘船至城下，立即将樊城重重包围，使其内外断绝。关羽又派人把将军吕常包围在襄阳。不久，荆州刺史胡修、南乡太守傅方都投降了关羽。

这年十月，陆浑县（今河南嵩县东北）的孙狼杀死了县主簿，向南归附关羽。关羽授给孙狼官印封号，又给他军队，让他去扰乱曹魏。此时许都以南的梁郏、陆浑群盗，都纷纷接受了关羽的印号，"为之支党"。关羽的威名震动了整个华夏，曹操打算迁都躲避关羽的锋芒。

大意失荆州

曹操认为汉献帝在许都，与关羽军临近，打算迁都避其锋芒，丞相司马懿、西曹属蒋济对曹操说："于禁等人战败，是大水的原因，并非因为攻战失利，对国家大计没有构成大的损害。刘备和孙权，从外表看关系密切，实际上很疏远，关羽得志，孙权必然不愿意。可以派人劝说孙权偷袭关羽后方，并许诺分割长江以南的地方封赏孙权，那么樊城的危机自然就解除了。"曹操听从了他们的建议。

司马懿之所以提出这样的建议，是有依据的。孙权曾经为自己的儿子向关羽的女儿求婚，关羽骂了孙权和使者，拒绝通婚，孙权因此很恼怒。在关羽进攻樊城时，吕蒙就对孙权上书说："关羽征讨樊城，却留下很多军队防守，一定是害怕我从后面进攻他。我经常患病，请求您允许我以治病的名义，率领一部分士兵回到建业，关羽知道后，必定撤走防守的军队，全部调往襄阳。我大军日夜不停乘船沿着长江而上，趁他的防守空虚，进行袭击，南郡就可攻取，关羽也会被我擒获。"于是，吕蒙自称病重。孙权则公开发布命令召吕蒙返回，暗中与他进行策划。同时，陆逊到达陆口，写信给关羽，称颂关羽的功德，又深深地自我谦恭，表示愿意尽忠和托付自己的前程。关羽因此感到很安定，不再有疑心，便逐渐撤出防守的军队。陆逊把全部情况向孙权作了回报，并指出可以擒服关羽的战略要点。

曹操出兵汉中时，曾派平寇将军徐晃驻守宛城援助曹仁；于禁兵败后，徐晃便从宛城向前推进到阳陵坡。关羽派兵驻扎在郾城，徐晃军队到达后，通过隐秘的小路绕着郾城挖了一道长沟，截断关羽守军的后路，关羽守军便烧毁营盘退走了。徐晃占据郾城后，联结军营逐渐向前推进。曹操派赵俨以议郎的身份参与曹仁的军事部署，和徐晃军队一同前进。其余的救兵尚未赶到，徐晃率领的军队没有足够的力量解决樊城的危机，而将领们却责备徐晃，催促他去救曹仁。赵俨对将领们说："如今关羽已经将樊城紧紧包围，水势仍然很大，我们兵力单薄，又与曹仁隔绝，不能同心合力，贸然营救会使城里城外都受到伤害。如今不如向前靠近关羽的包围圈，派遣间谍通知曹仁，让他和我们一起行动，一定可以打败关羽。假如有迟缓不发救兵之罪，由我一人替诸位承当。"于是，徐晃在离关羽阵地三丈之外的地方，扎下营盘，挖地道、射箭书与曹仁沟通消息。

关羽在樊城俘虏了于禁等人的军队数万人，因粮食不足，而擅自取用了孙权放在湘关的粮米。孙权听说这件事以后，十分不满，他写信给曹操，请求允许他讨伐关羽，为朝廷效力，并不要把消息泄露出去，使关羽有所防范。曹操问群臣，群臣都说应当保密，董昭却说："军事行动，注重权变，要求合乎时宜。我们应当答应孙权为他保密，但暗中将消息泄露出去。关羽知道孙权来信的内容以后，若要回兵保护自己，樊城的包围就迅速解除，我们便可获利。同时，还能使孙权、关羽相互牵制而动弹不得，我们可以坐着等待他们筋疲力尽。如果保守秘密不泄露，使孙权如意，这不是上策。再者，被围的将士不知道有救兵，计算城中粮食不足以持久，心中会惶恐不安。倘若再有其他的想法，危害不会小，还是泄露出去为好。况且关羽为人强悍，自恃江陵、公安两城防守坚固，一定不会很快退兵。"曹操很是同意他的观点，随后立即下令徐晃将孙权的书信用箭射入围城之内和关羽军营中。被围的将士得到书信后，士气增长百倍，关羽果然犹豫不决，不愿撤兵离去。

关羽在围头与四冢都有驻军，徐晃扬言将进攻围头，却秘密攻打四冢。关羽见四冢危急，便亲自率领步、骑兵五千人出战，徐晃迎击，关羽退走。关羽在堑壕前围有十重鹿角，徐晃追击关羽，二人都进入关羽对樊城的包围圈，包围圈被打破，傅方、胡修都被杀死，关羽于是撤围退走。然而关羽的船只仍据守沔水，去襄阳的路又被阻隔了。吕蒙到达寻阳，把精锐士卒都埋伏在名为艨（gōu）鹿的船中，让百姓摇橹，穿商人的衣服，昼夜兼程，将关羽安排在江边守望的官兵都捉了起来，所以关羽对吕蒙的行动一无所知。麋芳、士仁一直都不满意关羽轻视自己，关羽率兵在外，麋芳、士仁供应军用物资不能全部送到，关羽说："回去后，要治他们的罪。"麋芳、士仁都感到恐惧。于是吕蒙命令原骑都尉虞翻写信游说士仁，为他指明利害得失，士仁得到虞翻信后，便投降了。虞翻对吕蒙说："这种隐秘的军事行动，应该带着士仁同行，留下军队守城。"于是带着士仁到了南郡。

麋芳守城，吕蒙让士仁出来与他相见，麋芳于是开城出来投降了。吕蒙到达江陵，把被囚的于禁释放，俘虏了关羽及其将士们的家属，对他们都给以抚慰。对军中下令："不得骚扰百姓和向百姓索取财物。"吕蒙帐下有一亲兵，与吕蒙是同郡人，从百姓家中拿了一个斗笠遮盖官府的铠甲，铠甲虽然是公物，吕蒙仍认为他是违反了军令，不能因为是同乡的缘故而破坏军法，便流着眼泪将这个亲兵处斩了。于是全军震恐战惊，南郡因此道不拾遗。吕蒙还在早晨和晚间派亲信去慰问和抚恤老人，询问他们生活有什么困难，给病人送去医药，对饥寒的人赐予衣服和粮食，并将关羽库存的财物、珍宝，全都被封闭起来，等候孙权前来处理。

关羽在得知南郡失守后向南回撤。曹仁召集将领们商议，众人都说："关羽身陷困境，内心恐惧，此时派兵追击必能将他擒获。"赵俨说："孙权乘着关羽和我军交战的时机，想要进攻关羽的后方，但又害怕我军会趁他与关羽交战疲劳而从中获利，所以才言辞和顺地请求为我效力，不过是乘事机的变化观望胜败罢了。现在关羽已势力孤单，正仓促奔走，我们更应让他继续生存，去危害孙权。如果我们追着关羽不放，孙权就会给我们制造祸患了，这对我军不利。"于是，曹仁下令不要再穷追关羽。曹操知道关羽退走，果然迅速给曹仁下达命令，让他不要追着关羽。关羽多次派使者与吕蒙交谈，吕蒙每次都厚待关羽的使者，允许他们在城中各处游览，还向关羽部下亲属表示慰问，有人亲手写信托他带走，作为平安的证明。使者返回，关羽部属私下向他询问家中情况，得知家中平安，吴军对待他们很好后，关羽的将士都无心再战。正在此时，孙权到达江陵，荆州的文武官员都归附于他。

关羽自知势孤，派人向驻扎在上庸的蜀将刘封、孟达求援，二人以以上庸新定为由，拒绝支援。关羽陷于进退失据，腹背受敌的困境，遂西走麦城（今湖北当阳东南）。这时，陆逊乘胜西进，夺取了宜都。关羽看到麦城东、西、南三面全是敌人，而援兵又迟迟不到，决定突围回西川。

吕蒙知关羽兵少，料到他必然要从麦城北边通西川的小道逃走，就事先埋伏在那里。十二月，孙权派使者到麦城劝关羽投降。关羽提出叫吴军退兵十里，然后在南门相见。吕蒙果然退兵十里，等候关羽投降。关羽和他儿子关平趁机带着十几个骑兵，偷偷地出北门向西逃去，被吴将马忠擒获。关羽和儿子关平一起被杀，死时年约五十八岁。孙权夺得了蜀汉在荆州的地盘，又派人将关羽的首级送给曹操献功，曹操将关羽以诸侯之礼葬于洛阳城南。今天已成为洛阳著名胜迹之一，称为"关林"（又称关帝冢），松柏森森，殿宇宏伟，占地约百亩之多。刘备痛失一员猛将，追谥关羽为壮缪侯。

襄樊之战后，曹魏、蜀汉的实力受损，荆州三郡（南郡、零陵郡、武陵郡）被东吴占据，孙刘联盟破裂，引发夷陵之战，成为三国形势的重要转折点。

蜀汉丢失荆州三郡，损失极其惨重。第一，蜀汉从此失去了东面北伐的大基地，使得隆中对的设想失败；第二，荆州的军队和人才基本上损失殆尽；第三，守将孟达叛变投魏，导致丧失上庸等地；最后，蜀汉在襄樊之战的惨败，直接导致了后来刘备讨伐东吴的夷陵之战，使原本就弱小的蜀汉政权雪上加霜。

曹魏在此战中，曹仁被困、于禁七军被淹，损失数万精锐部队，受到重创，所以，在东吴占领荆州南郡后，曹丕迫于压力，主动放弃了襄阳和樊城。但关羽对曹魏的威胁被解除，曹操可以安定的修整内部，着手篡汉。

东吴从此占据荆州六郡（南郡、零陵郡、武陵郡、江夏郡、长沙郡、桂阳郡），不仅增加了地盘，而且再次"全据长江"，进一步巩固了东吴政权。

临危受命

夷陵之战

夷陵之战，又称彝陵之战、猇亭之战。夷陵之战与官渡之战、赤壁之战并称为三国史上的三大战役。

章武元年（221年）七月，刘备亲自率领数万蜀军，向东讨伐孙吴，并命车骑将军张飞率领重兵从阆（làng）中出发在江州会师。但在张飞出发之前，他的部将张达、范疆叛变，将他杀死，随后二人拿着张飞的首级向孙权去请功。关羽死后，蜀军折损了一员猛将，刘备十分伤心。当刘备听说张飞被杀之事时，就更加难过了。张飞雄壮威猛，他的死对于刘备来说可谓是一个不小的打击，而杀死张飞的两个凶手又逃去东吴找孙权请功，这更是刘备增加了对孙权的愤恨，这也加速了刘备伐吴的行动。

这时，蜀和吴的界限已向西前进到了巫山附近，长江三峡便成了蜀汉与东吴的主要通道。刘备率领四万大军沿长江顺流而下，派遣将军吴班、冯习、张南带领三万人（后期有沙摩柯加入，兵力要超过三万）作为先头部队，夺取峡口，攻入吴境，在巫地（今湖北巴东）击破吴军李异、刘阿部，攻破巫县（今重庆巫山县东）、占领秭归，直扑江陵。为了防范曹魏乘机袭击，刘备派镇北将军黄权驻扎在长江北岸，又派侍中马良到武陵，争取当地部族首领沙摩柯起兵协同蜀汉大军作战，可见，蜀汉出师之初的形势十分不错。

黄权，字公衡，年轻时为郡吏，后来州牧刘璋征召他为主簿。当时别驾张松建议，应该迎接刘备，使他讨伐张鲁。黄权劝谏，刘璋不听，派法正去迎接刘备，而将黄权外放为广汉长。建安十七年，刘备开始进攻益州，派将领分别攻下郡县，各郡县都望风归顺，而黄权闭城坚守，等到刘璋投降，才去见刘备归顺。刘备封黄权为偏将军。建安二十年，曹操破张鲁，张鲁逃入巴中，黄权建议刘备去迎接张鲁，以保障三巴的安全。于是刘备任命黄权为护军，率领诸将进入巴中。但张鲁已经回到南郑，投降于曹操。之后刘备攻破杜濩、朴胡，杀掉夏侯渊，占领了汉中，这些都出于黄权最初的建议。建安二十四年，刘备称汉中王，领益州牧，任黄权为治中从事。

刘备的大军继续从秭归县东下，此时，黄权请命担任先锋率先带兵攻吴，建议刘备总镇后方，不要去前线冒险，如果攻打过程顺利，刘备则可以带领后面的大部队继续攻打；如果攻打不顺利，那么刘备率领的后续部队可以趁机支援，共同抵抗吴军。但荆州的失守，关羽、张飞的死使刘备心中十分愤怒，听不进他人的意见，而赤壁之战大破曹军的胜利又使刘备抱有轻敌心态。他没有采纳黄权的提议，反而封黄权为镇北将军，将他调往江北，督促江北军以防魏国部队，自己则统兵在江南。刘备的错误决定，使黄权的才智并没有发挥出来，等到战败时，道路被吴军封锁，黄权不能够归还，于是率领部下投降魏国。

　　章武二年（222年）正月，将军吴班、陈式等率领水军到达夷陵并在此地屯兵，在长江两岸安营扎寨。二月，刘备率领大军绕过崇山峻岭，率主力从秭归进入猇亭，到达吴国境内，并在猇亭（今湖北宜昌东南部）安营扎寨，建立了大本营。这时，蜀军已深入吴境二三百公里，开始遭到吴军的抵挡防御，蜀军东进不得，与吴军形成了对峙的状态。在吴军扼守要地、拒不迎战的情况下，蜀军不得已在巫峡、建平（今四川巫山北）至夷陵一线数百里地上设立了几十个营寨。

　　面对蜀军的进攻，孙权奋起应战。他任命右护军、镇西将军陆逊为大都督，统率朱然、潘璋、韩当、徐盛、孙桓等部队共五万人开赴前线，抵御蜀军；同时又派遣使者向曹丕称臣修好，以避免两线作战。陆逊上任后，通过分析双方兵力、士气以及地形等条件，指出刘备兵势强大，居高守险，锐气正盛，求胜心切，吴军应暂时避开蜀军的锋芒，再伺机破敌。为了调动陆逊出战，刘备派遣张南率部分兵力围攻驻守在夷道的孙桓。孙桓是孙权的侄儿，在军中又深得人心，所以吴军诸将纷纷要求出兵救援，但夷道城池坚固粮食足够，援助夷道会分散并过早消耗兵力，于是陆逊耐心说服了吴军诸将放弃立即决战的要求，并拒绝了分兵援助夷道的建议。

　　两军从正月一直相持到六月，始终没有进行决战。刘备曾频繁派人到阵前辱骂挑战，但是陆逊都沉住气不予理睬。后来刘备又派遣吴班率数千人在平地立营，还在山谷中埋伏了八千人马，企图引诱吴军出战，伺机加以聚歼，但是此计依然未能得逞。陆逊坚守不战，破坏了刘备依仗兵力优势企求速战速决的战略意图。蜀军将士斗志逐渐涣散，失去了主动优势地位。六月的江南，正值酷暑时节，暑气逼人，蜀军将士不胜其苦。刘备无可奈何，只好将水军转移到陆地上，把军营设于深山密林里，依傍溪涧，屯兵休整，准备等待到秋后再发动进攻。作战最讲究天时、地利、人和，然而由于此地山势环绕，峻岭陡峭，地形不利，乃兵家之大忌，从巫县到夷陵蜀军处处安营扎寨，导致兵力分散，战线过长，给吴军提供了可乘之机。

陆逊实施战略退却，撤退到夷道（今湖北宜都）、猇亭一线，诱敌深入后又在那里停止退却，来遏制蜀军的继续进兵，并集中兵力，准备伺机决战。这样，吴军完全退出了高山峻岭地带，把兵力难以展开的数百里长的山地留给了蜀军。这时，由于耗时太长，蜀军士兵大多士气沮丧，刘备又放弃了水陆并进、夹击吴军的作战方针。陆逊认为进行战略反攻的时机已经成熟，他上书吴王孙权说："交战之初，所顾虑的是蜀军水陆并进、夹江直下。现在蜀军舍舟就陆，处处结营，从其部署来看，不会有什么变化。这样就有了可乘之机，击破蜀军，当无困难。"孙权立刻同意了陆逊这一由防御转入反攻的作战计划。在进行大规模反攻的前夕，先派遣小部队进行了一次试探性的进攻。这次进攻虽未能奏效，但却使陆逊从中寻找到了火攻蜀军连营的破敌之法。江南此时正处在炎热的夏季，气候闷热，而蜀军的营寨都是由木栅所筑成，其周围又全是树林、茅草，一旦起火，就会烧成一片。

陆逊命令吴军将士每个人手拿一把茅草，乘夜色突袭蜀军营寨，顺风放火。一时间火势猛烈，蜀军大乱。陆逊乘势发起反攻，迫使蜀军西退。蜀军前锋被吴将朱然突破，又被韩当的部队切断了退路，围困在涿乡（今湖北宜昌西）。蜀军的冯习部队则遭到了吴将潘璋的猛烈进攻，大败。吴将诸葛瑾、骆统、周胤等配合陆逊的主力军在猇亭向蜀军发起攻击，守御夷道的孙桓部队也主动出击投入战斗。蜀军的四十余座营寨很快就被吴军突破了，还被水军截断了长江两岸间的联系。蜀军将领张南、冯习及土著部族首领沙摩柯等阵亡，杜路、刘宁等卸甲投降。刘备见全线崩溃，急忙逃往夷陵西北的马鞍山，命蜀军环山据险自卫。陆逊集中兵力，四面围攻，又歼灭蜀军近万之众。至此，蜀军溃不成军，大部死伤和逃散，车、船和其他军用物资丧失殆尽。刘备乘夜突围逃跑，到达石门山（今湖北巴东东北）时被吴将孙桓部追逼，几乎被擒，后卫将军傅彤等被杀。后依靠驿站人员焚烧溃兵所弃的装备堵塞山道，才得以摆脱追兵，逃入永安城（即白帝城，今四川奉节东）中。

这时，蜀军镇北将军黄权正在江北率军防御曹魏。刘备败退后，黄权的归路为吴军所截断，不得已在八月率众向曹魏投降。同月，马良在向西北方向撤退时被步骘（zhì）截击而死。

刘备逃到白帝城后，吴将潘璋、徐盛等人都主张乘胜追击，扩大战果。但此时刘备已经收拢散兵，加上赵云的援军已到，永安驻军接近两万。陆逊已经失去攻克永安的机会，又害怕曹魏乘机浑水摸鱼、袭击后方，于是停止追击，主动撤兵。九月，曹魏果然攻吴，但因陆逊早有准备，魏军无功而返。

夷陵之战中，东吴守住了荆州，而蜀汉受到重创，但这一战中两国实力都受到损伤，这为日后双方消除矛盾、共同抗魏奠定了基础。刘备战败后向西败逃，但是到了益州东部的永安便不再西进。孙权虽然获胜，但是听到刘备驻扎在离边境如此之近的地方仍然感到畏惧，遣使议和。因长期征战和兵败而心力交瘁的刘备同意停战，次年四月逝世，蜀汉军政大权全部托付于丞相诸葛亮，后者立即遣使与东吴恢复同盟，共同对抗曹魏。

蜀国在最强盛时期（未失荆州时）约有十六万军队，麦城之战后，剩余十三万军队，夷陵之战后，蜀国全国仅仅剩余三万军队。夷陵之败让新建的蜀汉政权受到沉重的打击，不仅损失大量士兵与物资，还有多名将领阵亡。而隔年君主刘备的死亡更让这个建立在他名望之上的国家摇摇欲坠，国内叛乱四起。诸葛亮花了约五年的时间重建军队，弥平这些叛乱，并让国力提升到可以对外出兵的地步。

这场战役之后近四十年的时间内，三国互相之间的疆域基本保持不变，吴汉重修于好的联盟再也没有发生动摇，三国局势出现稳定的对峙，夷陵之战也因此被认为是前后三国的分界点之一。

赐死刘封以护刘禅

蜀汉章武二年（222 年）夏，刘备自猇亭兵败后，集合离散兵卒退归白帝城。夷陵之役，只有牙门将向宠所率部完整无缺，刘备于是任命他为宿卫将他留下。宿将赵云留驻江州，听说刘备失利退至永安，于是率军进入永安，以防吴军追袭。刘备见了赵云，不胜感愧。"疾风知劲草，世乱识诚臣！"赵云不愧是蜀汉的一位有胆有有识的良将。

白帝城原为东汉初年公孙述所筑，因他自号"白帝"，故以为名。白帝城位于高山之上，地势极为险要，东汉时名为鱼复县，刘备将鱼复县改名永安，并在城西七里处建永安宫（在今四川奉节县境内）。此后，永安就成为蜀汉防备吴军的一个军事重镇。唐代李白有诗云："朝辞白帝彩云间，千里江陵一日还。两岸猿声啼不住，轻舟已过万重山。"可以想见在崇山峻岭之间的白帝城，急流悬湍，地势险要的概况。

刘备由于猇亭兵败，元气大伤，怕引起内部的恐慌动乱，这年十月，他令丞相诸葛亮在成都城外南、北郊建筑兵营，置兵屯守，以备不测。就在这一年，骠骑将军马超病亡，马超临终上疏刘备说："我这一门宗室共有两百余人，都被曹操所杀。只有我的弟弟马岱幸存，我没有别的话要说，只把他托付给您，希望血统能够传承。"马超的死，引起了刘备的无限伤感，因为自关羽败亡以来，蜀汉的良臣名将几乎要凋丧殆尽了。

入冬后，刘备忧伤成疾，卧病于永安宫中。刘备因自己的病势加重，自知沉病难起，于是下令命丞相诸葛亮立即从成都前来永安。章武三年（223 年）二月，诸葛亮到了永安，君臣相见，悲感交集。诸葛亮每天入宫侍奉刘备，前后达两个月之久。

然而，令刘备更为担忧的是蜀国以后的大业，虽然蜀国已经立国，但这远远不够，统一天下，兴复汉室才是他的最终目标。但如今，刘备想要自己来完成这些显然是不能的，他不得不开始考虑谁来代替自己的位置。这个后继之人，便是刘禅。

刘禅，字公嗣，小名阿斗，生母是刘备的昭烈皇后甘氏，三国时期蜀汉第二位皇帝。刘禅出生于建安二十年战火纷纭的荆州，后来又赶上曹操攻打荆州，刘备被曹操打败，丢妻弃子逃出了重重包围，幸好有赵云的相救，刘禅的性命才得以保存下来，没有在战乱中丧生。为了让刘禅扩大见识，掌握治国之道，刘备让他多学《申子》、《韩非子》、《管子》、《六韬》等书，并由诸葛亮亲自抄写这些书让他学习，又令其拜伊籍为师学习《左传》。不仅如此，还令其学武。尽管如此，刘禅还是相当平庸，没有特别出众的地方。

刘禅平庸，这是刘备蜀汉政权内部看得最清楚的一件事了，对此最敏感的要数刘备的养子刘封。

　　刘封原本是罗侯寇氏的儿子，长沙郡刘泌的外甥。刘备投靠荆州刺史刘表时，还没有儿子，于是便收刘封做了庶子，但不久后甘夫人又为刘备生育了刘禅。刘备入蜀时，刘封才二十多岁，当时从葭萌关反攻刘璋，刘备令留守荆州的诸葛亮等人率军增援，刘封虽小，但武力过人，于是率军随同诸葛亮、张飞等溯流西上进攻益州，所过之地战无不克。益州平定后，刘备任命刘封为副军中郎将。建安二十三年（218 年），刘封跟随刘备北攻汉中。建安二十四年，刘备彻底占领汉中全境，另外又派遣宜都太守孟达率军攻占了房陵郡。其后孟达又挥军进攻上庸郡，刘备暗地里担心孟达仅凭自己的力量难以取胜，于是遣刘封从汉中顺沔水南下去统领孟达的军队，刘封率军与孟达在上庸会合后成功地逼降了上庸太守申，并升任副军将军。同年秋七月，刘备被群下拥立为汉中王，其后刘备没有选择刘封为继承人，而是立年仅十三岁的刘禅为王太子。刘封的处境和地位变得日益尴尬。

　　关羽被围困在樊城、襄阳时，曾要求刘封和孟达派兵援助，但被刘封和孟达以上庸三郡占领不久，不敢轻易离开为由拒绝了。关羽战败后，刘备因此怪罪于刘封、孟达二人。刘封与孟达曾出现过不和，相互怨恨，刘封还抢夺了孟达的仪仗乐队。孟达既畏惧刘备可能会治其不对关羽进行援救的罪行，又不满刘封的行径，遂写信向刘备告辞，率领部下四千多兵力投降曹魏。孟达降魏后与夏侯尚和徐晃一起攻打刘封，曾写信劝刘封投降，劝他要意识到自身在刘备阵营中所处的尴尬地位，警告他"知祸将至而留之，非智也"，但刘封没有听从。后上庸太守申耽和申仪背叛刘封，刘封被击破，退走成都。刘封来到成都后，诸葛亮认为刘封"刚猛，易世之后终难制御"，怕他日后威胁到刘禅的地位，造成日后祸患，劝刘备要及时将其除掉。最后刘备为了刘禅能顺利地继承自己的位置，下令赐死刘封。刘封悲叹："恨不用孟子度之言！"刘备听说之后为刘封悲伤流涕。

刘备托孤

章武三年（224年）四月，刘备于弥留之际，召见在永安的随侍群臣，宣布诏令："托孤于诸葛亮，令李严为副。"共同辅佐太子刘禅，兴复汉业。接着，刘备又对诸葛亮说："您的才能和智谋高过曹丕十倍，必能安定国家，最终灭魏灭吴，统一中国。假如继位的皇子可以辅佐的话就辅佐他，如果他不能成材的话你就自己取而代之吧。"诸葛亮听后悲感交集，泪流满面跪答道："我一定尽我所能，精忠蜀国，全心全意辅佐少主，绝不敢有一点自己当皇帝的意思。一定会做到鞠躬尽瘁，死而后已。"然后，刘备命内侍宣读"敕后主（即刘禅）遗诏"曰：

> 朕初疾，但下痢耳，后转杂他病，殆不自济。人五十不称夭，年已六十有余，何所复恨？不复自伤，但以卿兄弟为念。射君到，说丞相叹卿智量，甚大增修，过于所望，审能如此，吾复何忧！勉之，勉之！勿以恶小而为之，勿以善小而不为。惟贤惟德，能服于人。汝父德薄，勿效之。可读《汉书》、《礼记》，闲暇历观诸子及《六韬》、《商君书》，益人意智。闻丞相为写《申》、《韩》、《管子》、《六韬》一通已毕，未送，道亡，可自更求闻达。

大意如下：我刚刚得病，只是一点小病，后来因为这又得了更重的病，我自己知道自己时候不长了。人们说五十岁死的人不能称为夭折，我已经有六十多岁了，又有什么可遗憾的呢？不想自己再为此伤怀，但是却很惦念兄弟。射君来的时候，说丞相惊叹你的智慧和气量，有很大的修行，远远比我们所想的要好得多，你能这样的要求自己，我又有什么可忧虑的啊！勉励你，勉励你！不要因为坏事很小而去做，不要因为善事很小而不去做。要遵行贤能贤德，才能够使别人信服。你的父亲德行不深厚，你不要效仿（向他学习）。可以读一下《汉书》、《礼记》，对你的智慧会有很好的帮助。听说丞相已经抄写完了《申》、《韩》、《管子》、《六韬》这些文章，还没有给你，在路途之中丢失，你可以自己去乞求学习这些东西。

刘备卧病永安之时，太子刘禅留守成都监国，没有前来。随侍在侧的皇子有鲁王刘永和梁王刘理。内侍宣读遗诏后，刘备仍然不放心，又颁诏书告诉太子刘禅："你对待丞相，应该向对待父亲一样。"然后又把鲁王刘永叫到床前叮咛嘱咐说："我去世之后，你们兄弟要像对待父亲一样对待丞相，你们与丞相只是共事而已。"鲁王、梁王兄弟听后，忙向诸葛亮叩头行礼。刘备诸事嘱咐已毕，便与世长辞了，终年六十三岁。刘备于临终前将后事托付给诸葛亮，这就是历史上有名的"白帝城托孤"。

建兴元年，刘禅继位，诸葛亮被册封为武乡侯，领益州牧。由此，诸葛亮走上了他"鞠躬尽瘁，死而后已"辅佐后主刘禅的道路。

重联东吴

重修吴蜀旧好

章武三年（224 年）五月，即刘备死后的第二个月，以李严为中都护，统内外军事，镇守永安，以防备东吴。诸葛亮则率领文武百官奉"大行皇帝"刘备的梓宫从永安回到成都，根据《谥法》"昭德有劳曰昭，有功安民曰烈"谥之为"昭烈皇帝"。同年八月，将先主安葬在成都南边的惠陵。

同年五月，十七岁的太子刘禅（207—271 年）在拜读遗诏之后，继承帝位。举哀发丧，大赦天下，改元建兴。

夷陵战败后，蜀汉政权受到了重创。不仅仅是兵力、财力、领土的损失，更重要的是道路和方向上的迷失。夷陵战败前，蜀汉一直以"隆中对"为方向指导，但夷陵之战的战败直接揭示出"隆中对"这一政略方针的自相矛盾之处，使得蜀汉与孙吴的冲突越来越严重，结果打了一场失败惨重的战争，从而使蜀汉陷入了内忧外患的困境。

在安葬故君刘备，拥立新君刘禅后，诸葛亮最关心的问题，还是与孙吴的关系。蜀汉与孙吴有着共同的敌人，本该联合起来对抗曹魏，但为什么蜀汉与孙吴的关系会闹到如此地步？是孙权反复无常，寡信少义，不该与他联合吗？诸葛亮觉得孙权并不是不讲信义的人。在赤壁之战中，孙吴的联合诚意是经过事实检验的。况且，只有两家联合，才能与强敌曹魏鼎足峙立，才有可能战胜强曹，这是刘孙双方都很明白的道理。然而，为什么在蜀汉实现了跨有荆州、益州的战略设想之后，两国的关系就破裂了呢？是孙权改变了方针，要联曹灭蜀吗？孙吴联曹是事实，灭蜀却未必。夷陵得胜后，吴将徐盛、潘璋、宋谦等人都主张一鼓作气，攻打白帝城，擒拿刘备，但孙权、陆逊等却下令撤兵，回防曹魏。由此可见，孙吴只想得到荆州，并不想灭掉蜀汉。而蜀汉占有荆州，也并不是要对抗孙吴，而是想要与曹魏相抗衡，这符合两方的共同利益。

诸葛亮好读书，当遇到问题时，诸葛亮总能从书中获得启发。他在永安陪伴刘备时，曾为太子刘禅抄写《申子》、《韩非子》、《管子》、《六韬》等书，但抄好之后，在送往成都的路上丢失了。刘备临死前，遗诏刘禅让他再求诸葛亮抄一份。恰巧，诸葛亮刚把《韩非子》抄完。他从案头上拿起《韩非子》翻阅着，一来看看有没有漏抄、错抄的地方，二来借翻书以帮助思考。突然，《韩非子》中的一篇寓言引起了他的沉思：

> 宋国有个卖酒的人，卖酒的时候从不缺斤短两，对待买酒的顾客非常热情。他的酒质量也很好，味道醇美。酒店的幌子也挂得很高，人们老远就能看见。但是，酒就是卖不出去，以致使美酒都变酸了。卖酒的感到很奇怪，就去请教同里的智者杨倩。杨倩问卖酒者："你的狗厉害吗？"卖酒者还是不明白："我的狗确实厉害。但这和卖不出酒有什么关系呢？"杨倩说："人们不买你的酒，是因为怕你的狗啊。你想想，有人叫孩子拿着钱提着壶到你店里买酒，老远就见你的狗龇牙咧嘴，站在门前，还不吓得掉头就走，谁还敢进去！"寓言的道理再明白不过了，买酒者从心眼里想把酒卖出去，但他养恶狗的行为又与他卖酒的愿望不能两全。看来，这个卖酒者面临一个非决定不可的选择：或者把狗处理掉，或者酒店关门歇业。

蜀汉与孙吴的关系就像卖酒者与顾客一样。

在诸葛亮隆中对的设想中，刘备集团并没有要与孙权集团向敌对。还两次提到要与孙吴联合，以湘水为界与吴国平分荆州，以示不想独占荆州；跨有荆、益后立即北上襄樊，来表示占有荆州的目标不是东边的孙吴，而是北边的曹魏。蜀汉与孙吴联合的诚心是可以看到的。

但只要蜀汉占有荆州，哪怕只是一部分，孙吴都会担忧，都会设有戒心，就不会放弃对荆州的争夺，也就不会真正与蜀汉结盟。诸葛亮意识到，蜀汉现在必须在两者间做出选择：或者继续同孙吴争夺荆州，放弃蜀吴联盟；或者放弃对荆州的要求，促成与孙吴联盟的恢复。

在关羽失荆州战败、夷陵之战还未开始时，孙权就知道刘备必定会率领大军再夺荆州的。于是，孙权让诸葛瑾继承吕蒙的职位，是想利用诸葛瑾与刘备熟识，特别是诸葛瑾弟弟诸葛亮现为蜀汉丞相，便于谈判。不久，刘备兵至白帝，孙权派人求和。诸葛瑾又以私人的名义致信汉主，希望刘备能够向北讨伐曹魏，不要计较于关羽之死、荆州之失，并问道："陛下你与关羽关系的亲密，与先帝比起来怎么样呢？荆州的重要，与天下比起来怎样呢？"不要因小失大，忘记了恢复汉室江山的初衷。诸葛瑾的建议自然是一种外交策略，其主旨是想将孙、刘的兵争转变成蜀、魏之间的大战，使东吴免除战祸，坐收渔翁之利。因此，刘备拒绝和议乃是必然的。

在两难的选择中，诸葛亮又想起哥哥诸葛瑾在夷陵大战时写给蜀国的这封信。信中让刘备比较"荆州与天下哪个大哪个小"，但是刘备、诸葛亮那时一心要夺回荆州，没有能认真体会诸葛瑾这句话的意思。现在看来，诸葛瑾这句话的意思是：蜀国争夺荆州的战略与打败曹魏进而统一天下是矛盾的。因为蜀国要争夺荆州，那么吴蜀便将陷入荆州争夺战中，双方都无暇顾及曹魏这个最险恶的敌人，有可能失掉打败曹魏的机会。

跨有荆州、益州，夹击曹操，对蜀汉来说当然是最有利的，但是放弃荆州是否比与东吴对抗，更有利于蜀汉夺取天下呢？事实证明，要跨有荆、益，就得对付孙吴，并不能真正夹击曹魏。在这种情况下，只有放弃荆州，才能集中兵力对付曹魏这个主要敌人。

建安十九年（214年），刘备占领益州后，孙吴就要求刘备让出荆州。那时候，曹操还未彻底把马超、韩遂等势力消灭，在关中雍、凉等地区立足未稳，更未占领汉中。如果那时候答应孙吴的要求，让出荆州，而率主力北上，肯定会比曹操先据有汉中，然后再以"甚得羌、胡之心"的马超为先锋，刘备率主力随后，并联合孙权在襄樊或合肥方面出击，这样，蜀汉的主力始终集中，又有孙吴为援，使曹操在关中立足未稳的情况下两面受敌，夺得关中雍、凉的可能性是很大的。如果真是那样，三国的局面将会改观。但刘备集团并未如此，而是与孙吴在荆州反复纠缠，先是在汉中被曹操抢了先，好不容易夺得汉中，荆州又遭孙权偷袭。

从建安十九年到章武二年（222年），八年的时间，蜀汉并未向关中雍、凉方向跨出一步，而在这八年里，曹魏不但在关中立脚已稳，而且据有了雍、凉二州。

八年过去了，为了争夺荆州，蜀国不仅没有得到荆州的地盘，反而还失去了占领关中的机会。诸葛亮认为，为了抗衡强魏，为了最终兴复汉室的大业，必须与孙吴联合，放弃荆州。这说明诸葛亮认识到了自己战略方针的失误，将对蜀国战略方针进行重大修改。

史书上虽然没有记载诸葛亮修改后的战略计划，但从诸葛亮的一系列实践活动，大致可以归纳为以下四点：

第一，闭关息民，恢复元气，治理蜀汉，寻求自强，为北进打好物质基础。

第二，解决南中问题，开发南中，解除北进的后顾之忧。

第三，集中兵力进军雍、凉及关中地区，挽回以前错误方针所造成的损失，为将来出关平定中原做准备。

第四，放弃荆州，以最大的诚意与吴国重建联盟，以寻求孙吴在东线的支援与配合。

这是一个需要与孙吴集团联合来共同夹攻中原的战略计划，而孙吴这一盟友在夷陵之战中与蜀汉已经撕破了脸面。如何让孙权放下戒心，如何更好地与孙吴相配合，取决于自己与孙吴联盟的巩固程度，取决于自己的实力，也取决于自己对曹操势力抗衡的力度。诸葛亮决心在这三方面尽最大的努力，争取孙吴最好的配合。

夷陵之战后到刘备逝世以前的八个月间，为了与孙吴改善关系，摆脱外交方面的被动，蜀汉方面曾先后派宗玮、丁厷、阴化、费祎等人出使孙吴，但蜀吴关系始终没有实质性的改善。其实这可以体现在孙吴与蜀汉通使的同时，仍没有断绝同曹魏的往来。刘备病逝，孙权派立信都尉冯熙出使蜀汉，吊唁刘备。冯熙回孙吴后，又被派往曹魏。魏文帝曹丕问冯熙："吴国若想与我和好，就应该厉兵江东，进军巴蜀，然而我却听说你们又派使节前往巴蜀，你们的主意一定变了。"冯熙说："我们往蜀汉派使节，是由于蜀汉派使节来我国，吴国不过是应付而已。并且，我们的使节还有一个任务，就是观察他们的虚实，哪里会改变主意！"冯熙的上述回答，固然是外交使命使其这样说，但同时也说明吴、蜀之间虽有往来，并无信任。

蜀、吴之间交好的进展不大，与蜀国派出的使节人选也有关。善于辞令的丁厷，给人以华而不实的感觉。过于实在的阴化，却又不善辞令，不能充分表达蜀汉的意思。但问题的根本并不在使节的人选。费祎是蜀国的一流人才，即使在三国中，费祎的才干也属上乘，为什么他出使孙吴成效也不大呢？关键的原因在于，刘备、诸葛亮还处于思考和摸索中，蜀国的战略方针还没有重大改变。

在认识到以前战略方针的缺陷后，诸葛亮做了一系列重大调整来弥补。诸葛亮在挑选一个新的能够出使东吴的人才，用新战略，去开辟蜀、吴关系的新局面。

为什么要派一个新人去出使东吴呢？诸葛亮认为，此次去孙吴，成功与否至关重要。这是确定新战略后的第一次，老的使臣丁厷、阴化显然不行，费祎当然可以，但与孙吴打交道是个长期任务，不可能一个人一次就能大功告成。费祎身为黄门侍郎，主要任务是辅佐皇帝，派他前去并不合适。再说，为完成结好孙吴这件大事，蜀汉应有更多的出色的外交使臣。

派谁去合适呢？诸葛亮想到了邓芝。

邓芝出使吴国

邓芝，字伯苗，义阳新野人，汉代大司徒邓禹的后代。刘备到新野时，邓芝早已入蜀，在刘璋巴西太守庞羲手下做事。刘备得到益州以后，邓芝被任为郫县邸阁督，管理一县的粮食物资。邓芝与刘备有缘，虽然在新野两人并没有见面，但刘备有一次到郫县发现了这个人才，"与语，大奇之"，立即提他为郫县令，以后，又任他为广汉太守。邓芝果然是个人才，治理广汉期间，政绩突出，后被召入朝中任尚书。

邓芝很关心蜀国的大政方针，他与诸葛亮在思考同一个问题。因而他主动找到诸葛亮，商议与孙吴联合这件事。他对诸葛亮说："如今主上年幼弱小，刚刚即位，应该派遣级别高的使臣前往吴国，来重申蜀汉友好之意。"诸葛亮郑重地说："这件事我也想了好久了，只是还没找到合适的人。"他望了望邓芝，突然有了主意，随即把话锋一转说："现在总算找到了。""谁？"邓芝显然对这个人很关心。"就是你呀！"十六年前，在刘备集团败军之际，诸葛亮毅然前往孙吴，促成孙刘联盟。十六年后，在蜀汉政权危难之秋，诸葛亮又亲自选中邓芝，担当同样的使命。为了表示蜀国的诚意，诸葛亮让邓芝带了二百匹马，一千段蜀锦，还有其他地方物产作为礼物。

孙权并不了解邓芝此次出使吴国的深远意义，在他看来，这不过是和以往一样的外交往来，仍然按照以往的办法，让相关人员接待一下，并未打算亲见邓芝。在他看来，与蜀国的关系不宜过于密切，以免让曹魏知道，又怀疑自己另有所图。其实，在对待与曹魏的关系这件事上，孙权并不是完全没有二心。在吴国与曹魏相处时，吴国处处要受魏国的欺凌。就拿通使这件事来说，曹魏扣留了吴国派往魏国的使节冯熙，曹丕为了让冯熙投降，还让冯熙的老乡陈群进行劝说，并以重利相诱。当冯熙拒绝后，曹丕便把他送到边远的地方折磨他，逼他投降，后又将他召回，冯熙害怕自己屡不屈服，必危身辱命，便拔刀自杀，虽被暂时救活，最后还是死在了魏国。同是一个冯熙，出使蜀国，能安然而返；出使魏国，却死于非命。孙权也感到与曹魏的关系难以长久地维持下去。然而，孙权完全清楚，在违反盟约，夺取荆州，击败刘备这一系列的过程中，吴国给蜀汉造成那样沉痛的打击，蜀汉能轻易罢休吗？因而他对与蜀汉和好实在没有信心。况且蜀国的第二号军政长官，中都护李严，从夷陵之战后就一直统兵留在永安，说不定哪天蜀汉就会再来与自己争夺荆州。孙权是绝对不会同意放弃荆州，来取得与蜀汉的结盟的。

　　出乎孙权的意料，邓芝并没像以往蜀国使臣那样轻易返回，而是向孙吴表示，此次来吴，就要见吴主，否则，决不返回。不但如此，邓芝还亲自给孙权上书，说："我这次前来，不仅仅是为蜀国的利益，也是为了孙吴的利益。"孙权见到邓芝这封信，想起了十六年前诸葛亮来东吴的情景。诸葛亮那时也从孙、刘两方的利益来考虑的："将军您算算自己的军力看如何对待曹操：如果您能够凭着吴越的军队，去和中原的曹操对抗的话，那您倒不如早点和他决裂；如果不能够抵挡的话，那你何不解除武装，向他北面称臣来侍奉他呢！现在将军您表面上是要服从，可是您内心的计划却又犹豫不定；现在事态紧急你却又不赶快决断，那么大灾大祸转眼间就要到来了！"诸葛亮这番为孙吴前途利害着想的话，孙权至今记忆犹新，他感到如今又来了一个诸葛亮！孙权决定见邓芝，看看这个使臣是怎样为孙吴着想的。

　　孙权从邓芝的言行中感到这个人不是凡庸之辈，自己之前分明是怠慢了他。于是孙权对邓芝解释说："我确实是愿意与蜀国重修盟友之好的，可是我担心你们蜀国的国主幼小，国力不强，被曹魏乘机攻打不能保全自己，这是我犹豫的原因呀。"孙权这番解释，说的也是实话。邓芝见孙权如此坦诚，也不与之虚意周旋，坦诚地说："吴、蜀两国共有四州的土地，大王您是盖世的英雄，诸葛丞相也是一世的豪杰。蜀国有险峻的地势作为防御，吴国有三江作为阻挡，这两项长处合在一起，共为唇齿，进一步可夺取天下，即使是遭到曹魏的攻击也能保全自己的力量，这是很显然的道理呀。大王您今天如果委屈自己向曹魏称臣，那么魏国一定会要求您或您的太子进入魏国，如果您不听从，他必定会以您叛乱为由讨伐您，那么蜀国就可以趁机前进了，这样的话，江南的土地就不再是大王您所拥有的了。"

邓芝主要向孙权传达了三个方面的意思。

第一，蜀国战略方针的重大转变，即蜀国放弃对荆州的争夺，承认吴、蜀两国土地占有的现状。"吴、蜀二国四州之地"，即指吴国占有的荆州、扬州、交州，蜀国占有的益州。为什么这样说呢？因为邓芝在分析两国地理上的优势时，只提了蜀有重险之固。这"重险之固"可以作两层理解，一层是指蜀国是个四塞险固之国，一层是指外有斜谷、骆谷、子午谷之险，内有剑阁之险。无论哪种理解，都是指益州，显然，蜀国承认了只占有益州的事实。

第二，分析了两国联合的必要性。两国各有长处，只有将两国的长处合在一起，才能发挥更大的作用。鼎足而立，是指两国的生存；并兼天下，是指两国的发展。不论是生存和发展，两国都需要联合。

第三，指出了吴、魏两国不可能长久联合。因为吴王是"委质"于曹魏。所谓委质，即臣下向君主献礼，是臣下对君王的效忠献身。这种不平等的联合必然会使曹魏不断向孙吴提出其难以接受的要求，总有一天吴国会因无法忍受而拒绝曹魏的要求，从而导致曹魏的讨伐。到那时候，吴国将会陷入以一敌二的困境。

邓芝这番话，句句实实在在，没有浮词虚语。这番话，虽然简短，但把蜀国的诚意和主张充分地表达了出来。

孙权是个聪明人，他仔细体会邓芝的每一句话，领会着这番话所转达的每一层意思。第一层意思使他振奋，使他感到了蜀国的联合诚意，感到了吴蜀联合的障碍已经除去，这使他对与蜀国重归旧好有了信心。第二层意思使他沉思，使他想起唇亡齿寒的典故，想起了鹬蚌相争渔翁得利的寓言。第三层意思戳到了他的痛处，因为他正为受曹魏的不平等待遇而感到痛心疾首。百感交集，汇入了孙权的一句话里："君言是也。"

　　"君言是也"，这四个字，表达了孙权对蜀国新战略方针的赞同，对蜀国结好诚意的积极响应，表达了东吴愿意在重建的联盟中承担义务。邓芝出使孙吴以后，孙权便断绝了同曹魏的往来。邓芝完成了他前往孙吴的使命。邓芝的成功，当然与他的外交才干有关，但也离不开诸葛亮根据客观实际对战略方针做出的重大调整。为了表示吴国对恢复旧好的诚意，在邓芝访吴后不久，孙权便派张温回访蜀国。

　　张温，字惠恕，吴郡吴县（今江苏苏州）人。吴郡张氏在江东是个大族，张温的父亲因"轻财重士"在各州郡扬名。张温也因"少修节操，容貌奇伟"而被孙权器重。孙权派他出使蜀汉，可见对这次外交行动的重视。

　　临行前，孙权一再叮嘱张温说："本来不应该派您出这么远的门。但我担心诸葛亮不理解我与曹魏来往的真实意图，所以委屈您走一趟。请您转告诸葛亮，等我国境内山越人叛乱问题完全解决后，我就要和曹丕大干一场。"

　　张温对出使蜀汉的成功也是抱有信心的。他认为以诸葛亮对事物的洞察力，必定会理解吴王的意图，必定能体会到吴国的诚意与信任。张温到蜀国后，给刘禅上了一道表章，表章说："我们吴国依靠本国军民的力量，扫清了长江流域，愿意与有道君主同心协力，共平天下。这种愿望就像黄河之水，永存不变。由于军事行动频繁，深感人力缺乏，所以，吴王不顾以前的鄙陋和错误带来的羞愧，派小臣张温来表示友好情谊。陛下重视和推崇礼义，没有对我表示轻蔑与忽视。自从小臣踏上贵土，来到京城近郊，频频受到慰劳，陛下还不断下达施加恩惠的诏书，真使我受宠若惊。现在谨献上带来的国书一封。"

　　张温这封表章，在外交友好的礼貌言辞中，强调了一个问题，做出了一个变化，传达了一种感受。一个问题，就是指包括荆州在内的长江中下游地区的所有权问题，"我们吴国依靠本国军民的力量，扫清了长江流域"。张温提出这个问题，就是想看看蜀国决策者是否认可了吴国对长江流域的占有，真正放弃了与吴国争夺荆州的打算。一个变化，就是一改孙吴过去对联合的冷淡态度。称蜀国皇帝为"陛下"，表示承认了刘禅的帝位，并称蜀帝为"有道君主"（当然是在蜀国放弃荆州的前提下），愿和他一起平定天下。一个感受，就是蜀国对他前来的重视。张温还没到成都，便受到一次又一次的慰劳，皇帝还多次下达施恩加惠的诏书，这些恐怕不是外交套话，而是事实。张温出使蜀国也获得了成功，诸葛亮对他要落实的实质性问题没有提出异议，蜀国的众臣们也"甚贵其才"，对他十分热情友好。

张温出使蜀国，对蜀国产生了非常好的印象。他感到蜀国在诸葛亮的治理下，上下一心，井井有条，人才济济，一片兴旺。张温回吴国前，蜀国为他举办了饯行的宴会。蜀国朝中百官包括诸葛亮在内，都出席了宴会，只有左中郎将、长水校尉秦宓未到。秦宓不来，宴会就不开始，诸葛亮就三番五次派人前去催请。张温感到奇怪，不知这个秦宓是何等重要人物，就问诸葛亮："这秦宓是什么人？"诸葛亮告诉他："是益州的学士。"秦宓到后，张温想试试这个饱学之士到底有多大学问，便问他："您在学习么？"秦宓知道张温话中有话，便回答："我们这里五尺高的孩子都在学习，何况我呢！"张温又说："那我问你，天有头吗？"秦宓说："有。"张温问："在哪一方呢？"秦宓答："在西方。《诗经》说'乃眷西顾'，由此推断，头在西方。"张温又问："天有耳吗？"秦宓答："天处高而听卑。《诗经》说'鹤鸣于九皋，声闻于天'，天若无耳，怎么能听？"问："天有脚吗？"答：

"有。《诗经》说'天步艰难'，无脚怎能走步？"问："天有姓吗？"答："有姓。""何姓？"姓刘！"张温一笑，问："你怎么知道天姓刘？"秦宓振振有词："当今天子姓刘，所以知之。"张温听了，不由暗暗佩服秦宓的机警。回到吴国后，张温对孙权盛赞蜀国，从而使吴蜀联合的进程向前推进了一步。

由于诸葛亮对蜀国的战略方针进行了合乎实际的修改，蜀国的联合诚意得到了孙吴的充分理解和积极响应，两国的关系日益密切。当邓芝再次作为使臣前去孙吴时，双方谈论的话题显然比过去深入多了。孙权对邓芝说："我们两国联合，必定能打败曹魏。等到把曹魏打败了，天下由我们两国君主分而治之，多好呀！"邓芝当即回答说："那不可能。俗话说：天无二日；地无二主。如果消灭魏国之后，大王不能识天命而归顺我朝，那么两国君主将会各树一帜，两方臣子也会各尽忠于其国，到那时双方肯定会有一场你死我活的争战。"

邓芝的话虽不中听，但说的却是实在话。孙权对与蜀国联合感到更踏实，在孙权看来，既然蜀国在将来与之争统一权这点上坦诚相见，那么在灭魏前与之联合的诚意也是可以信赖的。后来，孙权写信给诸葛亮说："贵国的来使中，丁玄说话浮夸，阴化不善言辞，真正能够促进两国关系和睦团结的，只有邓芝。"孙权对邓芝的评价很高，不过这话这除了赞誉邓芝的外交才华外，更主要的是对蜀国放弃荆州这一决定感到十分满意。

吴、蜀联盟恢复后，双方来往交好，关系十分密切，孙权还命镇守江陵的陆逊，负责与诸葛亮保持联系，根据情况随时传话。孙权刻了一方印章放在陆逊处，凡是他写给汉主刘禅以及丞相诸葛亮的书函，都交与陆逊过目，有不当之处则以予改正，然后"以印封之"发出。

邓芝出使东吴时，不仅完成了与东吴重修联盟的使命，还完成了诸葛亮所交代的另一项任务。南中叛乱时，益州太守张裔被反叛首领雍闿押送至吴国，诸葛亮吩咐邓芝出面交涉，释放张裔回蜀。诸葛亮重视张裔，主要是因为张裔思维敏捷，才识过人。张裔在吴国多年，一直在流亡避难，所以孙权根本不知道他。等到邓芝提出释放张裔的请求后，孙权马上就同意了。张裔临行前孙权忽然召见，因张裔是成都人，孙权故意问道："蜀中卓氏寡女卓文君与司马相如私奔，伤风败俗，不知你家乡的风俗，是不是这样呢？"这番话显然带有讥嘲蜀地的意思，张裔连忙回答说："愚以为卓氏之寡女，犹贤于（朱）买臣之妻。"意思就是说，卓文君是一个年青寡妇，私奔之行固然不光彩，但是比起朱买臣的妻子，嫌憎丈夫贫穷另行嫁人，无论如何又要好得多了。朱买臣夫妇都是吴国人，张裔灵机一动，就立即针锋相对地以朱买臣之妻的卑劣行径来嘲讽吴地风俗之陋。

孙权被张裔的敏才捷辩所震惊，没有料到这位囚徒竟如此熟悉史书。于是，又问道："您回到蜀国之后，必定会被起用，不会再埋没于田野之中了，今后您要如何报答我呢？"张裔回答道："我没有尽到守卫国土的责任，负罪而归，如果朝廷不治罪的话，则五十岁以前，是父母赐给自己的生命，五十岁之后，我的生命就是大王您所赐予的"。孙权听后十分高兴，流露出器重、赏识的表情。张裔表面装傻而不使机锋外露，怕被孙权强留，羁旅吴国不能返回故里，于是连夜乘船西上。孙权果然派人去追，但已迟了一步。张裔回到成都，诸葛亮欣喜异常，任命他为参军，又领益州治中从事。

从诸葛亮派邓芝使吴一事，可见他考虑问题的填密周到，对诸如张裔这样优秀人才的重视之殷。

在邓芝以后，为了巩固、加深与孙吴的联合，诸葛亮派出了许多优秀的外交人才担任使节出使吴国，他们在推进吴蜀和睦团结方面也做了卓有成效的工作。

诸葛亮南征以后，曾任费祎为昭信校尉，派他出使孙吴。面对孙权的能言善辩，面对诸葛恪、羊衜等人的"才博果辩，论难锋至"，费祎"词顺义笃，据理以答，终不能屈"。孙权对费祎的评价也很高，在他即将离开吴国之际，孙权还真有些依依难舍，对他说："您是天下最具美德的人，必为蜀朝的股肱之臣，恐怕不能常到我这里来了啊！"

同修盟好

蜀汉建兴七年（229 年），蜀吴关系面临一个严峻的考验。这年四月，据说吴国夏口、武昌出现了黄龙、凤凰，这是天降祥瑞，"公卿百司皆劝权正尊号"。于是，孙权便大赦改年，在南郊拜天，即皇帝位。不但如此，还给蜀汉送信来，说群臣并尊吴、蜀两个皇帝。

消息传来，蜀汉群臣内部便炸开了。有人认为，天下正统只有一个，那就是汉。先主是汉室后裔，在曹氏代替汉室后，蜀汉理所当然承袭正统。现在孙权称帝，显然是篡逆。有人认为，我们之所以与曹氏势不两立，因为他篡夺了汉室。同理，孙权称帝，也是篡逆行为，不能与他交往下去了，应"显明正义，绝其盟好"。

诸葛亮冷静地分析当前局势，他也认为孙权称帝之举是一种僭逆，但是比起曹魏大逆来，还算是小逆。当下，正是北进与曹魏争夺关陇的关键时期，正需要孙吴在东线配合，牵制曹魏一部分兵力，包括占领关陇之后出关东进，也需要孙吴的配合。小不忍则乱大谋，不能因为一时的愤怒而破坏了蜀吴共同讨伐魏国的大事。为此，他写了《绝盟好议》一文，对形势作了深刻的论析，拒绝了与吴国断交的意见。说服了众人之后，诸葛亮决定派卫尉陈震去孙吴，祝贺孙权登皇帝位。

陈震，字孝起，南阳人。在荆州时就跟随刘备，后随刘备入蜀，是刘备集团的老人。正如诸葛亮给其兄诸葛瑾的信中评价的那样："孝起，忠纯之性，老而益笃，及其赞述东西，欢乐和合，有可贵者。"陈震一到吴境，就递给吴国一封公文，公文说："蜀吴两国之间，使者往来不断，在道路上相见，两国关系每天都有新进展。吴主受天命而称帝，与蜀国分割天下土地，万民群起响应，从此各有归属。当此之际，我们同心讨伐曹贼，什么样的敌人不能灭？我们蜀国的君臣，都急切盼望着贵国的好消息，并十分高兴以贵国为援。陈震我没有什么才能，担当使者，进入贵国，所受接待让我有归家之感。从前范献子出使鲁国，在询问山名时犯了鲁君名讳，《春秋》曾讥讽并批评他。希望贵国一定把有关的避讳告诉我，以使我免于犯忌，保证双方关系和睦。"

诸葛亮的决定和陈震的公文在吴国引起了强烈的反响，取得了三个积极成果。

第一，蜀国的诚意感动了孙权，当即与陈震定下一个吴、蜀平分天下的方案：灭曹之后，豫州（今河南正阳东北）、青州（今山东淄博东）、徐州（今江苏徐州）、幽州（今北京市）属吴，兖州（今山东鄄城东北）、冀州（今河北冀州市）、并州（今山西太原西南）、凉州（今甘肃武威）属蜀，还设一个司州（即司隶校尉部，今河南洛阳东），以函谷关（今河南新安东）为界，东属吴，西属蜀。

第二，孙权与蜀国立下盟誓。誓词主要表达了吴国愿与蜀国结盟，一同讨伐魏国，绝无二心的誓愿。

第三，三个月后，孙权把国都从武昌迁回建业。这标志着孙吴与蜀国建立了信任关系，从防蜀转向联蜀攻曹。

诸葛亮重视与吴国联盟，他在世时两国一直保持着友好的关系，在他死后至蜀国灭亡之间两国也没有发生重大事端，这重分证明了诸葛亮政策的重要性与正确性。而且，由于双方政治关系密切，使得两者间的经济文化来往频繁，从而促进了蜀、吴两国的经济文化发展。

开府治蜀

儒法合而治

诸葛亮在白帝城接受刘备对后主的托付、兴复汉室这一大业的使命之后，他深感任重道远，不敢有丝毫懈怠。他在对外联合孙吴的同时，对内也进行了一系列的治理。

西汉武帝以前，儒、法、道三家都曾是帝王君主治理天下的指导思想。春秋时期，齐鲁等国用以治国的主要是儒家理论；秦朝所尊崇的主要是法家理论；西汉初，文帝、景帝则用道家理论治世。那么，诸葛亮治理蜀国的理论属于哪一家呢？

其实，单说诸葛亮是儒家或者是法家人物，都是不全面的。诸葛亮是一个儒法融通的人物，他以儒治国，以法正纪。诸葛亮的融通儒法，正是对汉代儒学家董仲舒政治思想的继承和发展。

诸葛亮长于即将要瓦解的东汉帝国时期，统一的、中央集权实际上已经被打破，处于独尊地位的儒家思想也面临着挑战和冲击。然而，儒家学说对于维系社会秩序，规范人们的社会行为，协调人们的社会关系仍起着重要作用。诸葛亮认为寻求新的治国思想不能完全抛弃儒家，每一种思想都有其自身的价值，只有认真对待儒家思想，坚持其合理的、有益的部分，同时吸取别家思想，对儒家进行完善补充，才能真正找到出路。国情使诸葛亮选择了融通儒法的道路。

益州地区有较浓厚的儒学风气，在东汉末战乱动荡的年代，此地的儒学受冲击较小。《华阳国志》有一段记载，说由于益州儒学传统较深，从西汉至魏晋，出了许多忠臣孝子，烈士贤女，他们的事迹，"不胜咏述，虽鲁之咏洙泗，齐之礼稷下，未足尚也"。因此，在这个地方用儒家思想治理，易于被人们接受。但仅用儒家思想治理蜀国是不够的，特别是刘焉、刘璋父子治蜀以来，法纪松弛，主轻臣慢。所以，诸葛亮在治理蜀国时，不仅用儒家，也兼用法家。

诸葛亮治蜀兼用儒法，是说他把儒家和法家理论有机地融合起来，这种儒法融通表现在他治理蜀国的理论和实践上。

先从理论上来说。诸葛亮主张治国要"礼"、"法"并用，"德"、"威"兼举。他在总结治国经验的论述中，强调了"训章、明法"、"劝善、黜恶"、"礼有所任，威有所施"。所谓训章，就是指典章教化；所谓劝善，就是指德治教化，这都是儒家学说的主张。诸葛亮经常把它们与法、威、刑放在一起论述，体现了他治国要把礼和法结合起来的原则。在德法并举的前提下，诸葛亮又特别提倡要以德治教化为先，法治为后。他说："为君之道以教令为先，诛罚为后。"又说："政治当有先后，先理纲，后理纪，先理令，后理罚"，"理纲则纪张，理令则罚行"。很明显，诸葛亮所说的"纲"，即指德化；所说的"纪"，即指法纪；所说的"令"，即指教令；所说的"罚"，即指刑罚。诸葛亮非常重视"德"的作用，并赋以"德"多种内含。比如，他总结历史经验时说："汤、武修德而王，桀、纣极暴而亡。"他称赞刘备"雄才盖世"，天下"莫不归德"，称赞刘禅"天资仁敏，爱德下士"。他自谦说："德薄任重，惨惨忧虑。"答杜微书称："君但当以德辅时耳。"教诫其子要"俭以养德"。上述"德"的内涵，包括道德修养、德治教化、实施德政三个方面。诸葛亮认为这三者是紧密联系不可分割的，这是他继承儒家思想最集中的体现，也是他治国思想中不容忽视的重要一面。

诸葛亮对儒家的"礼"和法家的"法"的关系有着深刻的认识。他说："陈教令以同其道，兴赏罚以劝其功，行诛罚以防其伪。"在他看来，"政教不当，法令不从"，礼和法二者是相辅相成不可偏缺的。诸葛亮有句名言，叫作："非法不言，非道不行。"这里的"道"，即指三纲五常等仁义道德。就是说，作为最高封建统治者，要言行一致，一切言论行为都必须符合德法并用的政治统治原则，这是诸葛亮对儒法合流的政治思想体系的高度概括，是他儒法融通在理论上最凝练的阐述。

实践方面：刘备占领成都后，命诸葛亮与刘巴、法正、李严、伊籍等人共同制定蜀国的法典《蜀科》。《蜀科》现在已经失传了，我们无从知道它的具体内容，但通过资料记载，我们可以知道，诸葛亮是蜀汉立法的参与者。作为蜀汉的丞相，诸葛亮日理万机，根据法令处理过许多人和事，他又是一个执法者。

诸葛亮执法有以下四个特点。

第一个特点，执法以严。

诸葛亮执法严，包含两层意思。一层意思，是诸葛亮执法严峻，有罪必治，依法行罚，决不滥赦。诸葛亮当政期间，很少进行大赦，有人曾批评诸葛亮"惜赦"。对此，诸葛亮答复说："治理国家要用大德，而不应该施小惠，所以匡衡、吴汉都不轻易赦免罪犯的罪行。"诸葛亮的"惜赦",是有道理的。在他看来,轻易行赦,是属于小恩小惠,而小恩小惠是不能达到天下大治的目的的。况且,轻易实行赦免实际是对法的践踏,是在怂恿犯罪。因为罪犯今天犯罪,明天就可能遇赦而获释,大赦多了,就使法律对犯罪降低了威严和惩治力度,就会使罪犯寄希望于大赦而视犯法为儿戏。

西汉丞相匡衡说:"臣下暗暗观察大赦之后,奸污邪恶的行为没有得到减少,今日大赦,明天犯法,又进入牢狱中,这导致法律没有发挥它的作用。"东汉光武帝的大将吴汉临死前也对光武帝说:"我愚昧没有知识,只希望陛下慎重考虑大赦的事情。"前事不忘,后事之师,对于历史的经验,诸葛亮非常清楚。刘表父子在荆州、刘焉父子在益州年年大赦,但却不能治好荆益,诸葛亮怎能蹈袭他们的覆辙呢?刘表、刘璋等人屡屡大赦来向人民施小惠,这种做法是诸葛亮所坚决反对的。

诸葛亮在施法方面所追求的是"德"。何为德?就是执法严峻,"恶无纤而不贬",使人民知法治之严而不敢轻易触犯之,就是通过严法来整肃风纪,建立正常的社会秩序,使人民安居乐业。形象地说,刘璋所行宽法似水,看似柔和却诱人自溺;诸葛亮所行严法似火,看似猛烈却使人自警。比起以往统治者的视民如草芥、不教而诛、残民以逞来说,诸葛亮的执法以严则体现了儒家"仁者爱人"的观念。

另一层意思,是诸葛亮严格掌握执行法律的分寸,不枉杀滥杀。蜀国夷陵战败后,镇北将军黄权因后退无路,迫不得已投降了曹魏。有关部门要逮捕黄权的妻子,刘备没有同意,对黄权的家属仍待之如初,这里面也有诸葛亮的意思。黄权到了魏国,蜀国的人传说黄权的家属已被诛杀,魏文帝曹丕要为黄权的家属治丧。黄权却说："臣与刘备、诸葛亮推诚相信，他们一定知道我的本志。我怀疑此消息不实，请等落实了再说。"后来，黄权的家属果然安然无恙。不但如此，黄权的儿子黄崇还作了蜀汉的尚书郎。在蜀汉末期，黄崇还随诸葛亮的儿子诸葛瞻抵御前来的曹军，在绵竹"帅厉军士，期于必死，临阵见杀"。

诸葛亮在对罪犯处以极刑的把握上也是极严格的，除非那些事关军国成败、社稷安危的重大案件，诸葛亮一般都不轻易诛杀，而是既治其罪，又给出路。

在诸葛亮所处理的刑狱案件中，属于诛杀的有两起：一个是马谡失街亭，一个是彭羕谋反。

以马谡失街亭被斩为例。马谡在北伐的一次战争中把战略要地街亭（今甘肃庄浪东）给丢了。仅仅因为打一次败仗，诸葛亮不会杀马谡，因为胜败乃兵家常事。问题的关键在于，马谡的失败，不是一般性质的指挥失误，而是违抗上级正确指挥所造成的恶果。马谡在战争的关键时刻没有听从上级的正确指挥，从而导致了整个军事行动的失败，当然无法逃脱罪责。当街亭战败后，马谡自知罪行严重，不是勇于承担罪责，而是畏罪潜逃。按当时军纪，违抗上级命令，将士临阵退却和逃亡，都是要杀头的，何况马谡是两条都占了呢？

除了马谡、彭羕以外，其他人的命运就不同了。

鲁国人刘琰，早在豫州时就跟随刘备。刘备占领益州之后，任命刘琰为固陵太守。刘琰没有别的才干，只是善于谈论，但因是刘备老臣，忠实追随刘备，所掌握的权力虽然不重，地位却很高，仅次于李严。刘琰不干预国政，只是率领一千多兵马，随从诸葛亮进行政事的劝谏和议论。建兴十年（232 年），他在汉中前线与前军师魏延闹矛盾，说话荒诞不实，受到诸葛亮的严厉批评。刘琰写信给诸葛亮说："我禀性道德不足，操行低劣，又有喝酒就言行荒唐的毛病，当先帝在世时我就差点栽在这上边。承蒙您一直根据我忠于国家的表现，原谅我的毛病，对我扶持救援，保全俸禄官位，我才有今天。最近我又头脑发昏，说错了话，您对我又加宽容，使我得到保全，免于刑狱审理，确保性命无虞。我已经在神灵面前起誓，今后一定克制和严格要求自己，改正过错，以死报国。但是，如果我被免去官职，就不能保全面子了。"刘琰对自己错误认识是深刻的，态度是诚恳的，所以诸葛亮答应了刘琰保留官职爵位的请求，只是把他送回成都。

诸葛亮严把惩治触犯法规之人的分寸，不搞株连，不枉杀无辜，而是留有余地，给人以改过的机会，体现了儒家宽恕的精神。

第二个特点，执法以明。

诸葛亮执法之明，在于他实事求是、客观公正地对待犯罪之人，不因己爱而轻其量刑，不因己恶而重其惩罚。

武陵人廖立是诸葛亮十分赏识的人物。刘备任荆州刺史时，廖立就被任命为州从事，不到三十岁时，又被提拔为长沙太守。刘备进入益州，诸葛亮奉命镇守荆州时，孙吴曾派使节到荆州，当东吴使节问到哪些人在辅佐刘备成大业时，诸葛亮说："庞统、廖立，楚之良才，当赞兴世业者也。"诸葛亮把廖立与庞统并提，可见对他是十分看重的。但是，廖立却是个恃才自傲之人。他认为以自己的才能，地位当仅次于诸葛亮，总认为蜀汉亏待了他。他在军中常常牢骚满腹，任巴郡太守时也不好好尽职。刘备去世，廖立在为刘备守灵时，居然在灵旁杀人。刘禅即位后，大部分官员官职都得到了提升，廖立也随着被授为将军称号。廖立非常不高兴，他找到诸葛亮，当面问他："我怎么适合与将军并列？您为什么不表奏我为卿相，只让我当五校？"诸葛亮回答说："授你将军名号，是根据对你的考察而定的。至于为卿相，连李严也没有任命为卿相嘛！再说，你只适于任五校。"廖立嘴上虽没说什么，但心里更火了。他一向认为自己仅次于诸葛亮，没想到连李严都不如。从此以后，廖立的怨气更大，牢骚更盛了，上至刘备，下至群臣，没有他不抨击的。他埋怨刘备不该争南三郡而不取汉中；埋怨关羽怙恃勇名，用兵没有方法失掉荆州；抨击文恭任治中无纲纪，向朗只会随大流，郭演长毫无主见，王连随波逐流。总之，蜀国朝中上下能人不多。诸葛亮听到这些话后，立刻感到问题的严重，不处理不行，便上了一道表章，弹劾廖立诽谤刘备，诋毁群臣。结果廖立被免去官职，废为平民，流放到汶山郡（今四川汶川西南）。廖立案件是诸葛亮不因己爱而轻其量刑的典型

第三个特点，执法以平。

执法以平指的是诸葛亮公平执法。诸葛亮秉公执法，不因私人恩怨而滥用法律，不因个人偏好而放纵违法者。诸葛亮对马谡"深加器异"，每次和他见面谈论总要"自昼达夜"。李严和诸葛亮同受刘备遗诏辅政，协助诸葛亮掌管全国军政，属于蜀汉政权的高级领导人。这些人违反了法律，照样受到诸葛亮的处罚。

最能体现诸葛亮执法公平的，就是马谡案件。在这个案件中，受处罚的不只是马谡一个人。马谡所率的将军张休、李盛同被处斩，将军黄袭被解除兵权，赵云被贬为镇军将军。诸葛亮自己也受到了处罚，他上疏刘禅自贬为右将军。此事发生在蜀汉建兴六年，直到建兴七年，诸葛亮才被恢复丞相之职。诸葛亮自贬三等，体现了他的执法以平。

第四个特点，执法以信。

所谓"信"，也包含两层含义。

其中一层含义是指诸葛亮说话算话，绝不做违背自己言语的行为，绝不违背与他人的约定。诸葛亮出祁山时，魏军司马懿率大军阻挡蜀军出山。当时诸葛亮为与曹魏大军持久抗衡，采用了"十二更下"制，即将前线部队分为十二部，每月用相应的后备兵力替下一部，让其休整。司马懿大军一下来了二十多万，而诸葛亮军只有八万。众人都劝诸葛亮说："情况突变，敌军势力大增，我们是不是暂时让该休整的部队继续留在前线，以壮大我军声势。"诸葛亮说："我统领大军，要对大家说话算话，那些该撤下的兵士已经收拾好了行装，待命回家，他们的妻子家人也延颈企盼，计其归日。所以虽然面临着征战的困难，但定好的制度不能废止。"这件事说明了诸葛亮的以信执法。

另一层含义是指诸葛亮执法公平，深得众人信服。廖立是受诸葛亮制裁的人，廖立到汶山郡以后，和妻子一起在田间耕作。诸葛亮逝世的消息传到汶山后，廖立竟失声痛哭，叹息说："我们最终要成为异族的奴役了!"另一受过诸葛亮惩治的人李严，听到诸葛亮逝世的消息后，竟激愤忧病而死。廖立、李严之所以如此，是因为他们坚信，既然诸葛亮给了自己改过的机会，就一定会言而有信，终会重新启用自己。诸葛亮的逝世，使他们感到不会有人像诸葛亮那样公平执法了，他们再次出头的日子没有了，他们绝望了。

诸葛亮执法所达到的水平，远远超出了法治自身所达到的最高层次。百姓怨声载道，沸反盈天，这是法治的最低层次。百姓道路以目，敢怒不敢言，这是法治的次低层次。百姓口无怨言，依法守法，这是法治的最高层次。百姓口无怨言，心有服意，受罚者刑之没有怨念，被诛杀也不愤怒，这是先秦法家实践不可能达到的层次，诸葛亮却做到了。因为诸葛亮所依靠者不仅仅是法家的法，还有仁爱、宽恕、诚信、克己等儒家精神，这些精神体现了诸葛亮的德。

诸葛亮的儒法融通，使儒家得到了充实，使法家得到了升华，使蜀汉成为三国中治理得最好的国家。

广纳忠言

对一个执政者，特别是一个贤能的、有作为的执政者而言，必须要会纳言任才。纳言，就是听得进各种人、各方面的意见；任才，就是能慧眼发现人才，任用人才。这种纳言任才的优秀品质在诸葛亮的身上得到了很好的体现。

蜀汉本就是魏、吴、蜀三国中中较为弱小的国家，而夷陵之战战败后，受到战争的创伤，蜀国更是国力虚弱，人才奇缺。要想迅速医治战争创伤，恢复国力，就得调动起大家的积极性，集中大家的智慧。三国抗衡在某种意义上可以说是人才的抗衡，国土面积小，就使人才的数量受到客观环境的限制，如果执政者不具备发现人才的慧眼，那么蜀国就会丧失与其他两国的竞争力。

一个国家的执政者，能不能行纳言之政，有没有敢言敢谏之臣，是关系到国家利益的大事，是关系到社稷安危存亡的大事。作为蜀汉实际上的执政者，诸葛亮不仅为后主刘禅谏言献策，而且在十多年的治蜀实践中，以自己的聪明才智，集思广益，发现并重用人才。这不仅是他个人的品质的完善，也是蜀汉政权的幸运。

诸葛亮认为只有做到以下两点，才能够广纳忠言。首先要能够注意细微的言论，观察到细小的问题。作为执政者，要能够看到不被重视的问题，听到不为人知的意见，才能够使社会底层的情况传达到自己的视线内，这样才能使国家得到巩固，使百姓安居乐业。作为人君要多关心百姓疾苦，才是圣明之君。第二要多闻，就是说要听取各种意见，既包括进善之忠言，也包括吁嗟之怨言。诸葛亮认为，个人的见识总是有限的，只有"集众思，广忠益"，依靠众人的智慧，才能把国家治理好。如果要避嫌疑，或者怕得罪人，不敢提出不同意见来商讨，就会给国家政事造成缺欠和损失；反之，如果经过大家反复商讨，就能像"弃弊而获珠玉"一样，获得有益的意见和办法。诸葛亮还特别重视下面的"怨声"、"危言"，即批评的、不满的、反面的意见。他说："有道之国，危言危行；无道之国，危行言逊。上无所闻，下无所说。"又说："怨声不闻，则枉者不得伸。"他把能否听取反面意见，提高到一个国家政权有道或无道、兴旺或衰落的高度来认识，这是很有政治见地的。他深知一旦群臣们不敢讲真话，国家政治就会被欺骗和假话所淹没。如果没有反面意见的警戒和促进，就无法进步，甚至停滞倒退而走向反面。这就是他所说的"危生于安，亡生于存，乱生于治"的道理。

对于这些治国之道，诸葛亮并不只是空发议论，而是言行一致，将它们付诸实践。早在建安二十三年（218年），刘备率兵同曹操在汉中展开争夺战时，诸葛亮就采纳了部下杨洪的意见，急速派兵增援汉中，保证了战争的胜利。建兴三年（225年），诸葛亮率大军南征，临行前曾征求马谡的意见，马谡向他提了"攻心为上"的策略，也被诸葛亮所采纳。建兴五年，诸葛亮率兵北伐，需要留一个有才能的人留下任丞相府长史，以代理丞相管理蜀汉日常军国事务。他想把此任交给张裔，但觉得此事关系重大，于是征求部下的意见，果然有不同看法，蜀郡太守杨洪就认为："张裔天生具有明察事物的能力，他能够担负起丞相府长史的公务，但他处事不太公平，恐怕不能单独担此重任。"后来，诸葛亮虽然任张裔为丞相府长史，但又派了"方整有威重"的蒋琬协助他，显然是吸取了杨洪的意见。对于不同意见，诸葛亮是持欢迎态度的。在隆中隐居时，他的好朋友崔州平、徐庶等人就常和他一起探讨问题，在探讨中经常各抒己见，争论不休，正是这种争论，使诸葛亮觉得获益匪浅。

早在刘备占领益州，蜀国初立时，诸葛亮就建议刘备实行参署制度，就是让一些有识之士参与机要事务的议论与处理。在参署人员中，比较突出的是董和和胡济。董和，字幼宰，刘备入蜀后被任为军中郎将，与诸葛亮并署左将军、大司马府事，经常提一些好的建议。在他参署的时候，有时与诸葛亮意见不一致，双方的争辩讨论达十次之多。胡济，字伟度，任诸葛亮的主簿，也常提出不同意见。诸葛亮鼓励大家都能像董和、胡济那样知无不言，言无不尽。

举贤七则

以德才兼备的标准衡量人才，这是诸葛亮用人的第一个特点。

诸葛亮主张的"德"是怎么样的呢？诸葛亮曾称赞蒋琬为"社稷之器，非百里之才"，说他治理政务以安定民众为旨，为人忠诚志向高雅，是能帮助君王完成大业的人。他称赞董和"有忠于国"，称赞陈震"忠纯之性，老而益笃"，董允"秉心公亮，欲任以宫省之事"，杨洪"忠清款亮，忧公如家"，李恢"公亮志业"，吕凯"守节不回"，王平"忠勇而严整"，称赞姜维"忠勤时事，思虑精密"，"心存汉室，而才兼于人"，这些人都受到诸葛亮的重用。与此相反，诸葛亮弹劾李严"受恩过量，不思忠报"，"安身求名，无忧国之事"；弹劾廖立"奉先帝无忠孝之心"，"坐自贵大，臧否群士"。上述一褒一贬，可以看出诸葛亮认为"德"，应该是对蜀汉政权的忠诚和个人品德尽可能地完善。当然，诸葛亮所褒扬之人，个人品德并非尽善尽美，有的人甚至有明显缺陷，但对蜀汉政权忠诚这点上，诸葛亮是容不得打半点折扣的。

忠贞是诸葛亮衡量人才是否有德的最核心的内容。诸葛亮以兴复汉室、诛杀逆贼为己任，他不但以忠作为衡量人才之德的主要标准，而且自己也对蜀汉尽忠竭诚，从而使德才兼备的标准更有感染力和约束力。

诸葛亮推崇真才实学，讲究学以致用，"每自比于管仲、乐毅"，从他有别于徐庶等人的学习方法中也可以清楚地看出。诸葛亮读书，意在领会和掌握那些真正有用的知识和本领，学以致用，所以喜欢"独观其大略"，博采众家，兼收并蓄，留心天下大；而不喜拘泥于一家之说，更不喜寻章摘句，埋在书本之中。

诸葛亮在人才观点上，推崇古代具有真才实学的人，同时，他又认为，不应对古代的名人盲目崇拜，应该学习他们的长处，而摒弃他们的短处。诸葛亮在他所写的《论诸子》一文中，曾对古今一些有名的人物加以评述说："老子善于养性，但不善于解救危难；商鞅善于法治，但不善于施行道德教化；苏秦、张仪善于游说，但不能靠他们缔结盟约；白起善于攻城略地，但不善于团结民众；伍子胥善于图谋敌国，但不善于保全自己的性命；尾生能守信，但不能应变；前秦方士王嘉善于知遇明主，但不能让他来事奉昏君；许子将善于评论别人的优劣好坏，但不能靠他来笼络人才。这就是用人之所长的艺术。"

从中可以清楚地看出诸葛亮主张取人所长、避人之短。正因为如此，诸葛亮不仅在军事、政治、外交等方面具有超越前人的卓越才干，而且在天文地理、兵书器械、农工算计、医卜星相等方面也都造诣精深，成为当时一个了不起的博学家和实干家。

以诚心诚意的态度访求人才、尊重人才，这是诸葛亮用人的第二个特点。

诸葛亮对诚心的感召力是深有体会的。想当年，他自己就是被刘备求才的诚意所感动，出山辅佐刘备的。如今，为了实现复兴大业，诸葛亮也怀着一颗诚挚之心，寻求着与自己志同道合、同心同德之人。为了得到贤才，诸葛亮曾筑求贤台，还亲自访寻。

杜微无心仕途，早在刘璋当政时，他就称病辞官。刘备进入益州后，杜微称耳朵不好使，闭门不出。刘禅即位后，诸葛亮辅政，命人用乘舆把杜微抬进府中。杜微的听力的确不太好，他为了躲避仕宦官场，索性就装起聋来。诸葛亮见到杜微，用诚心和耐心劝服他。后来，杜微被诸葛亮的诚心所动，做了蜀国的谏议大夫。

诸葛亮尊重人才可以在刘巴之事表现出来。

刘巴，字子初，是零陵烝（zhēng）阳（今湖南邵东东南）人，少年时就闻名于荆州。曹操出兵征讨荆州时，刘巴北降曹操。赤壁之战前，曹操让刘巴招纳长沙、零陵、桂阳等郡投降。曹操赤壁战败，刘备占领江南四郡后，刘巴只好离开荆州。诸葛亮深感刘巴是个人才，眼下治理荆州，正需人才，于是追上刘巴，劝他加入刘备集团。刘巴不想归顺刘备，见诸葛亮远道追来，就婉言拒绝了。

诸葛亮劝刘巴归顺虽然没有成功，但他为了留住人才而亲自追赶，表现出诸葛亮求才的诚挚之心。刘巴婉言谢绝诸葛亮，而他并不执意强留，表现出他对人才选择的尊重与理解。

独具慧眼识别人才，是诸葛亮用人的第三个特点。

蒋琬最初在荆州时，只是刘表手下的一个小书吏。后来跟随刘备入川，当了一个小县官，他不理县中事务，经常喝酒沉醉。刘备听说后要处置蒋琬，但诸葛亮发现他是个难得的人才，就对刘备说："蒋琬，社稷之器，非百里之才也。其为政以安民为本，不以修饰为先（蒋琬是个人才，当县官是委屈了他。他的施政方针主要是安民，不搞表面化的政绩）。愿主公重加察之。"刘备接受了建议，对蒋琬免于处分，调任他县，后来还累累升迁，建兴元年（223年）诸葛亮辟召蒋琬为东曹掾，不久又提拔为参军。建兴五年诸葛亮入驻汉中前，任命蒋琬与丞相长史张裔主管留府事务，后代张裔为丞相长史。诸葛亮外出征战，蒋琬给他充足的粮食和士兵，故诸葛亮称赞蒋琬"托志忠雅，当与吾共赞王业者"。诸葛亮临终前举荐他接替自己，后来蒋琬被任为尚书令，领益州刺史，迁大将军，并被封为"安阳亭侯"，颇有建树。

不拘一格举才，是诸葛亮用人的第四个特点。

第一，不问新人旧部，只要有才便用。

蜀汉所在的益州，人事关系比较复杂。益州本土有许多名族和俊彦，是为益州土着。刘焉、刘璋父子进入益州，又带来了一批人，史称"东州士"，还起用了一批人，这些官吏可视为刘璋旧部。刘备入蜀，带来一批人，史称"荆州集团"，他在益州执政期间又提拔大批人士，这些官吏可称为刘备旧部。建兴元年（223年），诸葛亮全面执掌蜀国军政大事后，他除了囊括上述"东州士"和"荆州集团"外，又提拔起用了大批新人。据考证，诸葛亮所任用的经济、政治、军事、文化等各类人才，共计约有六十三人。如果从地域分布看，荆州二十八人，益州二十九人，兖州三人，豫州一人，雍州二人（此据三国州郡分布）。如果以刘璋、刘备、诸葛亮三位不同时期最高领导人为中心看，上述六十三人中，属于刘璋旧部十一人，属于刘备旧部二十四人，属于诸葛亮新起用的二十八人，其中还包括魏降将二人。从上面统计中可以看出，诸葛亮所用之人，无论从地域上、政治分野上、人才专长上讲，包容十分广泛，绝没有以人画线，或先后亲疏派别之分。可以说，诸葛亮用人，真正做到了不拘一格。

第二，不问资深资浅，位高位低，只要有才便加以提拔。王平，原来是曹魏的下级军官，投降刘备后，任牙门将、裨将军。他没什么文化，不会写字，认识的字也不超过十个。但此人十分聪明。写信时由他口授别人代写，所写之信皆清楚有条理。他不识字，但请别人为他读《史记》、《汉书》，听完之后便知其全部大义，与人谈论时不失其主旨。王平还富有作战经验，街亭之战，他一再劝说马谡不要违背诸葛亮的军令。当街亭败局已定时，马谡之众星散逃亡，只有王平所领千人，鸣鼓保持队形，使得魏军误以为是伏兵不敢追赶，王平从容收合各营逃散的兵将撤回。诸葛亮见他有真才实学，升任他为讨寇将军，封爵亭侯。

在诸葛亮的培养提拔下，许多人才如蒋琬、费祎、董允等很快成长起来，他们为蜀国出谋划策，对蜀国的建设做出了贡献。当时蜀国人以诸葛亮、蒋琬、费祎、董允为四相，"一号四英"。诸葛亮病危时，李福问诸葛亮百年之后谁可任大事？诸葛亮毫不犹豫地说出了蒋琬。李福又问蒋琬以后谁可继任，诸葛亮又说出了费祎。诸葛亮已经培养出了可靠的后备力量，即使死了，也可放心而去了。

任才用其所长，是诸葛亮用人的第六个特点。

人无完人，每个人都有自己的优缺点，诸葛亮是深深懂得这个道理的。所以他在用人的时候，并不是要求什么才能都有，而是用其某方面的特长。许靖原本是刘璋的属下，刘备入蜀，任他为左将军长史；称汉中王后，任他为太傅；称帝后，又任他为司徒。其实，许靖在治国、军事方面俱无才能，连法正也说他是个"获虚誉而无其实者"。刘备不想用他，但诸葛亮认为可以用许靖的名以招揽人才，他对刘备说："我们不能失去许靖的名望，可以用他的名声来招揽人才。"许靖在位期间"爱乐人物，诱纳后进，清谈不倦"。许靖与曹魏名臣多有信函来往，在当时士人中声望很高，且为仁厚长者，因而诸葛亮"为之拜"，可见诸葛亮对他始终是敬重的。由此可以看出诸葛亮任人之长的风格和胸怀。

爱护人才、帮助人才，是诸葛亮用人的第七个特点。

蜀郡人张裔，就是深受诸葛亮爱护帮助的人之一。张裔是刘璋手下旧部，有才干。诸葛亮率援军入益州，张裔曾率兵在陌下（今四川遂宁东南）抗拒，被诸葛亮打败。刘备占领成都后，任张裔为巴郡太守，后任司金中郎将，负责制造兵器及农具。后来，张裔任益州太守时，郡中豪酋雍阊叛乱，将张裔逮捕，送给孙吴。刘备死后，诸葛亮重联孙吴，派邓芝出使建业，其中一个任务就是向孙权要回张裔。孙权已经答应，又因爱张裔之才而反悔，多亏张裔动作快，在孙权反悔前就离开孙吴，这也说明张裔确有才干。张裔回到蜀国，诸葛亮任他为参军，处理丞相府的公务。诸葛亮出驻汉中，又任他为射声校尉领留府长史。张裔有才，但他心胸不宽，好忌恨人。比如他与杨洪曾关系很好，后来却反目，而责任还在张裔身上。原来，张裔被雍恺送到孙吴后，杨洪在张裔的家乡任太守，张裔的儿子张郁充当郡吏。后来张郁犯了错误，杨洪也没有因张裔的关系给予宽容。张裔回到蜀国后，知道了这件事，便对杨洪忌恨起来。再比如，张裔和岑述关系也很紧张，到了相互愤恨的地步。其原因是张裔嫌岑述太受诸葛亮重视了，生怕因此影响了他在诸葛亮心中的位置。对于张裔的小心眼儿，诸葛亮对他进行了严肃的批评和帮助。他给张裔写了一封信，信中说："您过去在陌下被我军打败，我当时为您的安全担心，真是食不知味。后来您在南方流浪，我又为您的遭遇悲叹，甚至睡觉也不安稳。您返回蜀国，我立即委您以重任，与您同辅朝廷。我自以为与您的友情坚如磐石。交谊如果坚若磐石，那么举用对方的仇人以求获得助益，不任对方的至亲以明大公无私，都不用向对方解释对方就能理解。现今，我只是重视岑述，您怎么就受不了呢？"诸葛亮的话，有情有理，批评中尽显爱意，使张裔深切感受到了诸葛亮"赏不遗远，罚不阿近"的坦荡胸襟。

诸葛亮的纳言与任才，都体现了他宽容的风范。宽容，宽容，只有宽才能容，只有容能才见其宽。大德容众，反过来，容众也是大德的表现。

诸葛亮在人才使用上，主张赏罚严明。他在《便宜十六策》中说："为政者应确立赏罚制度，奖善惩恶，用以鼓励百姓立功，并杜绝罪恶。使部属都确知赏罚的标准，那么他们的行为就有分寸，不至于犯法。但赏罚要公平，不可以厚此薄彼，徇私偏袒，无功之人，不受禄；无过之人，也不应受罚，若任意奖赏或惩罚，将使部属不服。"马谡熟悉军事，善于谈论兵法，诸葛亮十分器重他，出兵祁山时，马谡违反命令，失了街亭，大败而逃，诸葛亮执行军法，挥泪斩马谡，并上书自贬三等，到后来打了胜仗，才恢复了丞相职务。廖立曾被称为与庞统相类的良才，刘备时任为侍中，但廖立自负有才，狂疏自大，常发牢骚，说了许多不该说的错话，诸葛亮批评廖立是"乱群之羊"，将他撤职，贬斥到汉山。

诸葛亮褒赏过许多人，也处罚过不少人，虽然执法严谨，但皆出于公心，赏罚比较公平，因而受罚者都心服口服。张裔称颂诸葛亮的用人之道说："丞相赏赐不遗漏关系疏远的人，惩罚不宽容关系亲近的人，官爵无功不可得，刑罚富贵权势不得免，这就是聪明有才能的人和愚昧平凡的人都能忘身为国的原因。"陈寿在《诸葛亮传》中评论诸葛亮说："善无微而不赏，恶无纤而不贬"（无论多么小的善行，没有不奖赏的，无论多么细的恶行，没有不贬抑的），"刑政虽峻而无怨者，以其用心平而劝诫明也，可谓识治之良才，管（仲）、萧（何）之亚匹矣！"（刑法政令虽然严厉，却没有人怨恨他，因为他用心公平而且劝诫明白。他真可以称得上是明白治道的好人才，和管仲、萧何是同一类的人）可见，诸葛亮在使用人才时的公正性是大多数人都认可的。

蜀汉之所以能够立国，立国后，政权之所以能得到巩固并长期同魏、吴形成鼎立之势，这与诸葛亮提倡和实行的正确人才政策都是分不开的。

纵观诸葛亮一生，不论是对人才的看法，还是对人才的使用，都有许多独到之处。虽然在使用人才方面，受当时客观环境和历史条件的种种限制，诸葛亮也有一些失着和不足，但成就仍然是主要的。诸葛亮的人才观点如讲究真才实学、主张尊重人才，主张人才联合、强调推荐人才、重视对人才的考察、提拔和赏等等，对于后世制订正确的人才政策都有一定的帮助，甚至到今天仍然具有一定的借鉴意义。

君臣无猜，政通人和

诸葛亮治理下的蜀国，政治稳定，能者尽职，吏风清廉，社会安宁，蜀汉君臣之间无猜忌。

君臣无猜是蜀汉的政治传统。早在刘备时，就对诸葛亮绝对信任，白帝托孤成为君臣信任的千古美谈。刘备死后，诸葛亮受遗诏辅政，集政权、军权于一身，"事无巨细，亮皆专之"。功高震主，权重招祸，这几乎是封建政坛上普遍的现象。而蜀汉却显得有些特殊，后主刘禅对诸葛亮非但不猜忌，反而对诸葛亮说："政由葛氏，祭则寡人。"诸葛亮逝世后，后主刘禅很伤心。李邈曾上疏说，诸葛亮死了比活着好，他认为，诸葛亮长期在外统兵，会威胁朝廷安全。刘禅听了非常生气，便把李邈杀掉了。刘禅不猜忌诸葛亮，固然出于对诸葛亮的信任，但这种信任的建立，也是诸葛亮对蜀汉政权忠贞不贰的结果。

诸葛亮不但用自己的忠诚取得了刘禅的信任，他所举荐的人同样没有受到刘禅的猜忌。建兴五年（227年），诸葛亮率军北驻汉中，临行时向刘禅上了一封语重心长、情理并重的奏表，这就是著名的《前出师表》。在表中，他告诫刘禅要自尊自律，要使忠谏言路畅通，要刑赏平明，要亲贤臣，远小人。诸葛亮在表中还举荐了"志虑忠纯"的郭攸之、费祎、董允等，让他们主管宫中之事。又举荐了"性行淑均，晓畅军事"的将军向宠，统领营中之事。

诸葛亮推荐的这些人才是否发挥了作用呢？根据史籍记载，刘禅在位时，想采择美女以充后宫，董允知道后，认为"古者天子后妃之数不过十二"，如今嫔妃人数已经够了，不宜再增加，始终不同意，这说明刘禅的言路并未堵塞。刘禅逐渐长大，宠爱宦官黄皓。黄皓善于逢迎献媚，花言巧语取悦于刘禅。董允知道后，常常在上提醒后主，在下训斥黄皓。在董允监督下，黄皓畏惧，"不敢为非"。董允在世时，黄皓的官位最高也不过黄门丞。这说明刘禅才虽平庸，而却非昏暗之主，他是"近贤臣，远小人"的。应当指出，有人认为蜀汉诸葛亮死后，后主即任用黄皓专权政治腐败，这是不符合历史事实的。董允以侍中守尚书令，为大将军费祎之副，延熙九年（246 年）去世。继而由"号为清能"的吕义代董允为尚书令，直到延熙十四年吕义死后，陈祗以侍中守尚书令，才逐渐与黄皓互为表里，以专国政。但黄皓真正独专国政，是在蜀国接近灭亡之时，即在景耀元年（258 年）陈祗死后，这在《三国志·蜀书·后主传》中讲得很清楚。

诸葛亮北伐，进驻汉中整八年，在这期间，朝中之事始终由蒋琬、董允、郭攸之等人负责，诸葛亮则专心北伐，无后顾之忧。这说明蜀汉君臣之间彼此信任，没有猜忌。

不但蜀汉君臣之间没有猜忌，臣与臣之间的互敬互信也蔚然成风。比如蒋琬任益州刺史，他发现费祎比自己能干，坚决要求把益州刺史之职让给费祎。结果费祎任益州刺史，"当国功名，略与琬比"。费祎是个很有才干的人，他在任尚书令时，朝中军中事务繁忙，而他每次阅读书籍时，看一会儿，就能了解书中的要旨，速度是别人的几倍，而且也不会忘记。他常在吃早饭时处理政事，在此期间，他是又接待宾客，又饮食嬉戏，又与人评棋博弈，又把政事处理得井井有条。后来董允代费祎任尚书令，也想学着费祎的样子，不料没过几天，就耽误了很多事。董允感叹地说："我与费祎之间的才能力量相差如此之多，不是我能够追赶上的呀。我整天就做一件事，都会有顾不上来的。"董允此言，对费祎之才充满钦佩之情，绝无嫉贤妒能小人之心。

诸葛亮作为辅政大臣，对下属从无狐疑猜测，而是充满了信任，最典型的事例，就是姜维。

姜维，字伯约，天水冀县（今甘肃甘谷东）人。姜维本是魏国中郎官，参天水郡军事。建兴六年（228 年）诸葛亮出兵祁山，姜维归附蜀国。一般人是不敢轻易信任敌方降将的，但姜维很快就得到了诸葛亮的信任。诸葛亮退回汉中，姜维丢下老母妻小，只身随蜀军退入汉中。后来，姜维接到母信，让他回魏国。姜维说："大片大片的良田，不在乎多一亩或者少一亩，人一旦有了远大的志向，就不能即刻回家。"就凭这两点，诸葛亮认为姜维是值得信赖的。他对姜维的评价是："忠勤于眼下之事，思虑精准细密，从他整个人来看，李邵、马良都比不上他。他可以称得上是凉州的拔尖的人才。"他又给留府长史张裔、参军蒋琬写信说："让姜维先在汉中训练中军虎步兵。姜维敏于军事，深通兵法，又有胆量义气。此人心存汉室，而才兼于人。训练完毕，即遣其入宫，觐见主上。"从此以后，姜维的地位不断提高，成为蜀汉后期的栋梁。

诸葛亮的第一位继承人蒋琬，深受诸葛亮虚心纳言、开明待下风范的影响。有一次，他与杨戏论政事，戏"时不应答"。有人向蒋琬说："你与杨戏论事，他居然不理，太不尊重你了。"蒋琬不仅不生气，反而回答说："人们的思想不同，就好像人们的面孔不同一样。'不要当面顺从，背后又说相反的话'，这是古人所提出的告诫。杨戏想要赞许我的看法吧，又不是他的本心；想要反对我吧，又显示了我的错误，所以他就沉默不语了，这正是杨戏快性的地方呀！"督农杨敏说蒋琬"办事糊涂，实在不如以前的人"，检察官请治杨敏罪。蒋琬制止说："我确实不如前人，这没有什么可以追究的。"监后来杨敏犯重罪入狱，众人以为必死，而蒋琬却公正处理，免其重罪。这种处事公允、上下无猜的事例，在蜀汉臣僚中还可举出许多。

蜀汉政权之中，臣子间人人互敬互信，但政权内也有争权夺利之人，杨仪就是其中一个。他任尚书时，蒋琬只是个尚书郎。后来他们虽然都做了丞相参军、长史，但杨仪每次随从诸葛亮出征，都承担了辛苦繁重的任务。诸葛亮逝世后，推荐蒋琬任尚书令、益州刺史。杨仪被任为中军师，手下无兵马，只是个闲职。杨仪觉得自己资历比蒋琬深，才干比蒋琬高，很不服气，"怨愤形于声色，叹咤之音发于五内"。这么一来，众人害怕他怨恨的言语，都不理他，杨仪一下子就成了孤家寡人。当时只有费祎前去探望安慰他，但揭发杨仪不轨之言的也是费祎，可见费祎和他也不是一条心。像杨仪这样在蜀汉臣子中算是有文武才干，却因为争权夺利，最终众叛亲离，被孤立的还有李严、魏延等。这从另一方面说明了蜀汉官员整体上公忠体国的风气。

蜀汉官员多恪尽职守之人。诸葛亮的继承人蒋琬、费祎二人，在治理国家方面颇有诸葛亮尽职尽责的遗风。陈寿说："蒋琬方整有威重，费祎宽济而博爱，咸承诸葛之成规，因循而不革，是以边境无虞，邦家和一。"（蒋琬稳重有威严，费祎宽容博爱，继承了诸葛亮的治国之道，所以边境和平，社会安乐。）可见他们在"保国治民，敬守社稷"方面是尽了自己的职责的。

蜀汉吏风清廉。蜀汉的清廉吏风最为突出，而且也同样是具有传统性的。刘备入蜀以后，为了解决财政困难，曾铸新币，甚至把帐幔上的铜钩都拿来铸钱。有人认为这是刘备日暮途穷、铸造劣币的信号，其实这正是刘备清廉的表现。蜀国的货币重量虽轻但质量不差。蜀汉建国之初，需要大批的铜铸钱以解决财政困难，更需要大批的铜铸造兵器，以满足战争需要。

如果说刘备的生活俭节是迫于建国初财政窘迫的压力，那么诸葛亮则对节俭清廉有着更自觉的认识。诸葛亮深知，他所治理的蜀汉在三国中是最小最弱的。以最小最弱的蜀国，抗衡最大最强的魏国，为了能够与魏国相抗衡，国家必须要自强，要发展经济，巩固政治统治，增强军事实力。发展经济，是靠一系列积极措施发展生产。巩固政治，是靠一系列开明措施凝聚臣民。增强军事实力，要以经济、政治自强为坚实基础。诸葛亮认为："今篡贼未灭，社稷多难，国事惟和，可以克捷。"

不猜忌，不倾轧，互敬互信，可使统治集团内部和睦，上下一心，产生无穷的力量。吏风清廉，以示与百姓同甘共苦，可使整个国家和谐，提高政权运转效力。正是基于这样的认识，诸葛亮以身作则，努力使蜀国的吏治清廉。

在诸葛亮的示范和推动下，蜀汉的官吏清廉者居多。如诸葛亮亲自选拔的接班人费祎，在诸葛亮逝世后，官至大将军、录尚书事，领益州刺史。蒋琬卒后，他实际上掌握蜀汉军政大权。费祎虽官位显赫，却"雅性谦素，家不积财。儿子皆令布衣素食，出入不从车骑，无异凡人"，颇有诸葛亮的风范。

在我国古代杰出的政治家中，就选拔培养德才兼备的继承人来说，诸葛亮所收到的实效，可能是独一无二的。诸葛亮死后"百姓苍祭，戎夷野祀"，甚至在五百余年后的唐代，"梁、汉之民，歌道遗烈，庙而祭者如在"。这是无词的颂歌，无言的褒奖。诸葛亮受到蜀汉人民如此追思、怀念，正是蜀汉官吏廉洁、政治清明的显证，诸葛亮及其后继者以身作则，官吏们廉洁自好，减轻了农民的负担，从而使国内的阶级矛盾得到缓和。

农商并进

务农殖谷的农本思想

诸葛亮治理蜀国期间，益州地区经济的发展迅速，这与他对农业生产有着深刻的认识和足够的重视有很大关系。封建社会里主要的产生部门是农业，只有农业生产繁荣，农民安居乐业，社会生产向前发展，国家才会出现比较稳定的政治局面。同时，只有农业生产发展，封建经济基础巩固，国家经济实力雄厚，才能有力地推行各项改革措施，进行统一战争。

诸葛亮在《便宜十六策》中谈到他认为理想的社会经济，应该是"划分地利，与民耕作，观测天象，预测凶年，使年年有余粮，人人都衣食不缺，路不拾遗，百姓皆满足于现况"，而"今天下动乱，为了一己之私利，弱肉强食，耕作的农人减少，纷纷改行从商，互相争利，以致人心惶惶，社会不安定"，故治国之道，必须"务人之本"使百姓归于农桑。为此，他提出了"务农殖谷"，"以阜民财"的主张。具体措施如下：

第一，安抚流亡。

建安十九年（214 年），刘备进军益州，与刘璋相持近三年后终于成功拿下益州。但是原本繁华富庶号称天府之国的益州，经过战争的创伤后，变得十分萧条。本来为了鼓励战士，刘备打算将成都附近的部分田地、房宅，分赐给有功将士，但在诸葛亮"以安民为本"的政策影响下，大将赵云向刘备建议说：益州初定，人民备受兵焚之苦，所有"田宅皆可归还，令安民复业"。刘备、诸葛亮立即表示赞同并付诸实施。

第二，打击豪强。

为了使农民能够专心生产，诸葛亮在《蜀科》中订立规定，从法律上对他们加以保障，特别是对欺压良善的豪强权贵们加以裁抑，"威之以法"而毫不宽待。同时，对于一些扰民的官吏亦加以严惩，鉴于他们往往与地方上的豪强互相勾结，"克食于民"，所以诸葛亮认为"治人犹如养苗"，必需"先去其秽"，然后禾苗始能茁壮成长。

第三，轻徭薄赋。

管子有言："仓廪实则知礼节，衣食足则知荣辱。"就是说在物质条件具备的情况下，伦理道德之教化就容易推行，作奸犯科的人就必然会减少。诸葛亮深悉其理，故又提出"民殷国富"的观点，竭力劝勉百姓以农桑为本，精耕细作，居积致富。为了保护农民的利益，政府则实行"唯劝农业，无夺其时，唯薄赋敛，无尽民财"的政策。其中轻徭薄赋乃是关键性的措施。

第四，"闭关息民"。

建安二十七年（222年），夷陵战败后，刘备政权损兵折将，蜀国国力大伤，以致蜀汉政权的统治地位也发生动摇。如汉嘉太守黄元、释柯太守朱褒、越禽夷王高定等均相继反叛，形势十分严峻。诸葛亮在此紧急危难之际，除了继续执行"务农殖谷"的政策外，又提出"闭关息民"的方针。所谓"闭关"，主要是针对南中地区的叛乱而言，因国力衰弱暂时采取抚绥策略而不派兵讨伐。同时，闭关也含有"东和孙权"重修盟好，北守汉中不启兵端的思想在内。所谓"息民"，就是轻徭薄赋，奖励农耕，使人民获得充分休养生息的机会，以便蓄积国力准备大举。应该说，诸葛亮的"闭关息民"的政策思想，是经过权衡全局所作出的正确抉择。

第五，"养育民物"。

"养育民物"，指的是实行安定民生丰富物资的政策。真理是在实践中得出的，诸葛亮长于民间，是一位深悉人民疾苦的布衣宰相，故其他的措施都是根据实际情况而制定的，因此也是符合实际情况的。他知道安定民生的关键是要有充分的物资，然后才能足衣足食，长治久安。诸葛亮深深了解孔子所说的"百姓足，君孰与不足？百姓不足，君孰与足？"的道理，而粮食是各种物资中最重要的在，关系到国计民生及用兵。因而诸葛亮说："粮谷军之要最"，不可一日或缺。为了节约粮食，他提出"丰年不奢"，"秋有余粮"的主张；还采取禁止酿酒以减少浪费等项措施。他在阐述自己的治国思想时说："务本劝农，育养民物，并治甲兵。"显然，诸葛亮是要在民富国强的基础上，讲戎习武更求破敌之策。这一思想是对管仲、商鞅等人"耕战"主张的继承和发展。

总之，诸葛亮的劝农务本思想及其政策措施是积极的，而且富有成效。当时有一个人叫袁准，他评价说，"亮之治蜀，田畴辟，仓廪实，器械利，蓄积饶，朝会不哗，路无醉人"，是以"本立而末治"。这体现了诸葛亮所颁布的政策的正确性。

兴修水利

水利资源是发展农业的命脉。秦昭王末年，蜀郡太守李冰父子在前人鳖灵开凿的基础上，组织修建了大型水利工程都江堰，使成都平原成为水旱从人、沃野千里的"天府之国"。益州境内虽水利资源丰富，又有都江堰这一水利工程蓄水疏洪，但在生产力水平不是很高的古代，人们面对强大的自然力量，还是显得软弱无力。一旦遭遇天灾，人们的生活依然要受很大影响。

刘备集团在益州安定后不久，就遇上了百年不遇的大旱，地里收成很少。为了节约粮食，刘备下令民间禁止酿酒。当时禁酒命令非常严厉，酿酒者一旦被发现就要处以刑罚。有一次，官吏在一家人的住宅里搜查出一套酿酒器具，有人认为，既有酿酒的器具，就有酿酒的可能，就应该和酿酒者一样治罪。刘备为了禁酒，居然同意了这种主张。老臣简雍不同意这样做，但一时又无好办法说服刘备。有一次，简雍与刘备外出，路见一男一女走在路上。简雍灵机一动，立刻有了主意。他对刘备说："你看那个男子，他要行淫乱，怎么不把他绑起来？"刘备觉得奇怪，问："你怎么知道？"简雍答道："他具备行淫乱的条件，其性质与那个家中藏酿酒器具的罪犯一样啊！"刘备不禁笑起来，明白简雍在批评自己制裁藏酿酒酒器者不妥，便把那个人放了。

诸葛亮却从这件事中得到了另一种启示，他觉得禁酒之令实在是不得已而为之。酒难禁，制裁有酿酒具者更是过分。诸葛亮知道禁酒最根本的原因就是天旱缺粮，他深深体会到水利对农业生产的重要。

能体现诸葛亮重视农业水利建设的，主要有两件事。

一件事是保护和利用都江堰。都江堰由秦国蜀郡太守李冰主持修建，是我国古代著名的水利工程。都江堰工程规模之大，效益之高，对调节水利，农业发展起着重要的作用。诸葛亮认为"此堰农本，国之所资"，并专设堰官对此堰进行管理。堰官率领一千二百名兵士驻守在那里，对都江堰进行保护和疏浚。

另一件事是修筑九里堤。《成都志》记载："九里堤在县西北，堤长九里，故老相传，诸葛亮所筑，以扞水势。"1980年夏，四川省三台县文化馆的同志在清理馆藏古代字画时，发现一张三国时蜀国"丞相诸葛令"碑拓片。从拓片看，碑高五十三厘米，宽三十八厘米。碑面受风雨侵蚀有些斑驳，但碑文仍清晰可见："丞相诸葛令，按九里堤扞护都城，用防水患。今修筑竣。告尔居民，勿许侵占、损坏。有犯，治以严法。令即遵行。章武三年九月十五日"。

这张碑文拓片，弥补了志书记载的不足，证实了诸葛亮曾主持修筑九里堤的史实，具有很高的史料价值。

为了使北伐顺利进行，也为了增加军粮收人，减轻国家负担，诸葛亮还在前线的汉中、赤崖、黄沙等地实行军事屯田，并任吕义、杨敏等人为督农，负责供继军粮。

诸葛亮重视农业生产，命地方官吏重视农耕，不妨农时，保护水利设施，兴立屯田，这些措施都取得了显著成效。"官府帑藏一无所毁，百姓布野，余粮栖亩"，这是后主刘禅在降表中所说的话，说明了蜀国农业生产繁荣。

手工业和商业的发展

诸葛亮治理下的蜀国，不仅农业生产发展显著，手工业生产所达到的水平也令人瞩目。

盐是蜀汉的重要产品，制盐业是蜀汉的重要手工业行业。蜀汉的盐多为井盐和池盐。左思《蜀都赋》说蜀汉"家有盐泉之井"。李善注说："蜀国的临邛、江阳、汉安县都有盐井，充国县有数十盐井。"在巴郡朐忍县（今四川云阳）出产的伞子盐更具特色。

东汉时，朝廷曾经取消盐铁的禁令，允许民间煮私盐，国家抽取盐税。刘备入蜀以后，重新实行盐铁官营政策。建安十九年（214年），"先主定益州，置盐府校尉，较盐铁之利"。盐府是蜀汉政权管理盐铁业的机构，盐府校尉或称司盐校尉就是掌管盐府的最高长官。王连是蜀汉政权成绩突出的盐府长官，据史书记载他担任司盐校尉后，"较盐铁之利，利入甚多，有裨国用"。所以，当他升为蜀郡太守、兴业将军后，仍然担任盐府的最高长官。在王连之后，诸葛亮又任岑述担任此职。

诸葛亮非常关心盐业生产，还亲自到生产现场进行考察指导。并在视察后，改进火井以煮盐。

封建时代的手工业，常常是盐铁并称。盐是人们的生活必需品，铁器是可以反映农业和手工业生产技术的重要工具。尤其是冶炼业，是手工业中重要的行业。益州地区的冶铁业自秦汉以来就闻名于世。刘备占领益州后，把对冶铁业的管理交给司盐校尉，并设置了司金中郎将，"典作农战之器"。在蜀汉益州地区，分布着许多冶铁场所，其中有一些与诸葛亮有关。《四川通志》记载，铁溪河在成都县南十三里，流入白水河，昔武侯（即诸葛亮）烹铁于此，因此而得名。

诸葛亮受刘备遗诏辅政以后，为了实现先主遗愿和自己的政治理想，把全部精力都投入了南征北伐。蜀国的冶铁业，多为军事服务，但蜀国的冶铁业也决不仅限于军事目的。

明朝杨慎所作《丹铅录》中对古代出土文物"诸葛行锅"的记载，反映了诸葛亮治蜀期间的冶铁业的水平的提高。

丝织业是三国时期蜀汉政权引以为傲的行业。左思《蜀都赋》说："阛（huán）阓（huì）之里，伎巧之家，百室离房，机杼相和，贝锦斐成，濯色江波。"成都城内，织房鳞次栉比，机杼声声相和。锦织成后，织工们把它们拿到蜀江中濯洗，洗濯过的锦，花纹艳丽，胜于初成。据说，只有用蜀江水濯洗过的锦才能有此效果，别地方的水都不成。所以，蜀江又有锦江之称。岂止江因锦而更名，甚至城也因锦而有别称。"丞相祠堂何处寻？锦官城外柏森森。""晓看红湿处，花簇锦官城。"锦官城，即成都的别名，顾名思义，是因锦官所在而得名。锦官，是管理织锦业的机构，它极大地促进了织锦业的发展。

刘备入蜀前，益州的织锦业就很发达，所以蜀汉的织锦业在三国中具有先天优势。诸葛亮十分懂得利用这种优势，为了提高蜀锦的产量，他采取了如下措施：

首先，他奖励农桑，主张以耕织为本。他说："治国如同治家，皆须正本清源，根本树立了，其他末节自可顺利发展。"这里所说的"本"，就是指农桑之业。益州土地肥美，气候温和，是农作物生长的理想地区。为此，他"劝分务穑"，多方倡导。有了桑叶便可育蚕，然后缀丝织锦，为国家人民增加财政收入。

其次，加强领导，扩大锦官的机构、加强其权限。蜀汉的丝织业分为官营与民营两种，官营者归锦官管辖，负责组织机户及管理蜀锦的生产、调拨、销售等事宜。民营织锦业又有两种情况，一为工商业者所经营，一为农民的副业。它们均由锦官间接管理，其产品多以赋税的方式上交锦官。

第三，推行先进的纺织技术。马钧是三国时期著名的机械工具改革家，也是中国古代科技史上最负盛名的机械发明家之一。他年幼时家境贫寒，自己又有口吃的毛病，所以不擅言谈，但却精于巧思，曾对使用久远的旧式织绫机加以改进，创造了新的织绫机。淘汰了旧机器繁杂的工序，提高了工效。马钧的新技术新工艺迅速在全国纺织业发达的地区推广，从而促使这一工业的向前发展。马钧的绫机之变，实为中国织机史上的一大改进，影响深远，使织品工作省工省时而成品益精美。蜀锦之所以在此时期较前代更为绚丽耀目，与采用新技术新设备有着密切的关系。其实，诸葛亮"工械技巧，物究其极"，他本身就是一个具有高深科技思想的人。他对纺织工具及其技术的改进，虽无明确记载，但从诸多史籍中，也间接可以窥知一些信息。据《隋书·食货志》载："蜀人多工巧，绫锦雕镂之妙。"这里所说"工巧"的蜀人，不仅是一般的织工，还应包括善于巧思而又重视织锦工业的诸葛亮。可以说，"绩锦雕镂之妙"是与他的亲自关注分不开的。

孙吴江东地区尚没有织锦业，曹魏中原地区虽有织锦业，但远不能满足需要，所以魏、吴两国都向蜀汉购买大量蜀锦。

诸葛亮曾经说过："今民贫国虚，决敌之资，惟仰锦耳。"从

"民贫国虚"这句话看，诸葛亮说这些话时很可能在夷陵之战前后。这期间，蜀汉对锦的利用也确实够充分。夷陵之战前，刘备听说曹操去世，"遣军谋掾（yuàn）韩冉赍（jī）书吊，并贡锦布"。夷陵之战中，刘备"从巫峡、建平连围至夷陵界，立数十屯，以金锦爵赏诱动诸夷"。夷陵之战后，诸葛亮派邓芝使吴，与之重结旧好，邓芝带去"马二百区，锦千端"。孙吴使者张温至蜀，回国时，后主刘禅赠张温"熟锦（精制的锦缎）五端"。夷陵之战以后，诸葛亮受遗诏辅政，闭关息民，鼓励耕织，更没有放松对蜀锦的生产。蜀国亡时，府库里仍有"锦绮彩绢各二十万匹"，除去与吴魏交易、赏赐、送礼及本国消费后，仍有如此巨额库存，可见蜀汉丝织品产量之大。

说到蜀国经济，不能不提到它的商业和货币。左思《蜀都赋》有一段文字专门描写成都的商业："……列隧百重，罗肆巨千，贿货山积，纤丽星繁。都人士女，祛服靓妆……"在成都大城之西有一座小城，商贸市场就在其中，这就是成都的商业城。在这个城中，万商汇集，市肆排列，货物堆积，万头攒动。商人把各地的物品带到此处，又把本地的物品带到他方。

《蜀都赋》所描述的繁荣景象主要属于蜀汉时期。只要看看蜀汉时期的货币情况，就可以想见当时的商业状况，因为货币与商业流通有着不可分割的联系。

刘备进入益州后，国家财政一度出现危机。造成朝中府库空虚的原因有两个，一个是刘备与刘璋之间的战争使益州的经济受到了破坏，另一个是刘备在未攻下成都时曾对众将士许诺："攻下成都，府库百物我一点不要，全给你们。"等到成都攻下后，众将士纷纷丢下兵器，跑到府库中夺取宝物。结果府库一抢而空，国家财政陷入困境。见到刘备愁眉不展，刘巴给刘备出了个主意："铸直百钱，平诸物贾，令吏为官市。"刘巴这一招果然奏效，一方面，发行大面额的货币，实行通货膨胀政策。另一方面，用强制手段，平抑物价，禁止物价上涨。

在诸葛亮心目中，发展生产具有重要位置。所以，对于一个重视发展生产的政权来说，通货膨胀的政策未必不能起到促进社会经济的作用。从这个意义上来说，刘巴的建议对蜀汉初期经济恢复与发展起到了一定的作用。

从清朝梁章钜的《三国志旁证》中我们可以知道，蜀汉新铸大面值货币有三种：一种是直百钱，即蜀汉初期刘巴建议铸造使用的那种，这种钱直径长七分，重四铢；再一种是直百五铢钱，这种钱比直百钱大，直径长一寸一分，重八铢；第三种是传形五铢，这是一种与自西汉以后一直流行的五铢钱有很大不同的蜀币。汉代通行的五铢钱，"五铢"两字从右往左念，而蜀汉的传形五铢钱，"五铢"两字是从左往右念。不但如此，五铢的"铢"字，是"金"旁：在右，"朱"字在左，极其特殊。这种特殊的币面，是因为当时"戎马倥偬之际，鼓铸或从省钱，但反其文以别为正书之五铢，而贾亦直百也"。

蜀汉这三种货币，有两个特点，一个是面值高，相对传统五铢钱，都是以一当百。这样，在同样多的铸铜中，货币值却增加了一百倍。第二，货币的质量很规范，径长七分者重四铢，径长一寸一分者重八铢，且大小称量如一。这种情况，说明国家冶铸专营的技术水平高，管理严格，而且蜀汉政权很重视货币的质量。

在现代看来，发行大面值货币很容易导致通货膨胀，从而使物价上涨。但史书中并没有蜀汉地区由于货币量的大量增加，一部分货币面值的增大，引起物价飞涨的记载。如果蜀汉的物价是稳定的，那么，蜀汉货币量的增加，多种五铢钱的大量使用，应该被视为农业、畜牧业、手工业生产发展，人民生活较为富裕，商业流通活跃、社会经济繁荣的一种标志。

备战北伐

平定南中叛乱

章武三年（223年）五月，刘禅即皇帝位后，改年号为建兴。这一年六月前后，益州郡的汉族豪强雍闿（kǎi），趁蜀国在夷陵新败、刘备病逝以及黄元叛乱的混乱时机，策动牂（zāng）柯郡太守朱褒、越嶲（xī）（今四川越西）郡守高定，以及益州郡少数民族头领孟获等一起叛乱。他们杀死了益州郡太守王昂，又把接任的太守张裔抓起来送往东吴，高定杀死了郡将焦璜，而朱褒则杀掉从事常颀，一起反对蜀汉政权。

南中的形式再一次变得严峻，对于诸葛亮个人而言，他恨不得一下子就把雍闿、高定的势力全部消灭。然而他并没有这样做，他知道现在还没到准备南征的时候。夷陵之战的失败，使得蜀国国力十分虚弱，人力、物力、财力都不足以支持南征，再加上刘备病逝，刘禅继位，诸葛亮奉命辅佐刘禅，各大事项都由诸葛亮做主，此时重大决定一旦失误，便将成为千古之恨。因此，诸葛亮对南中问题表现出了极大的忍耐。

为了表示蜀汉对越嶲郡仍行使着统治权，诸葛亮任命龚禄为越寓太守，但又不允许他去触动高安。而是停留在离越嶲郡八百里的安上县遥领太守。与此同时，为了稳住益州郡的雍闿，诸葛亮又让李严给他写信，劝他悬崖勒马，服从蜀汉的统辖。当时南中的叛乱者已经飞扬跋扈，想要发动叛乱的人也蠢蠢欲动，而蜀汉当局无力及时彻底解决南中问题，因而诸葛亮采取以上方式缓和矛盾，把动乱尽量缩小到最小的程度，等待时机成熟，便彻底一网打尽。雍闿自从被孙吴遥封为永昌太守之后，便时刻想进军永昌，做一位名副其实的永昌太守。永昌郡地处滇西南，它的北面是高定所在的越嶲郡，东面是雍闿猖獗的益州郡，地处于与蜀汉政权隔绝的形势。当雍闿真正进军永昌时，却遭遇了吕凯和王伉等人的拼死抵抗，使得雍闿被拒于永昌郡外，他们忠于蜀汉政府，"帅厉吏民，闭境拒闿"。因而雍闿、高定虽然气势汹汹地前来进攻，却始终未能攻下。后来诸葛亮南征，上表后主赞扬太守吕凯、府丞王伉等"执忠绝域"守义不屈的高尚节操，提拔吕凯为云南太守、王伉为永昌太守，还表彰不惧强敌英勇守城的永昌军民说："不意永昌风俗，敦直乃尔！"

建兴元年（223 年）到建兴三年，诸葛亮在这几年中真的是鞠躬尽瘁。他顶着各种压力，在北有曹魏大兵压境、东有孙权荆州军威胁，南有三郡叛乱的困难形势下，诸葛亮采取了"北抗曹魏、东和孙权"的战略，于建兴元年十月派邓芝到东吴重修旧好，并取得了成功。接着，在建兴二年积极进行兵力补充、整训等，为战役准备工作。解决南中问题的时机在此过程中越来越成熟，蜀汉建兴三年春，诸葛亮认为经过一年多的休养生息，元气渐复，已经具备了南下平叛作战的条件，而南中诸郡的叛乱蔓延日广，也到了非加讨伐不可的地步。诸葛亮终于做出决定，准备彻底解决南中问题。这样，在建兴三年初，诸葛亮在成都开始组织这次南征战役。由于南中叛乱广阔，为了确保此行动万无一失，诸葛亮亲自挂帅，将南正大军兵分三路：

丞相诸葛亮、参军杨仪、越隽太守龚禄率领的西路军，兵力在一万五千人以上。力图先消灭越嶲郡（今四川西昌）高定的主力，再进击益州郡，消灭雍闿、孟获军。

中路军由庲（lái）降都督李恢统领，兵力有两千人左右，主要任务是从驻地平夷县（今贵州毕节）沿小路迂回益州郡（今云南东部），占领孟获的根据地，切断孟获援高定军的退路。

东路军由门下督马忠带领约两千五百人，直取最东面的牂柯郡（今贵州黄平西南），意在消灭朱褒的叛军。牂柯郡距离益州郡很远，出于时间考虑，马忠军完成这个目标后没有再西进与诸葛亮会合，而是留在当地进行抚恤等工作。

这样，诸葛亮南征军的总兵力大约在两万人。但魏延、赵云、吴壹等许多蜀国的名将都没有参加这次战役，连担任过越嶲太守的马谡也没有参加。

在南征大军出发之际，百官相送，只有马谡表现异常。

马谡（sù），字幼常，襄阳宜城（今湖北宜城南）人。马谡是三国时期蜀汉大臣，是马良的弟弟。马谡少时素有才名，和兄长们并称为"马氏五常"。马谡和马良曾同为荆州从事，刘备入川时，马谡跟随大军同行，历任绵竹令、成都令、越希太守，由于才华横溢得到诸葛亮的赏识。诸葛亮见马谡一直送出几十里，诸葛亮便上前握住马谡的手，诚恳地说："我们相处好几年了。今天临别，您有什么好主意告诉我吗？"马谡说："南中的人依仗地形险要，离开都城又远，早就不服管了。即使我们用大军把他们征服了，以后还是要闹事的。我听说用兵的办法，主要在于攻心，攻城是次要的。丞相这次南征，一定要叫南人心服，才能够一劳永逸呢。"马谡的话，正合诸葛亮的心意。诸葛亮对马谡说："您说得对，我一定这样办。"诸葛亮心里也明白，此时南征并不是中心任务，南征的目的是稳定蜀汉的后方，以此增强蜀国的国力，然后为北伐曹魏做准备。

收服孟获，南抚夷越

盘踞在越寓的高定为抵御诸葛亮大军，做了十分充足的准备。当时从四川成都南下越嶲有两条路，一条是"安上路"，从安上进入越嶲，另一条是"旄牛路"，从旄牛进入越嶲。高定这两条路上都设置了防线，然而诸葛亮并没有走旄牛路，而是走的安上路。诸葛亮此次南征的意图是建立一个稳定的后方，他要把主要精力都放在北伐上，所以，他要速战速决，不能耗费过多的人力、物力、财力。于是，诸葛亮与马忠一起，从成都一起沿岷江至焚道，在焚道与马忠分手，然后西进安上，与龚禄合军，一起向西南进发。

等到诸葛亮率军突然出现在卑水时，高定才反应过来，急忙调整部署，收缩防线，他一面从旄牛往回收兵，一面通知在益州的雍闿。雍闿正要发兵，发现蜀汉的李恢已经在自己北面的平夷县厉兵秣马，在自己的东北方，蜀将马忠也率军进入了牂柯郡。此时，雍闿感觉形势十分严峻，他把益州的事情重新部署后，马上向西北进发，援助高定。这一战打得非常激烈，还没等雍闿过来支援，诸葛亮军就已经打过卑水，击溃高定军，一直追到高定的老巢，并将其妻子等家属活捉。而就在这场战役中，蜀军的太守龚禄被高定所杀。等雍闿赶来后，高定埋怨雍闿的不及时营救，于是愤怒之下杀了雍闿，又将雍闿的部将交给了孟获统领。后来高定又率兵与诸葛亮决战，结果全军覆没，高定也被蜀军杀死。

高定死后，只剩下孟获一支军队，他们只好率军向南败退。诸葛亮得知，孟获不但作战勇敢，意志坚强，而且待人忠厚，在彝族中极得人心，就是汉族中也有不少人钦佩他，因此决定把他争取过来。

诸葛亮"七擒孟获"的故事，流传久远，不仅在国内一直为人们所喜闻乐道，而且还远播国外。但是诸葛亮七擒孟获的故事在《三国志·蜀书·诸葛亮传》中并被没有记载，只说道"亮率众南征，其秋悉平。"但在《汉晋春秋》中，却有"亮笑，纵使更战，七纵七擒，而亮犹遣获。"笔者认为，诸葛亮"纵擒孟获"的史实是可信的，但七擒七纵则是不可信的。

诸葛亮这次出师南中，前后只用了五、六个月的时间。他之所以能迅速获胜的原因，不外乎下列三点：第一，指挥正确，采用"攻心为上"的指导；第二，蜀汉大军训练有素，军纪严明，因此能获得少数名族人民的拥护与支持；第三，蜀汉军队将士英勇无比。

诸葛亮平定南中之后，采取了许多重要的措施，来保证"南抚夷越"政策的实行。采取了五项措施：

第一，重新划定行政建制，将四郡改为七郡。

第二，选派合适人选镇抚地方。

第三，削弱地方豪强的势力。

第四，宣传蜀汉政府的和睦、安抚政策，使各族人民各安其业，促进社会经济文化的发展。

第五，选拔地方人才，实现"民族自治"。

诸葛亮对少数民族的和抚政策，促进了西南地区少数民族人民与汉族人民在经济、文化以及思想方面的交流，对蜀汉地区经济的发展起到了一定的作用。虽然，诸葛亮平定南中并没有把叛乱全部清除。但是，从总体上看，诸葛亮出师南中以及"南抚夷越"的政策还是较为成功的。

出师名作

平定南中以后，诸葛亮就开始全心准备北伐，他一面积蓄财富，一面训练人马。这时，从洛阳传来消息，魏主曹丕于黄初七年（建兴四年）（226年）五月病亡，其子曹睿继位（即魏明帝），改元太和。主少国疑，诸葛亮认为这是北伐曹魏的大好时机，于是在建兴五年，率领大军北驻汉中。离开成都前，诸葛亮写下了《出师表》：

臣亮言。先帝创业未半而中道崩殂（cú），今天下三分，益州疲弊，此诚危急存亡之秋也。然侍卫之臣不懈于内，忠志之士忘身于外者，盖追先帝之殊遇，欲报之于陛下也。诚宜开张圣听，以光先帝遗德，恢宏志士之气，不宜妄自菲薄，引喻失义，以塞（sè）忠谏之路也。

宫中府中，俱为一体，陟（zhì）罚臧（zāng）否（pǐ），不宜异同。若有作奸犯科及为忠善者，宜付有司论其刑赏，以昭陛下平明之理，不宜偏私，使内外异法也。

侍中、侍郎郭攸（yōu）之、费祎（yī）、董允等，此皆良实，志虑忠纯，是以先帝简拔以遗（wèi）陛下。愚以为宫中之事，事无大小，悉以咨之，然后施行，必能裨（bì）补缺（quē）漏，有所广益。

将军向宠，性行淑均，晓畅军事，试用于昔日，先帝称之曰能，是以众议举宠为督。愚以为营中之事，悉以咨之，必能使行（háng）阵和睦，优劣得所。

亲贤臣，远小人，此先汉所以兴隆也；亲小人，远贤臣，此后汉所以倾颓也。先帝在时，每与臣论此事，未尝不叹息痛恨于桓（huán）、灵也。侍中、尚书、长（zhǎng）史、参军，此悉贞良死节之臣，愿陛下亲之信之，则汉室之隆，可计日而待也。

臣本布衣，躬耕于南阳，苟全性命于乱世，不求闻达于诸侯。先帝不以臣卑鄙（bǐ），猥（wěi）自枉屈，三顾臣于草庐之中，咨臣以当世之事，由是感激，遂（suì）许先帝以驱驰。后值倾覆，受任于败军之际，奉命于危难之间，尔来二十有（yòu）一年矣。

先帝知臣谨慎，故临崩寄臣以大事也。受命以来，夙（sù）夜忧叹，恐托付不效，以伤先帝之明，故五月渡泸，深入不毛。今南方已定，兵甲已足，当奖率三军，北定中原，庶竭驽（nú）钝，攘（rǎng）除奸凶，兴复汉室，还于旧都。此臣所以报先帝而忠陛下之职分也。至于斟酌损益，进尽忠言，则攸之、祎、允之任也。

愿陛下托臣以讨贼兴复之效，不效，则治臣之罪，以告先帝之灵。若无兴德之言，则责攸之、祎、允等之慢，以彰其咎（jiù）；陛下亦宜自谋，以咨诹（zōu）善道，察纳雅言。深追先帝遗诏，臣不胜受恩感激。

今当远离，临表涕零，不知所言。

大意如下：

先帝创建统一全国的大业还没有完成一半就中途去世了，现在三分天下，我们益州贫困衰弱，这正是形势危急、决定生死存亡的关头啊。可是侍卫大臣们在宫廷里毫不懈怠，忠诚的将士们在边境上奋不顾身，这是因为他们追念先帝特殊厚遇，想要报答在陛下您的身上。（陛下）实在应该广泛地听取别人的意见，将先帝遗留下来的美德发扬光大，使有抱负的人们的志气得以传承，而不应当随便看轻自己，说话不恰当，以至于堵塞忠臣们进谏的道路。

皇宫中和朝廷中，都是一个整体，奖惩功过、好坏，不应该因为在宫中或在府中而异。如果有做奸邪事情、犯科条法令以及忠诚善良的人，应当交给主管的官，判定他们受罚或者受赏，来显示陛下公正严明的治理，而不应当有偏袒和私心，使宫内和朝廷刑赏之法不同。

侍中、侍郎郭攸之、费祎、董允等人，这些都是善良诚实的人，他们的志向和心思忠诚无二，因此先帝把他们选拔出来给予陛下（使用）。我认为宫中的事情，不论大小，都拿来跟他们商量，这样以后再去实施，一定能够弥补缺点和疏漏之处，得到更多的成效。

将军向宠，性情品德善良正直，精通军事，以前试用他的时候，先帝曾称赞他有才干，因此大家商议，推举他做中部督。我认为军队中的事情，都拿来跟他商讨，就一定能使军队团结一心，好的差的各得其所。

亲近贤臣，疏远小人，这是西汉兴旺发达的原因；亲近小人，疏远贤臣，这是东汉倾覆衰败的原因。先帝在世的时候，每逢跟我谈论这些事情，没有一次不对桓、灵二帝的做法感到叹息痛心遗憾的。侍中、尚书、长史、参军，这些人都是坚贞可靠、能够以死报国的忠臣，希望陛下亲近他们，信任他们，那么汉朝的兴隆就指日可待了。

我本来是平民，亲自耕种在南阳，在乱世中苟且保全性命，不求在诸侯中扬名显贵。先帝不嫌我地位低微，见识短浅，降低身份委屈自己，三次去我的茅庐拜访我，与我探讨当时的大事，我因此十分感动，就答应为先帝奔走效劳。后来遇到兵败，在兵败的时候接受重任，在危难的关头奉旨执行命令，那时以来已经有二十一年了。

先帝知道我做事小心谨慎，所以临终时把国家大事托付给我。接受遗命以来，我早晚忧愁叹息，只怕先帝托付给我的大任不能实现，从而损伤先帝的知人之明，所以我五月渡过泸水，深入到人烟稀少的地方。现在南方已经平定，兵员装备已经充足，应当激励、率领全军将士向北方进军，平定中原，用尽我平庸的才能，铲除奸邪凶恶的敌人，恢复汉朝的基业，回到旧日的都城洛阳。这就是我用来报答先帝，尽忠陛下的职责本分。至于处理事务斟酌情理，有所兴革，毫无保留的向您提出忠诚的建议，那就是郭攸之、费祎、董允等人的责任了。

希望陛下责成我讨伐曹魏、复兴汉朝的重任，如果没有完成就治我的罪，来禀告先帝在天之灵。如果没有发扬美德的建议，就应当责备郭攸之、费祎、董允等人的怠慢，揭示他们的过失。陛下也应当亲自多加考虑，（向他们）询问治国的好道理，认识、采纳正言，深切的追念先帝的遗诏。（这样）我就受恩感激不尽了。

现在我就要远离陛下，面对着这篇表章，我涕泪交流，不知说了些什么。

这是一篇千古传诵的名文，是我国古代的文化遗产中璀璨的一颗明珠。这篇表文亲切、诚挚、深刻、流畅，情文并茂，感人至深。旨在勉励刘禅奋发上进，"兴复汉室"。诸葛亮以敏锐的政治眼光，分析形势，提出治国方略，提醒后主要虚心纳谏、亲贤臣远小人，并表明自己的心迹及光复大业的志向，他鼓励后主应当继承刘备遗志，励精图治，完成复兴大业。这篇表文体现了诸葛亮"北定中原"的坚强意志和对蜀汉忠贞不贰的品格。

第四部分　鞠躬尽瘁死而后已

出师首伐

第一次北伐

建兴四年（226年），诸葛亮几番深思后决定开启北伐战争的序幕。

建兴五年的春天，诸葛亮命蜀国大军进驻汉中，屯重兵于汉中，着手开始筹备北伐战争的第一战。

蜀国经过连年用兵，累遭失败之后，国家的军事实力已有很大的消耗，外交方面则完全处于孤立的地位，同时在朝廷内部也隐藏着严重的政治危机，政府中已有分离分子出现，而在边区更有南蛮的叛乱，使诸葛亮分身乏术。在重重困难之中，诸葛亮上书《出师表》给后主刘禅，其中诚恳地陈述了出师的原因，表明了统一中原的决心，刘禅亲笔批示后，蜀国拉开了五次北伐的序幕。

他知道是总有一天，分裂的土地会走向统一，合久必分，分久必合，所有人都在等一个时机，等一个可以统一的时机。现在，虽然是三分天下，三足鼎立，任何一方都不能灭掉其他两方或一方，完成统一的大业，但是兵将多寡，幅员宽狭，国力强弱有所不同：曹操的魏国疆土辽阔，兵多将广，人强马壮，兵甲充足，而且曹操实行了别出心裁的屯田制，魏国的生产恢复很快，为他的军队提供了强有力的后方支持；再谈吴国，吴国是在三国之中水军最强的一国，势力发迹于孙坚时代，历经了三代之久才由孙权建立了政权，盘踞在江东一带，权利早已经是根深蒂固，再加上这些年来北人南来，山越出居平地，劳动力增多，吴国积极展开海上的发展，经济已经能够看出有显著发展；而蜀国，面积狭小，人口稀少，占据的地区荒凉贫穷，自关羽被吴擒杀丢失荆州的惨败以来，严重缺少战斗力，兵力锐减，实力大不如从前，虽然在先帝死后，经过自己的苦心经营，国内的政治比较稳定，能维持正常的生活生产，但是与其他两国相比，蜀国的力量依然弱小。试问，弱国焉能灭掉强国，统一天下？如果蜀国再不能有一场痛快淋漓的大胜之战，就只能顺应历史等着走向必然的灭亡了。诸葛亮深知，现在正是曹魏文帝曹丕病死，曹睿即位，魏国新君刚立的关键时候，新皇帝实战经验不足，就不足矣服众，人心不往一处使，就必定会出现嫌隙，伐魏的作战方针如果设计的得当，那么蜀国取得北伐的完全胜利指日可待。

蜀汉建兴六年（228年）的春天，诸葛亮恢复与吴联盟、平定南中后，出兵伐魏，大军进驻沔水（汉水上游）北岸阳平关（今陕西勉县）石马城（即阳平关）。消息一出，曹魏举国震惊，而南安、安定、天水三城望风而降，蜀国大军向魏国进击。

诸葛亮命广汉郡（今四川广汉）郡长姚出任高位丞相府秘书，之后姚推又主动向诸葛亮推荐了许多有才能却没有地方施展的人才。为此，诸葛亮赞扬他说："推荐贤才就是对国家最大的忠心，这可以使国家受到最大的裨益。虽然人人都有私心，都有自己的好恶，但是今姚推荐的人，有刚有柔，有文有武，并没有掺杂他个人的情感，但愿以后每个人都以姚的做法作为榜样，好好为国家效力。"

曹国新城郡（今湖北房县）郡长孟达曾经受到曹丕的宠信，又跟尚书令桓阶、征南大将军夏侯尚私下交情甚笃，但是不幸的是曹丕英年逝世，之后桓阶、夏侯尚也去世了，只留下孟达一人面对魏国的新天地。新帝上任，带来了新的朝廷，他的心开始动摇了，并且逐渐失去原来的安全感。诸葛亮得到这个消息，心里清楚孟达对魏国已经起了二心，正是诱导他再回蜀汉的好时机。诸葛亮经过多次尝试努力，终于联系上了孟达，他亲笔写信表明了他自己的心迹，劝说孟达投靠蜀国，在两个人进行了数次通信之后，孟达暗中接受了诸葛亮的招贤。

孟达在信上胸有成竹地告诉诸葛亮说："司马懿驻守的宛城距离都城洛阳有八百华里，而距我则有一千二百华里，他听到我起兵的消息一定要上书皇帝，等诏书询问，再上奏解释，这么一往一返，最快也要一个月时间。那时我的城垒已经坚固，我的士兵已准备妥当，而且我这里地势凶险，司马懿肯定不会亲自出征，对于其他将领，我可是毫不担心啊。"

但是事情却大大出乎了孟达的意料，孟达与魏兴郡（今陕西安康）郡长申仪的关系很差，申仪知道风声后立刻向中央检举。孟达得到消息，一时惊慌失措，打算马上起兵叛变，但是他很快收到了司马懿的亲笔来信。司马懿在信中对他表示了宽解安慰，并承诺对他的忠心深信不疑，这让孟达犹豫了，就在这短暂的时间内，司马懿率领着大军已向他悄然出动。当时各路将领并不赞同司马懿的做法，他们认为孟达跟东吴、蜀汉都已取得联系，这是一个勘察两国国情的好机会，应该继续观察后再下决定，但是司马懿坚持说："孟达这个人无信无义，我们绝不能留下他，现在正是他犹豫不定的时候，应该在他下定决心之前把他解决，否则后患无穷。"之后命令大军加倍速度向前赶进，最后仅仅用了八天就到新城郡城下。等到司马懿大军突然抵达，孟达写信通知诸葛亮说："我起兵才八天，敌人已临城下，竟如此神速！"吴国、蜀国闻讯派兵向西城安桥（今陕西安康）、木阑塞（今陕西旬阳）援救孟达，听到风声的司马懿分别派出将领将其阻截，最终花费了十六天破城，成功斩杀了魏国叛将孟达。

魏兴郡郡长申仪，在魏兴的时间太久，自己擅自雕刻印信，声称自己可以代表皇帝，更大胆地随意任官封爵，他自认为自己有告密之功就一定会获得奖赏，等到司马懿召见他时也没有起疑心，直到当场被人扣押才恍然大悟，但是他已落到了司马懿手中，要被带回洛阳受罚。

蜀国有个大将，名叫魏延，字文长，义阳人，是当时名扬四方的将领，深受刘备器重。在刘备入川时，他就因为屡立战功而被任命为牙门将军，攻下汉中后，又被破格提拔为镇远将军，领汉中太守，刘备去世后，就跟随诸葛亮屡次征战沙场，功绩显著，为蜀国立下了汗马功劳。

面对如此大好的形势，生性好战的魏延仔细分析了现在蜀国的形势后，思来想去都觉得这是天赐的良机，总结了各方条件后提出了著名的子午谷之计，他向诸葛亮建议道："请得万人，与丞相异道出征，约期会师潼关，一如韩信与汉王的故事。"在汉朝的历史上，楚汉相约以鸿沟为界。在项羽与刘邦双方对峙最胶着之时，谁也无法突破战争的僵局，最后项羽因腹背受敌，缺少军粮，而被迫与刘邦签订合约，合约中双方以鸿沟为界，东归楚、西属汉，两不相侵。九月，项羽按约东归。正当刘邦也打算率军西返时，刘邦的谋士张良和陈平提出了新的意见，他们认为此时正是消灭项羽的好时机，请刘邦趁机攻打没有防备的楚军，刘邦听取了他们的意见，主动撕毁了与项羽的鸿沟和议，向楚军突然发起了追击。但是第一次的袭击并没有什么战果，原因是刘邦没能调来韩信、彭越等人的军队，使汉军最终没有对楚军进行最后的合围。为了请动其他诸侯参战，刘邦承诺将陈以东直到大海的大片领土封给齐王韩信，睢阳以北至谷城封给彭越，刘邦这才得获得汉军的全力支持。韩信亲率三十万人为主力出击迎战楚军，孔将军为左翼，费将军为右翼，刘邦坐镇后方，周勃、柴武等预备军在刘邦军后待命。韩信领兵发动强烈攻势，虽然初战进攻受挫后退，但是在楚军准备追击时，汉军左右两翼迂回夹击楚军，两军短兵相接难分伯仲，此时韩信带领大军再次迎战楚军。项羽在三面夹击中很快落败，楚军被迫退回垓下城坚守大营，汉军随即将他们重重包围。垓下之战的结果没有意外，刘邦扭转了对自己不利的局面，成功打败了大势的项羽，最终亲手建立了刘氏的天下。

在蜀军的军事会议上，魏延提出了自己的意见："夏侯楙是曹魏皇上的女婿，为人既胆小，又没有什么真本事，如果您能交给我精锐部队五千人，再交给我五千人的后勤补给，那我就可以从褒中（今陕西汉中西北褒河镇）出发，沿着秦岭南麓东行到达子午谷，只要一入谷，北行不过十天，就可进抵长安。等到夏侯楙听说军临城下，必然不会在那里等死，肯定弃城逃走，那时候，长安城里就只会几个没有能耐的小官。要知道，曹魏政府的粮仓以及民间粮食足够维持我们部队给养，不需要再担心粮草问题。等到曹魏帝国再集结起足够的兵力，最快也要二十天左右，而丞相的大军，从褒斜谷（今陕西太白）北上，这时也应该抵达长安城下，如此一来，咸阳（今陕西咸阳）就可一举收复了。"但诸葛亮考虑到了魏军的作战能力和兵力，认为这个方案太危险，不如从平坦的大道进军，直接夺取陇右（陇山以西），可以有万全的把握取得胜利，因此就拒绝了魏延的计划，采取了相对保守的作战方案。

为了用最小的代价取得最大的胜利，诸葛亮为魏军设下一个圈套，事先扬声走斜谷道取郿，让赵云、邓芝设疑兵去吸引曹真以重兵相抵，又派出一支军马作为另一批疑兵，由箕谷摆出要由斜谷道北攻郿城的形势以吸引魏军，而他则亲率主力向祁山进攻，决定一举拿下这块要地。

陇右的南安、天水和安定三郡相继反魏附蜀，同时这一阶段，魏国大将姜维投降诸葛亮军，关中接连震响，震得魏明帝曹睿有些坐不住了。在洛阳的魏明帝听闻消息后，急率大军前来救援，亲自到长安坐镇，并派大将军曹真督军至眉县防御蜀将赵云，而派作战经历丰富的张郃领兵抵抗老谋深算的诸葛亮。

就在诸葛亮大军攻击祁山时，各县都纷纷响应蜀军，马遵怀疑姜维等人存有异心，于是就扔下姜维等人，连夜随郭淮逃往上邽，姜维追之不及，无法证明自己的清白，等到回城时，他发现城门已闭，守门的士兵不肯放行，无奈只好又率领所部前往冀县，而冀县也不放姜维入城，接连碰壁后姜维不得以只好亲到蜀国大营归降。姜维，字伯约，青年时期因为父亲姜冏战死，被郡里任命为中郎，与母亲二人相依为命，是魏国的大将。诸葛亮对姜维的胆识和智谋有着深刻的印象，遂延聘他当仓曹掾，叫他主持蜀国的军事。

痛失街亭

此时，诸葛亮正在祁山寨中，忽然得报新城失陷与孟达被杀，以及司马懿带兵马来抵御蜀军的消息，心中大惊，直觉事情不好。诸葛亮料到司马懿出关，必会攻打蜀汉咽喉之地——街亭，以断蜀国的咽喉之路，经过深思熟虑后，他决定派出五万精兵，前往街亭一地，定要牢牢守住这条要道，但是眼下带兵的统将实在不好选择，诸葛亮也有些不知道该如何安排这场重要的战役。

"谁愿意带兵去守街亭？"诸葛亮问。参军马谡就立刻站了出来，慷慨请令："我愿意带兵前去。"马谡是襄阳宜城人，侍中马良之弟，是"马氏五常"之一。初以荆州从事跟随刘备取蜀入川，马谡曾任绵竹、成都令、越嶲太守，才气过人，好论军计，与诸葛亮惺惺相惜，诸葛亮向来对他倍加器重，但是先帝刘备临终前，曾经告诫诸葛亮，嘱咐他"马谡言过其实，不可大用，君其察之"。但是马谡在诸葛亮南征孟获之时，曾于出兵前向诸葛亮提出"攻心为上，攻城为下；心战为上，兵将为下"的战略方针，而在作战中，诸葛亮也是充分体现并采用了这种战略方针的，最后南疆终蜀之世未再有战事，这可说其中有马谡的功劳。马谡也曾献重要的离间计，迫使魏国大将司马懿下野，若非此后诸葛亮屡次北伐而魏国无人能与诸葛亮匹敌，想必日后掌握大权的司马懿无疑将终老乡野。诸葛亮赏识马谡的能力、见识、才华，可以看出，诸葛亮真的是有心想培养马谡成为蜀军的核心成员，甚至成为自己死后的继承者。但是诸葛亮却忽略了最重要的一点：马谡的确有过人的才华，却是出色的谋士而非将才。

马谡与诸葛亮的关系特殊，马谡是马良之弟，而马良与诸葛亮交厚，诸葛亮踌躇一番，开口言道："不要认为街亭小就忽视他，要知道干系非轻，司马懿是魏国大将，十分擅长用兵，而张郃也是一个名将，计谋过人，绝不是非等闲可比的，你没有什么实际的作战经验，能上战场和他们一较高下吗？"马谡听见诸葛亮如此说，只觉得被人轻视，一再固请，"我自幼熟读兵书，自问用兵之术不输他人，也不惧怕什么魏国良将，希望您能给我这次机会，我定不会让您失望！"诸葛亮见他义愤形于色，如当时黄忠入川之状，心中自有万分感慨。因为年纪轻轻，没有资历，所以在蜀军中威望不高，急于证明自己实力的马谡又接着说道："如果我连一个街亭都不能守住，我还有什么脸面活着？我愿以全家百口人的性命自保，如果我没有守住街亭的话，就让我以项上人头祭奠先帝！"诸葛亮因为他的一番话决定不用沙场旧将魏延、吴懿当先锋，而立即让他当众立下军令状，允许他带兵出征，领着五万兵马去驻守街亭。并具体指示让马谡"靠山近水安营扎寨，谨慎小心，不得有误"。

想到马谡这个人性固执古板，诸葛亮又挑中王平为副，希望王平的谨慎能弥补他在部军上的疏忽，并一再叮嘱王平："到达街亭后，你一定要仔细观察地形，要随时将行营地势绘图驰报，让我可以及时地想出对策，还要提醒将军因地制宜，切不可让他将部队扎营山顶。"王平知道事情极其重要，就对诸葛亮再三保证一定会完成任务。魏国的大将军曹真得知马谡带领五万多人马做蜀国先锋，要到军事重镇街亭来抵御魏军，便派张郃为先锋，带领五万人来应敌。马谡刚刚带着部队启行，诸葛亮心里又生了担心，立刻遣魏延、高翔等二军，作为马谡后援，希望能使布局更加周密。

马谡抵达街亭后，便立刻召来了随军将领王平，与他实度地势。当时，副将王平就对此战提出了自己的看法："街亭一无水源，二无粮道，若魏军围困街亭，切断水源，断绝粮道，蜀军则不战自溃。请主将遵令履法，依山傍水，巧布精兵。"马谡为人向来极其自负，自以为熟读兵书就拥有经世之才，不肯听从王平的建议，非要将营地驻扎在山顶上，并自信地说："我通晓兵法，世人皆知，连丞相有时得请教于我，而你王平生长戎旅，手不能书，知何兵法？"又说这是"置之死地而后生"的手段。看到马谡计定扎营山顶，要以此取得居高临下之势，王平力谏再三，并陈述其利害："山顶驻军易被人断水源，遭到袭击没有后退的余地，在五路总口下的地方才是首选，请您听从我的劝告。"马谡不愿再听他的话，心生不满就挥手打断他的话，不由分说地让部队准备上山扎营。王平不得已，只能先行同意，但是乞求马谡能让他带一部分兵在山麓另驻一营，形成掎角之势，马谡不得以只能同意了。到了营地，王平立刻将营地绘图驿报诸葛亮，期盼他能来此挽救局面。果然不出王平所料，司马懿得知蜀军在山顶扎营，心里马上察觉到诸葛亮肯定不在军中，马上吩咐手下将士在山下筑好营垒，把马谡扎营的那座山团团围困起来。马谡几次命令兵士冲下山去，想要突破魏军包围，但是由于张部坚守营垒，蜀军几次尝试都没法攻破，反而因为魏军的乱箭射死了不少人。攻人不如攻心，断粮不如断水，魏军切断了山上的水源，蜀军没有足够的水来维持生活，时间一长就坚持不住了，最后甚至是饭都没法做了，军中士兵因为连日饥渴而开始乱了起来。

　　司马懿算准了时间，找对时机就下令让部队抓紧时间进攻蜀军，并且命张部阻断王平的部队，使他不能出兵救援，让马谡这部分蜀军主力形成了孤立无援的形势。蜀军兵士又饿又渴，缺少战斗力，纷纷鸟兽状四处逃散，马谡无法指挥混乱的大军，最后只能自己杀出重围，往西逃跑到成都。而王平带领的部队坚守阵地，当他得知马谡失败，张郃带兵来袭的消息，就叫兵士拼命打鼓，装出要进攻的样子，张郃心中怀疑蜀军早早在这里布好了埋伏，就放弃了紧逼，采用比较缓和的方式进攻。王平得到喘息的时间，尽全力整理好队伍，不慌不忙地向后撤退，不但一千人马一个也没损失，还收容了不少马谡手下的散兵，保存了蜀军的一部分力量。马谡被大兵四面围困，既无退路，又无援兵，兵中早已不战自乱，无奈之下，蜀汉军进退无路，马谡只能从街亭撤退，将街亭断送在了魏军手里，同时天水、南安、安定三郡又接连被曹真、张郃出兵平定。

箕谷不利

在北伐战争中，诸葛亮令赵云、邓芝为疑军来吸引魏军主力，他们依照诸葛亮的安排占据了箕谷，魏国果然上当，大将军曹真率领大军前来阻挡，诸葛亮令赵云、邓芝在斜谷道阻挡曹军，而自己率领蜀军主力进攻祁山。陈寿《三国志·诸葛亮传》中仅用了79个字叙述北伐初期的战略形势："六年春，扬声由斜谷道取，使赵云、邓芝为疑军，据箕谷，魏大将军曹真举众拒之，亮身率诸军攻祁山，戎陈整齐，赏罚肃而号令明，南安、天水、安定三郡叛魏应亮，关中响震，魏明帝西镇长安，命张郃拒亮。"

当大军在西方溃败之时，驻守箕谷（今陕西太白）的赵云、邓芝，也受到了攻击，因为赵云、邓芝所领将士数量不足，兵弱敌强，无法战胜人数远远胜过他们的魏军，蜀军在箕谷败于魏军。战败之后，赵云知道已没有挽回的余地就不再做困兽斗，随即聚拢剩余的部队固守箕谷，集中兵力，步步设防，蜀军没有产生很大的损失。赵云带领存留的蜀军整齐有序的向后撤退，部队并没有因为慌乱而乱了阵形，让带兵攻打蜀军的张郃着实吃了一惊。

在部队撤退时，赵云不顾自己年老体衰，坚决亲自断后来阻止曹军追击，士兵将领因此倍受感动，军中士气大增，使前来追击的魏军没有占到什么便宜。

等到蜀军兵败向汉中退兵时，诸葛亮想到了赵云也同时在箕谷领军撤退，他问当时随军的邓芝说："当时街亭退兵，我们的部队混乱成一团，但是你们在箕谷退兵时，编制整齐一如出军之时，这是何故？"邓芝回答说："是因为赵将军亲自断后，军心稳定，士气大增，因此军资没有遗失，人员也编制整齐，一如出军之时。"在当时，诸葛亮知道军中还剩了一些绸缎，就下令将这些绸缎分发给赵云部队的将士，赵云知道后拒绝了诸葛亮的好意，十分惭愧地解释道："我们这次在箕谷失利了，怎么还能要赏赐呢？请将这些物资全部纳入赤岸府库，在十月寒冬的时候再赏赐给将士们使用。"诸葛亮听到了他的这番话，心中很是感慨，对赵云品行大为称赞。

挥泪斩马谡

得知街亭失守，蜀军被围困的消息后，他知道这次战争失力就代表蜀国败了。

当诸葛亮率军一出祁山时，南安、天水、安定三郡纷纷叛魏应蜀，可谓是形势一片大好，天时地利人和都齐全了，只可惜这种大好形势由于先锋官马谡的战略问题被葬送了，失掉了咽喉要地街亭，蜀军的北伐大军的步伐被完全牵绊住了。同时，赵云在箕谷也出兵不利，诸葛亮只有唯一一个选择，那就是引兵退回汉中。面临大敌，蜀军几乎落荒而逃，带着让人蒙羞的失败回到了汉中。街亭之战的大败，也宣示了诸葛亮第一次北伐的彻底失败。《三国志·诸葛亮传》记载：诸葛亮让马谡督率各支部队做前锋，与张郃在街亭交战，马谡违背诸葛亮的调遣，做出的部署举动很不合适，被张郃打得惨败。《三国志·张郃传》记载：诸葛亮从祁山出蜀伐魏，被授以高位率军前去阻击，在街亭抗击蜀将马谡，马谡依靠南山阻击，而不是在山下扎营，张郃切断了马谡部队的水源，然后进军，大败马谡的军队，南安、天水、安定等郡都投靠了诸葛亮，张郃把三郡都收复了。

当诸葛亮带着部队狼狈地回到汉中，立刻就命人把违犯军令、导致战争失败的马谡抓捕收狱，经过后期的详细查问，他知道街亭失守完全是由于马谡违反了他的作战部署，因为马谡在驻守街亭前写下了军令状就给他定了死罪，等待问斩。这一次，马谡无疑成了纸上谈兵的另一个范例，被刘备一语言中，其根本原因就是"谡举动失宜，违亮节度"。

马谡违反了诸葛亮的调度，因自负而大意决定在山上扎营，是丢失街亭的主要原因，而街亭的丢失，让蜀汉军队丧失了继续进取陕西的最好时机，作为将领，马谡需要负主要责任。了解到蜀军这次的巨大损失，马谡自知已没有挽回的余地，他便在狱中写信嘱咐诸葛亮："明公视谡犹子，谡视明公犹父，愿深惟殛鲧兴禹之义，使平生之交不亏于此，谡虽死无恨于黄壤也。"诸葛亮说："我和你亲同兄弟，都是手足，如今你立下军令状，我必定留不得你，你的孩子就是我的孩子，你不必多嘱，我定会将他们抚养成人。"处死马谡之后，诸葛亮亲自祭奠，为之流涕，并遵守与他的约定，将他的孩子收为义子，加以照顾。为遵守军令，诸葛亮挥泪斩马谡，赵云亦被贬为镇军将军，另外对有功的王平则给予了封赏，他被诸葛亮拜为参军，统领无当飞军，进位讨寇将军，封亭侯。

待到大军班师回朝，心有愧疚的诸葛亮就上书刘禅，自请贬三等，由一品丞相贬为三品右将军，但依旧行使丞相的权利，并上书作了严格的自我批评。刘禅和众臣都纷纷劝说他，认为这次失败并不是他的过失，但是诸葛亮自己却无法忽视街亭之战的耻辱，内心被失败的痛苦煎熬着，经常对周围劝他的人说："我用人唯亲，缺少考虑，没有使用名将赵云和魏延导致了大败，给蜀国造成了巨大的损失，先主刘备在世的时候就嘱咐过我马谡不可重用，我这是用人的失当，该惩处；再而大战在即，主帅应当亲自坐镇，我却委以他人，没有亲力亲为，导致了督军不力，更应该罪上加罪。"

在此之后，诸葛亮更加尽心竭力辅佐后主刘禅，欲匡扶汉室，一统天下。这次血淋淋的教训刻在了诸葛亮的心头，但他知过能改，决心弥补自己的错误，以后凡是遇到大战必然亲自坐镇，亲力指点战局。但是蜀国因为此战而付出的代价惨痛，不仅使蜀国损失了一个智谋之士，更重要的是，魏国在原本防守空虚的西线部署了更多的兵力，使蜀汉从此失去了奇袭魏地的机会，这无疑给诸葛亮的北伐大业蒙上了一层抹不掉的灰色。诸葛亮对蜀国确实做到了鞠躬尽瘁，死而后已，而那根本的动力就是刘备的临终嘱托。有一次诸葛亮手下的谋士主簿杨颙问他："现在丞相亲理细事，琐碎繁杂，无一事不需要您操心，难道您就不累吗？"诸葛亮顿时大哭了起来，非常遗憾地回答："我也知道，但是受先帝托孤之重，我总是害怕其他人不如我用心啊！眼看先帝终生瞩望的兴复汉室、一统天下的伟业即将完成，可是就是因为我的失误而失了街亭，导致了蜀军功亏一篑，我真是十分的痛苦！"

经过了这次战争，有人曾经建议诸葛亮，应征集更多的部队以增强作战能力，但是诸葛亮拒绝说："我们在祁山、箕谷的部队都比敌人要多，但是反而不能击败敌人，可见战争的关键不在士兵的数量，而在将领的指挥能力。为此，我打算要把部队更加精简，并且明确法纪，赏罚分明，让他们反复检讨，制定出多种应变计划。如果这些做不到，部队人数再多，又有什么用呢？从今之后，希望能有更多的人来指摘我的缺失，我可以保证：大事可以平定，敌人可以消灭，只需一点时间，功业可以成就。"于是诸葛亮在军中详细调查，连最微小的功劳，都不遗漏，对于为国牺牲的壮烈事迹也一一发掘。诸葛亮很快从失败的阴影中走了出来，努力加强军事训练，储蓄粮秣，为再次出击做充分的准备，蜀国士气日渐高昂，人民都忘掉了曾经遭受过的挫败。

败退汉中

第二次北伐

建兴六年（228 年）的冬天，那是一个异常寒冷的日子，于石亭一地魏国将领曹休被东吴将领陆逊打败，魏国遭受了重重的一击，东吴乃遣使致书蜀中，请兵伐魏，并言大破曹休之事。后主大喜，令人持书至汉中，报知孔明。时孔明兵强马壮，粮草丰足，所用之物，一切完备，正要出师。听知此信，即设宴大会诸将，计议出师。

诸葛亮在听闻了魏军大举东进的消息后，料到魏明帝这是想要一举拿下吴国，就给哥哥诸葛瑾写了一封信。原来诸葛瑾和顾氏在混乱中与他们走失后，流落到了江东一带，后来诸葛瑾小露锋芒，被孙策、孙权两兄弟赏识，成为他们的幕僚。诸葛瑾，字子瑜，琅琊阳都（今山东沂南）人，是诸葛亮的兄。经鲁肃推荐，为东吴效力。诸葛瑾为人胸怀宽广，温厚诚信，得到了东吴孙权的深深信赖。建安五年（200年），诸葛瑾汉末避乱江东。孙权的姊婿曲阿弘咨遇见诸葛瑾，对其才华感到惊奇，便向孙权推荐，与鲁肃等一起为宾待，后为孙权长史，转中司马。建安二十五年（220年）吕蒙病逝，诸葛瑾代吕蒙领南郡太守，驻守公安。在孙权称帝后，诸葛瑾被提拔至大将军，领豫州牧。东吴黄武元年（222年）十二月，孙权受封吴王，诸葛瑾迁绥南将军，封爵宣城侯，领南郡太守。诸葛瑾一直努力缓和蜀汉与东吴的关系，积极促成蜀国和吴国的联盟。

诸葛亮在信上为他分析道："有绥阳小谷，虽山崖绝险，水纵横，难用行军，昔逻候往来要道通入。今使前军斫治此道，以向陈仓，足以攀连贼势，使不得分兵东行者也。"这封信字字都扣中了诸葛瑾的心门，说中了吴国的要害。

考虑到经过了一年的休养生息，蜀国的实力逐渐恢复，恰逢这时正是魏兵东下，关中虚弱，曹休战败，魏国大败之际，诸葛亮决定趁机又一次兴起北伐，在一道一道摆下了详细的布局后，他亲自带兵出征散关。但是由于第一次北伐的惨败，在诸葛亮出征之前，朝中群臣对这战能否取胜多存怀疑，大多数人都不同意诸葛亮的意见，认为第一次北伐让蜀国元气大伤，现在正是恢复生产的时候，绝不可贸然在这个时机出战。

这种天赐的机会实在是太难得，诸葛亮没有被任何人说动，在心里坚定了念头，遂上书（《后出师表》）皇帝刘禅，苦口婆心地对汉后主刘禅进言："先帝考虑到蜀汉和曹贼不能并存，帝王之业不能苟且偷安于一地，所以委任臣下去讨伐曹魏。以先帝那样的明察，估量臣下的才能，本来就知道臣下要去征讨敌人，是能力微弱而敌人强大的。但是，不去讨伐敌人，王业也是要败亡的；是坐而待毙，还是主动去征伐敌人呢？因此委任臣下，一点也不犹疑。

臣下接受任命的时候，睡不安稳，食无滋味。想到要去北伐，应该先南征。所以五月里竟渡过泸水，深入不毛之地，两天才能吃上一餐；臣下不是不爱惜自己呵，而是看到帝王之业不可能局处在蜀地而得以保全，所以冒着危险，来执行先帝的遗愿，可是争议者说这不是上策。目前敌人恰好在西面疲于对付边县的叛乱，东面又要竭力去应付孙吴的进攻，兵法要求趁敌方劳困时发动进攻，当前正是赶快进军的时机呵！现在谨将这些事陈述如下：

高祖皇帝的明智，可以和日月相比，他的谋臣见识广博，谋略深远，但还是要经历艰险，身受创伤，遭遇危难然后才得安定。现在，陛下及不上高祖皇帝，谋臣也不如张良、陈平，而想用长期相持的战略来取胜，安安稳稳地平定天下，这是臣所不能理解的第一点。

刘繇、王朗，各自占据州郡；在议论安守策略时，动辄引用古代圣贤的话，大家疑虑满腹，胸中充斥着惧难；今年不出战，明年不征讨，让孙策安然强大起来，终于并吞了江东，这是臣下所不能理解的第二点。

曹操的智能谋略，远远超过别人，他用兵好像孙武、吴起那样，但是在南阳受到窘困，在乌巢遇上危险，在祁山遭到厄难，在黎阳被敌困逼，几乎惨败在北山，差一点死在潼关，然后才得僭称国号于一时。何况臣下才能低下，而竟想不冒艰险来平定天下，这是臣下所不能理解的第三点。

曹操五次攻打昌霸而攻不下；四次想跨越巢湖而未成功，任用李服，而李服密谋对付他；委用夏侯渊，而夏侯渊却败死了。先帝常常称赞曹操有能耐，可还是有这些挫败，何况臣下才能低劣，怎能保证一定得胜呢？这是臣下所不能理解的第四点。

自从臣下进驻汉中，已一周年了，期间就丧失了赵云、阳群、马玉、阎芝、丁立、白寿、刘郃、邓铜等将领及部曲将官、屯兵将官七十余人；突将、无前、賨叟、青羌、散骑、武骑等士卒一千余人。这些都是几十年内从各处积集起来的精锐力量，不是一州一郡所能拥有的；如果再过几年，就会损失原有兵力的三分之二，那时拿什么去对付敌人呢？这是臣下所不能理解的第五点。

现在百姓贫穷兵士疲乏，但战争不可能停息；战争不能停息，那么耽在那里等待敌人来进攻和出去攻击敌人，其劳力费用正是相等的。不趁此时去出击敌人，却想拿益州一地来和敌人长久相持，这是臣下所不能理解的第六点。

最难于判断的，就是战事。当初先帝兵败于楚地，这时候曹操拍手称快，以为天下已经平定了。但是，后来先帝东面与孙吴连和，西面取得了巴蜀之地，出兵北伐，夏侯渊掉了脑袋；这是曹操估计错误。看来复兴汉室的大业快要成功了。但是，后来孙吴又违背盟约，关羽战败被杀，先帝又在秭归遭到挫败，而曹丕就此称帝。所有的事都是这样，很难加以预料。臣下只有竭尽全力，到死方休罢了。至于伐魏兴汉究竟是成功是失败，是顺利还是困难，那是臣下的智力所不能预见的。

待刘禅首肯后，十二月，诸葛亮整装待发，打算率领大军从散关启程，出兵包围住了陈仓，而曹魏这方面似乎对诸葛亮出陈仓的这次行动早有预料，并提前做出了相应的迎战准备——曹真已派出将领郝昭、王双与一千多人屯兵陈仓，加上陈仓地势险要，易守难攻，为蜀国出了一个实在的大难题。

在这场惨烈的战争中，双方激战二十余日未有胜负，结果就是诸葛亮没能像之前预想的那样一举攻下陈仓。

魏明帝为了防止要地陈仓突生意外，紧急召回了张郃的主力部队，命他们前来支援陈仓。出征前，为了鼓舞士气，魏明帝亲自来到河南城，摆下丰盛酒席为张郃送行，席上，他有些担忧地问张郃："不知道等将军赶到陈仓时，诸葛亮是不是已经取得陈仓了呢？"张郃一笑，心里想着诸葛亮的部队远离蜀地，自然是缺乏粮食，经不住持久战，屈指计算一下了，十分得意扬扬地说："不然，等到我到了那里，诸葛亮早已撤走了。"

为了能够在短时间内打破拉锯战的僵局，诸葛亮在军事打击的基础上，刚希望可以进行政治诱降，两者相配合以集中力量尽快攻下陈仓，想要最大可能地避免弹尽粮绝的局面的发生。当时镇守陈仓的将军正是很有名气的将军郝昭。郝昭，字伯道，太原人，是曹魏著名的将领，少年起便从军打仗，屡立战功，后来逐渐晋升为将军，这次是受到曹真的推荐镇守陈仓，确是一员有才华有气节的猛将。

陈仓地形险要，是蜀军伐魏的必经咽喉要道，此地正如诸葛亮所说："陈仓西北是街亭，必得此城方可进兵。"守城的郝昭依托陈仓的天险，在陈仓周围筑起了一城，深沟高垒，构筑了坚固的防御工事，形成了十分严谨的布局，将蜀军牢牢挡在了外面。诸葛亮找来了守城将士郝昭的同乡靳详，想要来一计四面楚歌，在蜀军的大帐中，诸葛亮叮咛他切勿激怒敌人，最好打一场心理战，一定要让他们知道双方实力的悬殊。

距离城池不远处，靳详远远地望着城墙上的郝昭，大声地劝说道："将军，要知道陈仓只有几千兵马，而蜀军现在却有几万，您这么固执不是白白让将士们受死吗？如今情势已经如此，兵临城下，数万只箭头都指向你们，你难道就不为百姓想想吗？你难道就想看到血流成河、生灵涂炭的场景吗？"听过靳详的这番话，郝昭的脸上并没有任何动容的表情，他镇定地对靳详说："魏国的法律，您肯定是十分熟悉的，我的为人，您也是了解的。我深受国恩，门第崇高，绝对不能辱没了先祖，否则我死后不能埋进祖坟，您现在不必多说了，最惨的下场不过就只有一死而已。您回去告诉诸葛亮，就来攻打吧，我在这里等着他。"

靳详无功而返，只能把郝昭的话原原本本地告诉了诸葛亮，诸葛亮听后，心中自然对郝昭的为人十分的敬佩，实在是不忍心失去一个良将，就又让靳详再次劝告郝昭，希望不要让这颗明星陨落于此。

靳详又一次来到城下向郝昭喊话："兵众悬殊，抵挡不住，将军您何必非要白白自取毁灭？"这一次，郝昭真的有点不耐烦了，非常不满地对靳详说："前面我已经说得很清楚了，我认识您，但是箭可不认识您，您就不要再来说废话了，否则伤了您的性命就不好了。"说罢，他就从城墙上退了下去。无奈靳详只好返回禀告诸葛亮，诸葛亮听闻自己的招降再次遭到了拒绝，心中感到特别的惋惜，但是思考了一下现在的危险局势，他索性不想再等，决定明日就集中兵力攻城，势必要在最短的时间内拿下陈仓。

这场仗诸葛亮亲自临阵指挥几万兵马，他知道郝昭城内才只有一千多兵众，又估计了一下魏国的救兵未必能及时赶到，便决定选择采用传统的攻城方式，命蜀军使用云梯登城作战。

旌旗摇晃，黑压压的士兵听见了战斗的鼓声，吼叫着冲向了陈仓城，喊杀声震得天际轰轰作响。蜀军纷纷架起了云梯，一个接一个手脚并用地爬上了城墙，就如同层层的乌云向陈仓压了下来。诸葛亮攻打陈仓之举早在郝昭的预料之内，在陈仓中也早有防备，看到蜀军架起了云梯就立刻命人向云梯投放火箭，即一种箭头上带火的羽箭，木制的云梯很快因此燃烧了起来，一会儿就被烧毁了，登城士兵均被烧死或摔死，战场上一时间惨不忍睹。

诸葛亮得到前方士兵的回报，愁眉紧锁，眉间一片愁云惨淡，思考片刻后命人传令，让后续的部队带着载重冲车前往支援，不管付出怎样的代价都要拿下这场胜利。战场上的鼓声阵阵，蜀军继而用载重冲车攻城，郝昭见状，即刻下令让士兵把石磨中间凿眼，用绳子拴着石盘上下飞打，掷击汉军的冲车，石磨所到之处的冲车皆被打坏，逼得蜀军只能暂时退兵。诸葛亮没有料到会有如此结果，决定在观察数日陈仓的情况再做之后的打算。没想到这时有人传回了急报，原来魏国已闻声而动，向陈仓派出了大批援兵，正日夜不息地赶过来，如果蜀国再还不能攻下陈仓，就会面临双面夹击的巨大危险。眼下危机情势所逼，诸葛亮决定赌一把。

诸葛亮又制作了许多百尺来高的井字形木栏，让蜀军在城外用这些木形搭起高架，他命弓箭兵爬上高架向城内射箭，又派遣一支部队在掩护下用土块填塞护城的壕沟，企图直接靠着这个攀登城墙，进而破城强入。猜透了诸葛亮的想法，郝昭则在城墙内加修一道城墙防护，又一次成功化解了失城的危机。诸葛亮不甘心，转念又想出了一计，想要通过挖地道这个方法，从地道里进入城中，他就命士兵带着工具改挖地道攻城，察觉到了蜀军的小动作，郝昭决定施以反击，也在城内命令士兵挖地道，对蜀军进行截击。

这样昼夜不停地针锋相对，双方激战了足足有二十余天，战场上已是尸骨成堆，血染兵甲。经历二十多天的鏖战，如果再没有后方支援，蜀军就要面临弹尽粮绝的局面了。

陈仓失利

史书上并没有详细记载陈仓城的规模，即使曹真事先已经料想到诸葛亮会围陈仓，已经做了充足的准备，但是尽管一千多兵马与数万兵马相差甚殊，就这样双方一攻一守，竟然持续了二十多天，结果蜀军粮尽而退兵。诸葛亮围陈仓并不是被郝昭打败，而是粮尽不得已退兵。之前说过，诸葛亮对攻克陈仓是有信心的，因为双方在兵力上的差距实在是太巨大了，他始终抱着"不战而屈人之兵"的想法，在围攻了陈仓二十多天后，诸葛亮知道自己已经不得不撤退了，缺少足够的粮草，即使攻克了陈仓，又如何应对曹魏援军的反扑呢？果然这场战争的结果就像是张郃当初所料想的那样，他还未随援兵到达陈仓，这场攻防之战就已经草草结束了，最终以诸葛亮未能攻下陈仓城军，粮草耗尽不得不退回蜀中而收场。陈仓战役结束了，也代表着诸葛亮的第二次北伐也落下了沉重的帷幕。

在诸葛亮领兵退师途中，守城的魏国将军王双带兵前来追赶，想要一举消灭剩余的蜀军。王双是魏国大将，力大无穷，善使大刀和流星锤，有着一身高强的武艺，诸葛亮先后派出旗下几员武将迎战，没想到几员大将都不敌负伤，死亡惨重。冷静地分析了一下王双的性格，诸葛亮看出王双急于求成，没有太多的城府，就特意为他设下了一计。诸葛亮事先派出一支部队埋伏在王双的营边，待他发现蜀军疑兵踪迹前去追赶时，就命埋伏的士兵放火烧了他的大本营，当王双发现上当时，掉头飞奔回营支援，见他果然上当，领军进入了埋伏圈，诸葛亮立刻将他围困在大批蜀军之中，并派出了蜀将中数一数二的魏延将其成功击杀。

不久，曹操阵营一派皆大欢喜——曹睿可以向他的臣民们宣传自己又赢得了一次胜利，以抵消曹休战败带来的消极情绪。曹真受到了增邑的奖赏，这是他料敌于先所应得的；张颌虽然行程数千里，没有参加实战，但是没有功劳也有苦劳，被晋升为征西车骑将军；郝昭获得了魏明帝赐予的关内侯的爵位。这次陈仓战役的失败，被许多人看作是诸葛亮军事才能平庸的依据之一，有些人在背后责怪他看不清时局，白白让蜀国丧失了大批良将，失去了蜀国休养生息的好时机，更使朝中众臣对诸葛亮军事才能的不信任感越来愈重，这让诸葛亮的处境变得复杂起来。之后，诸葛亮任命蒋琬为长史，诸葛亮数度外出征战的背后是蒋琬在后方筹划调度，使粮秣及兵源十分充足。诸葛亮常常对别人说："蒋琬忠心而又有雅量，他会跟我共同襄助帝王大业。"

反击之战

第三次北伐

虽是经过细心谋划的一局棋，但是诸葛亮的第二次北伐却只迎来了一场令人遗憾的失败，围攻陈仓二十几日不克，兵退汉中，蜀国实力大减。面对第二次北伐所带来的不可估量的损失，诸葛亮决定延缓第三次北伐的时间，静静地等待着下一次时机的到来，就像是蛰伏的狼一样，短暂的等待只为了最终的一次厮杀。

建兴七年（229 年）的春天，这是一个草长莺飞的好时节，但是对于蜀国来说却是个悲伤的日子——蜀汉五虎上将之一的赵云去世了。赵云，字子龙，常山真定（今河北正定）人，跟随先帝刘备一路打了博望坡之战、长坂坡之战、入川之战、汉水之战、箕谷之战，他曾以数十骑拒曹操大军，被刘备誉为"一身都是胆"，是为蜀国立下汗马功劳的大将。赵云因为连年征战过于劳累，年老体衰，再加上街亭之战后遭贬后心情抑郁，身体伤病交加，挨了一段时间就去世了。蜀国接二连三地丧失良将，诸葛亮悲痛万分，郁结于胸，身体因为精神上的打击而一日不如一日。而赵云一死，蜀国的军事可谓是塌陷了一角，诸葛亮内心对于蜀国的处境也越发不安。

经过两次蜀国的强攻，魏国的曹真已经感受到了一种巨大的危机感，面对四面袭来的重重杀气，他一心急欲伐蜀，屡次上奏请示魏明帝出兵蜀国，他认为经过陈仓之战蜀国元气大伤，此时正是灭蜀的好时机，建议魏国兴兵马上进攻汉中，迈出统一天下的第一步。曹魏帝曹叡批准了他的这项军事计划，并且下诏：命大将军司马懿，逆汉水而上，由西城（今陕西安康）向西攻击，与曹真在汉中（今陕西汉中）会师，随军的其他将领，分别从子午谷、武威与主力配合同时进攻。魏国司空陈群听闻此事立刻上表劝阻，说："当年，太祖到阳平（今陕西勉县）西攻击张鲁，命魏国的士兵尽量携带豆子小麦，以此来增加粮食的存量，可是最后还没有攻下张鲁，魏国将士的粮食就不够了。现在，我们既没有周密的准备，褒斜谷地形又非常凶险，无论是进是退，都十分困难。我们如果转运输送军粮，敌人一定会阻截抄掠，如果我们防止阻截抄掠，就必须多派部队防守险要，那么结果就是大军战斗力会减弱，这次行动请您一定要好好地考虑。"曹叡听了他的建议觉得非常的有道理，就采纳陈群的建议，驳回了曹真的请求。曹真心有不甘就再次上书，要求魏军从子午谷进击蜀国，陈群也再次上书陈述军事行动的缺点和军费的庞大负担，曹叡在两人之间无法平衡，两人谁也不肯退让，他索性就把陈群的奏章交给曹真参考，但是曹真并没有把陈群的奏章放在心上，随即带兵就出动了。

这天，诸葛亮得知魏军派人来袭，立刻命令旗下陈式带兵攻取武都、阴平二郡。雍州刺史郭淮听闻此事，便派出大批兵力支援二郡，诸葛亮得到了前线消息，决定亲自出山督战，并领兵打败了魏国援军，获得了一场爽快的大胜。郭淮听闻消息后，心知不是他们的对手，便索性不再恋战，立刻召回部队留守大本营观察形势。蜀国迎来了一场等待了许久的胜利，一举拿下了武都、阴平二郡，之后诸葛亮留兵据守，自己则率部回师，将这个好消息带回了蜀国。为奖励诸葛亮的功绩，蜀国皇帝刘禅下旨令诸葛亮官复原职，诸葛亮再一次堂堂正正地登上丞相的位置。

建兴七年（229 年）的夏天，吴王孙权在武昌称帝，改元黄龙，并派使者通报蜀国。在魏、蜀相继称帝以后，孙权继承其兄孙策的事业，立国号为吴，建立吴国，九月迁都建康（今江苏南京），追尊其父孙坚为武烈皇帝，其兄孙策为长沙桓王，立其子孙登为皇太子。吴国的建立，是三国鼎立局面正式形成的重要标志。

起初，蜀国的大臣们认为吴国的名号体制不顺，与蜀国相冲，不应该与吴国结交，而且为了显示蜀国的正义，他们主张应该跟他们断绝友好盟约。但是诸葛亮却不那样想，他以大局为重，劝说众臣说，孙权有僭号之心已久，不管我们怎么做，他一定会找时机称帝，所以我们忽略他分裂的念头，我们想要的是他的兵力，希望通过吴国分兵牵制魏国，让他给我们作援助。如果现在蜀魏两国明确断绝关系，那么他对我们的仇恨必定会加深，我们就需要转移有限的兵力去加强东部的防守，分心与吴国对抗。这样一来，蜀国就必须先要打败魏国，然后才能设计攻取中原。诸葛亮接着指出先帝在世时，先帝就支持蜀国和吴国友好结盟，这是适应三分天下的形势，是灵活变通、深思长远利益的做法。诸葛亮告诉众臣，绝不能意气用事，要好好思考蜀国未来的发展，他还认为孙权僭号不顺的问题，不宜公开表态，这必然会引起蜀军内部的动荡和天下局势的改变。

于是诸葛亮命陈震为卫尉前往东吴，以向魏国证明自己真心祝贺孙权登基称帝，希望两国继续交好。在陈震出使前，诸葛亮事先联系了在东吴任职的兄弟诸葛瑾，在信上介绍了陈震。在陈震进入吴国后，他到各地访问，会见众多官员，重申双方友好结盟如同先帝在世时，而且代表蜀国表明了态度，希望两国在外交上能够提高到新的水平，并鼓吹如果双方共同决心讨贼，就没有不能消灭的敌人！当陈震到了魏国的首都，孙权与陈震"升坛歃盟"，约定将来交分天下：以徐、豫、幽、青属吴，并、凉、冀、兖属蜀，其司州之土，以函谷关为界。陈震返回蜀国后，受到了诸葛亮的表彰，被封为城阳亭侯。诸葛亮在蜀汉存亡的关键时刻，力排众议，以其高超的政治手腕和出色的外交行动巩固了双边关系，为蜀国制造了良好的恢复空间。在三分天下的紧迫局势面前，诸葛亮以自己高远的目光观察、分析蜀国所处的形势，注意多方听取意见，实事求是地掌握三方关系，以及蜀国的内部情况和周边环境，就不同的时机适时地提出战略、策略并能果敢地采取行动，最终取得想要的成果。诸葛亮重视调研，勤于沟通，认真地搞好每一次出访和接待，并仔细考虑其中出现的问题，善于运用外交技巧，他是我国古代杰出的外交家。

建兴七年（229年）的八月，魏国再一次兴兵攻打蜀国，分军数路讨伐汉中，诸葛亮移兵城固及赤坂二地待战，并下令让将军魏延与吴壹二人率一支骑兵部队再出祁山，向西穿插到羌中地区，以达到扰乱敌人后方的目的，并对外联合羌族，亲自安抚了当地的氐人、羌人，然后留兵据守以牵制魏军进攻。

建兴八年（230年）的六月，曹魏被蜀国一再压制，魏明帝图谋要反客为主，恰逢曹真又再次上表伐蜀议案，便下令派大军进攻汉中，主动开起了一场反击之战。同年八月，诸葛亮得知曹魏大军入侵的消息，就把大军集结在成固（今陕西城固县）、赤坂（今陕西洋县）二地严阵以待，另外，他还征召李严率两万人前来汉中（今陕西汉中）进行增援，并向汉帝刘禅推荐李严的儿子李丰出任江州都督一职，负责蜀军后勤的供应工作。

正是这时，天偏偏不遂人愿，在进攻汉中的途中，魏军遭遇到了瓢泼大雨，一连三十余日不止，导致山洪暴发冲毁了前行的道路，子午谷、斜谷等道路不能通行，魏军就被牢牢地困在了原地，不得动弹。蜀地艰险，再加上遇上下了三十天的大雨，大部分士兵都出现了体力不支，水土不服的状况，给魏军内部造成了巨大的隐患。

魏军兵力大减，军资大失，眼见形势不好，魏国的太尉华歆、少府杨阜、散骑常侍王肃等人接连向皇帝曹叡上书请求撤回大军。曹魏太尉华歆上书对皇上说："陛下神圣的品德，上可媲美周朝的姬诵、姬钊，但愿您以专心治理国家为第一优先，其次再考虑如何征战。国家是建立在百姓的基础之上，水能载舟亦能覆舟，您需要保证人民必须穿得暖、吃得饱。如果您能使魏国的人民没有饥寒的灾难，人民没有游离的心理，那么蜀吴这两个盗匪集团的灭亡，我们可以马上看到。"曹叡回答说："盗匪集团仗恃山川险要，我的父亲和祖父曾经劳苦讨伐，却最终还不能消灭他们，我怎么敢自命不凡，肯定可以把他们消除？只是，各位将领认为，如果不试探一下，敌人不可能自己倒毙，所以我们应该展示军力，看看有没有可乘之机。如果时候仍没有到，姬发都曾经中途班师（周部落酋长姬发，打算向商王朝末任帝子受辛总攻，在孟津举行结盟会议，参加的有八百个封国国君，都认为可以采取军事行动，姬发说："时机还没有成熟，天命还不是时候。"率众即行撤退）。这就是历史的镜子，我绝对不会忘记自己应该做什么。"少府杨阜上书对皇上说："历史上，姬发渡黄河北伐的时候，有一尾白色鲤鱼跳进姬发乘坐的船里，当时君王和臣僚的脸色一瞬全都变得苍白。想来，那原本是一件祥瑞的事情，他们还心怀忧虑恐惧，何况当他们面对真正的天象变异，能不战栗吗？现在，我们要面对东吴、蜀汉，敌人还没有全部消灭，上天却给了我们好多的预兆，大军刚刚出发，便大雨不停，被隔绝在穷山恶水之中，现在算来已有多日，转运粮秣，肩挑背负，沉重劳苦，费用日渐增加，如果一旦接济中断，结果不堪设想，肯定会完全违背当初的计划。古书说：有利便攻，有难就退，是最大的军事智慧。大军被困在凶险的山谷之间，前进毫无所获，后退又无决心，实在不像是王者之师。"王肃也跟着上书说："古人有言：千里转运粮秣，我们的士兵们现在一定陷于饥饿之中，都在等候砍来的柴煮饭，临睡时还不能吃饱。这还是平原上军事行动的后果，何况深入险地，开山辟路？士兵承受的艰苦程度要比平常高出百倍。而今，又加上淫雨不止，山道崎岖，又陡又滑，大军被困在一处，有力难施。因为道路太远，粮秣供应不上，后方与前方失去了联系，这是军事行动最大的禁忌。听说曹真出动已经半月，去子午谷（今陕西宁陕）的道路才走一半，开山凿路，全部都由战士负担，而盗匪兵团待在原地，安逸地等待我们疲劳的部众，这更是军事行动最怕遭遇到的危境。以前，姬发讨伐子受辛，大军已出函谷关（今河南新安），在行军的中途仍然折返；我们的武帝（曹操）、文帝（曹丕）南征孙权时，虽然他们已经领军到达了长江，但是却没有强渡，岂不是上顺天意，下顺时机，知道如何变通？魏国的百姓都相信：陛下您会因大雨困苦，让他们休息；等到日后再次出击，再使他们效命。要知道，人民乐意于冒险犯难，才会不顾死亡，全力以赴，这是个不变的道理。"

曹叡知道这场战争已没有胜算，就下令命大军提前还师。这时，诸葛亮了解到了魏军情况，觉得真是天赐的良机，便派遣更多兵力加强防守，又增调援军围困住魏军，想要给予魏国部队致命的一击。

曹军的前锋夏侯霸领先大军一步，夏侯霸是魏国猛将夏侯渊之子，他领军进至兴势，在曲折的谷底扎营，这番情景被当地的蜀国百姓所看到，他们立刻向蜀军报告了当地的情况，蜀军闻讯来袭，与夏侯霸在鹿角间缠斗。夏侯霸好不容易带军成功突围，出谷至兴势，不料又被蜀军算计，被早已等候他多时的蜀军伏击，差点就命丧于此，所幸后来援兵及时到达，夏侯霸才从险境中安全脱身，万幸中保住了自己的性命。

与此同时，掌握全局的诸葛亮又派魏延、吴壹入南安。

蜀国迎来了战争的大势，在诸葛亮命魏延与吴壹领军抵达羌中之后，蜀军的主力部分就开始在洮水之西辗转，并按照诸葛亮的指示，在这一带进行招兵买马，扩充自己的兵力，并组成了一支强有力的劲旅。蜀军因地制宜，改变以往强硬的战争方法，而采用温和的抚慰方法，与当地的羌人相处得很好，形成了有利于蜀国后方的良好局面。

此时，前方阵地又有好消息传来，魏延破郭淮，吴壹破费瑶，蜀军大胜，接连攻下两座城池。于是蜀国大将魏延派人回汉中，请示诸葛亮下一步行动方案以及归期归途。同年十一月，蜀军风光回师。

魏延与吴壹率领军队返回汉中，行军途中遇见魏将费瑶、郭淮，两军对战于首阳南面的阳溪之城。遇上了蜀国中难缠的对手，费瑶、郭淮二人迅速堵塞交通要道，部署大批兵力于谷底，连夜命人在魏延大军营地的四周打造土墙，设置障碍，想要尽一切力量消耗蜀军力量。知道双方实力的差距，魏延和吴壹派人突围求助，得到求助消息后的诸葛亮心里一惊，随后亲自带兵解救被困的二人。经过不分日夜的赶路，诸葛亮接应大军终于赶到，并成功与魏延、吴壹的部队会合，两军相配合打出了一场淋漓的大仗，对费瑶、郭淮部队实施了有效的夹击。几乎与此同时，魏国大将张郃也率部前来增援，双方兵力相当，实力相等，都不敢贸然出兵，就此形成了沉默紧张的对峙。

但是诸葛亮素来用兵谨慎，顾虑良多，他认为这次蜀国能够实现在羌中招兵买马的成功，重点就在于出敌不意，但办法可一而不可再，敌人已经掌握他们的动向；再考虑另一方面，他认为魏延虽智勇，但终非张郃的对手，与其破釜沉舟、背水一战，不如留下火种，等待真正的好时机，因而否定了魏延"异道出兵，约期会师"的建议，仍率军退还汉中。魏延心中虽有不满，但是还是听从了诸葛亮的命令。

诸葛亮一意孤行命令蜀军退兵，没有听取魏延劝告，虽然保住了蜀国的有生力量，给蜀军留下了喘息的空间，但是却让魏国将领郭淮抓住了有利机会进行反击，率军突入了羌中地区，打败了留守的蜀军部队，并且斩杀了与蜀国定有盟约的羌人酋长，将羌中重新纳入了魏国的版图之内，使边境地区的混乱局势再次得以控制。

诸葛亮的第三次北伐就此就告一段落了，虽然不尽如人意，但是蜀国却是迎来了真正意义上的第一场北伐胜利。诸葛亮感到了有限的时间在手中的流失，他的人生已经走过的一大半，这场胜利还太小，还远远不够。

再战祁山

第四次北伐

建兴九年（231 年）的秋天，田野里的金黄稻谷随风摇曳着。

同年二月，蜀汉帝国丞相诸葛亮，命李严以中央军事总监（中都护）身份，主持汉中郡（今陕西汉中）留守府。李严改名李平。

这年，魏军分成三路一齐进攻汉中，司马懿走西城，张郃走子午谷，曹真走斜谷，诸葛亮闻讯驻军于城固、赤坂二地，恰逢天灾来袭，三十余天大雨不止，魏军被迫只能暂时撤退，给蜀军留下了喘息的余地。同年，诸葛亮派遣魏延、吴懿两员大将西入羌中，大破魏后将军费曜、雍州刺史郭淮于阳溪，取得一场振奋军心的大胜。有了第三次北伐的胜利做铺垫，诸葛亮的第四次北伐也顺理成章地拉开了等待了许久的帷幕。

鉴于前几次北伐未能成功的主要原因就是粮运不继，屡次因此耽误了最佳的战机，诸葛亮花费大量心思研究出了一种运输工具——"木牛"，这种运输工具正可以解决蜀军远距离作战时粮食紧缺的问题。据范成大《桂海虞衡志》记载："汝南人相传，诸葛亮居隆中时，友人毕至，有喜食米者，有喜食面者。顷之，饭、面具备，客怪其速，潜往厨间窥之，见数木人椿米，一木驴运磨如飞，孔明遂拜其妻，求传是术，后变其制为木牛流马。"

诸葛亮决心找个时机试用新发明"木牛"运输车，企图将这种新制造的能"载一岁粮"的四轮人力推拉木车大量投入使用，并用它把嘉陵江上游之西汉水与渭水上游的天水两河道，连成一条水陆等量联运的军粮运输通道。关于木牛，《诸葛亮集》中所载："木牛者，方腹曲头，一脚四足，头入领中，舌着于腹"。

很快诸葛亮就获得了这个实验的机会——他亲率蜀国八万余兵力自汉中往攻祁山。山路不但忽高忽低，而且碎石满路，兽力拉动的小车，或许可以行走，人力推动的独轮车，恐怕寸步难行。这时，曹魏大司马曹真患重病，无法再次统兵上阵杀敌，魏明帝闻诸葛亮率大军急至，忙令大将军司马懿从南阳急驰长安，统领张郃等诸将抗拒来袭的蜀军。曹魏帝曹叡命大将军司马懿西上接替，进驻长安（今陕西西安），督促车骑将军张郃、后将军费曜、征蜀护军戴陵、雍州（今陕西中部及甘肃南部）刺史郭淮等阻截来犯的蜀军。

兴建九年（231年）的春天，诸葛亮再次进行北伐战争，以木牛运粮，蜀军出兵包围祁山，时逢曹真病重，魏军曹睿指派统帅司马懿迎击来犯敌人。诸葛亮知道后，鉴于司马懿远道来救祁山，只为求"至人而不至于人"，决定采用避实击虚的战争方法，即分兵三万，留下王平继续领军攻打祁山，自己亲自率兵进攻天水，而盟国吴国也参与进这场角逐中来。

大将军司马懿得令，命费曜、戴陵率精锐部队四千人，驻守上邽（今甘肃天水），而其他所有军队也全部出动，向西救援祁山（今甘肃礼县东北）。在出兵时，张郃原本打算拨出一部分军队驻防雍县（今陕西凤翔）、眉县（今陕西眉县），但是司马懿拒绝了他的请求，并且对他说："如果前方部队能够单独挡住敌人，你的主张就是对的；如果前方部队没有这种力量，却把大军分成前后，兵力分散，楚国三军之所以被英布击破，原因就出在这个问题上（历史上，英布叛变，楚国出兵阻截，分为三军，打算一军败时，其他二军可以支援。结果，英布击溃一军，其他两军跟着瓦解）。"于是，司马懿率魏军全军进击。

诸葛亮留下一部分军队留守，而自己继续围攻祁山，亲自前往上邽。魏将郭淮、费曜等人迎战，诸葛亮大力击破二军，并乘势收割田野小麦，囤积粮食。没想到，诸葛亮跟司马懿在上邽的东面相遇了，司马懿一方面缩小防御面，一方面依靠险要扎营，拒绝作战，诸葛亮率大军向后撤退。

司马懿步步为营，尾随蜀汉军抵达了卤城，这时，车骑将军张郃提出："敌人远来攻击，要求与我们决战，他们无法达到预期的目的，可能会认为我们最大的利益就是不接受挑战，会考虑用长远计划把我们困死。而且祁山的蜀国守将，一旦知道援军已经接近，人心自会安定，就不好再攻打。现在，我们不妨把大军暂时驻扎，派出一支奇袭部队，绕到敌人背后，而不应该像现在这样，只敢尾随，不敢逼近，使我们的威望白白丧失。想一想，诸葛亮不过只是一支孤军，随军的粮食又少，眼看就走远了。"面对张颌的提议，司马懿没有接受，仍拒绝决定继续尾随蜀军，等到接近时，就下令登山筑营，绝不与诸葛亮的军队接触。虽然司马懿细说了利害，但是将领贾栩、魏平仍不断要求出击，而且情绪非常激愤，对坚持原地固守的司马懿很是不理解，而司马懿性格再镇定，但是面对各将领坚持出击的紧逼形势，情绪也显得十分焦虑。

三月，旧病不愈的曹真逝世。

司马懿率魏军刚至祁山一带，便获悉天水告急，只能急忙之间回师天水，而这时祁山还是处在蜀军围攻之中。司马懿回师途中，却获知天水已失，只好先占领天水的东山持险据守，而诸葛亮经过一段时间的筹备兵甲，养精蓄锐，率主力从天水而出准备正待迎战魏军，与其决一死战。

之前，诸葛亮在上邽已经打败了魏将郭淮、费曜，这次更想占住战争的先机，一举打败司马懿大军。司马懿考虑到蜀军远距离作战，军粮所带肯定不多，加上路途遥远，后方支援不足，料定诸葛亮绝不会打持久战，遂决定做好防御措施，凭险坚守，拒不出战，死守城池。期间，看到司马懿闭门不出，拒不迎战，诸葛亮想到司马懿为人谨慎，定会想到蜀军粮食不足的问题，就索性屡屡遣使者下战书，又送他巾帼妇人的饰品，须知在当时，男尊女卑的观念十分严重，这一举动无疑就是对司马懿尊严最大的侮辱，诸葛亮就想以此来激怒他，跟他来一手激将法。但司马懿纵横沙场多年，一眼就看出了诸葛亮的计策，按捺愤怒之情，忍辱据守不出，并以"千里请战"的妙计平息将怒。

于是，见一计不行的诸葛亮就分兵屯田，在魏国境内与魏国百姓共同种粮自给自足，显然是做出了打算长期驻扎下去的打算。

因为诸葛亮的屡次挑衅，魏军中的将领愤愤不平，全军都为诸葛亮的挑衅震怒了，又见主将司马懿如此懦弱，心里定是十分的不满，全军上下都开始纷纷讥笑他是"畏蜀如畏虎"。最终在众将的一再要求下，司马懿无奈只好派张郃攻打在岐山留守的王平，而自己则亲自众迎击诸葛亮。诸葛亮见司马懿出战，立刻派大将魏延、高翔、吴班分三路领兵作战，形成围剿之势，大胜魏军，杀掉魏军三千多人，获得战利品玄铠五千、角弩三千多，而张郃与王平之战也以魏军大败而结束。见此不好形势，司马懿再不出战，两军成对峙状态。诸葛亮看穿司马懿的想法，采用了利用退兵的办法引诱敌人出城迎战的方法，但司马懿料到诸葛亮会下这么一计，便追赶的很谨慎，只要蜀军一停，他就扎营拒守，完全不给蜀国留下攻城的喘息之地。

假圣旨误时机

建兴九年（231）的秋天，中都护李严假传后主刘禅圣旨，对诸葛亮谎称后方粮草补给跟不上，要求其率军还回汉中。诸葛亮接到圣旨后，心里虽然直觉此事定有蹊跷，但是又不能抗旨不遵，只能先行弃战退兵，带领大军返回汉中。司马懿见到诸葛亮真的退兵，就命人追上前去一探虚实，想要趁其不备攻打制胜，但是诸葛亮早就料到司马懿老谋深算定不会放过这次机会，在退兵过程中刻意在尾后分兵埋伏，以防追兵来袭。

司马懿命令五子良将之一的张郃追击，张郃担心诸葛亮会留有后手，对他的这个决定表示担心，他说："诸葛亮极善用兵，虽然一时撤退，也会沿途布防。且附近一带山势林立，地形复杂，一味追击，必有凶险。"但是军令如山，司马懿坚持一定要继续追击，张郃只能知难而上。当魏将张郃率万余骑兵追至木门山时，得知此消息的诸葛亮毫不犹豫地回军攻之，并派人通知已埋伏好的蜀军，形成了一张等待收口的大网。等到张郃见势不妙退军时，先前蜀军埋伏好的士兵突然奋起，与诸葛亮所领的部队对魏军形成了夹击，张郃带兵被困无法突破，一时间蜀军万箭齐发，张郃没有躲闪的余地，箭雨中他的膝盖中了一箭，并因此重伤不幸身亡，魏国一代名将在这里不幸陨落了。

在第四次北伐战争开始之前，诸葛亮安排了朝中元老，也是另一个接受刘备白帝城托孤的重臣李严来负责战事后方勤务，督运粮秣辎重。李严，字正方，南阳人，少为郡职吏，以才干称，他为人性情孤傲，难以与人相处，在任期间大盖房舍满足一己之私，曾因迁移郡治官邸一事与持反对态度的郡功曹杨洪争执，杨洪一气之下主动辞职引退。都督江州后，又与属下牙门将王冲发生摩擦，王冲自知为李严所记恨，惧怕因此被诬陷罪名而叛逃降魏。李严自视甚高，护军辅匡等年龄与地位与李严差不多，但李严却不愿主动与他们来往。建兴元年（223年），刘备病重，李严与诸葛亮一道受遗诏辅佐少主刘禅；以李严为中都护，统管内外军事，留下镇守永安，被封为都乡侯、假节，加光禄勋。本来，他们两人同受刘备托孤，共为辅臣。直到建兴四年（226年），诸葛亮和李严两人的关系还比较好，诸葛亮在与孟达的信中还称赞李严。但不久，李严写信给诸葛亮，建议利用掌握朝政大权的便利，像曹操那样晋爵封王，接受"九锡"，这样他也能捞到若干好处。诸葛亮对此非常生气，在回信中狠狠批评了李严一通。不久，诸葛亮在即将伐魏前，调李严带他所辖的二万军队来镇守汉中。李严却讨价还价，要诸葛亮从益州东部划出五郡设立江州，让他当江州刺史，致使调动未成。诸葛亮以大局为重，也就妥协了。建兴七年，陈震在出使东吴前，专门找诸葛亮汇报李严的巧诈问题，特别谈到李严早年在家乡为官时的一些劣迹，但没引起诸葛亮的足够重视。

诸葛亮派李严督运粮草时，曾担心后方会出现突发问题影响前线战争，就特意嘱咐他如果途中发生意外可自行处理。因为当时正处于夏秋之季，阴雨连绵，路途泥泞不堪，李严害怕后方粮运不济，延误粮草到达军营的时间，头上乌纱帽会因此不保，为了掩饰自己运粮不济之过，假托东吴举兵入川，就派马忠、成藩召诸葛亮还朝，但是李严很快就发现自己的判断失误了，后方粮草充沛，而这个罪名恐怕会要了他的脑袋。李严一面妄奏后主谎称："军伪退，欲以诱贼与战"，想要把耽误战机的罪名扣在诸葛亮的头上，一面想杀了督运领岑述，以此来推脱自己的责任。等到诸葛亮率大军回来后，见到后方粮食仍然充足，才知道自己是中了李严的奸计，但是李严却故作惊问："军粮已经够用，为何突然退兵？"因为大好的战机被耽误，诸葛亮马上派人将他捉拿问罪，而李严抢先一步，在刘禅面前告了诸葛亮一状。

为了将李严的罪状公之于众，诸葛亮收集了李严前后亲笔写的书信和奏章，发现了其中的严重矛盾，并与许多将士一道签名上表，弹劾李严。诸葛亮在朝上诘问李严，李严无法解释，他的谎言很快就被人揭发，辞穷理屈的他只得叩头认罪。于是，诸葛亮上书弹劾李严前后各种罪恶，一下子数罪并罚。皇帝刘禅下诏：李严免职，撤销封爵采邑，软禁梓潼郡（今四川梓潼）。但是诸葛亮不计前嫌，之后任命李严的儿子李丰当中郎将兼参军事，还亲笔写信给李丰说："我跟你们父子同心合力，一起效忠汉王朝皇家。我推荐了你的父亲当官，让他主持汉中留守府，而委任你镇抚东关，我自认为可以至诚相待，公私友谊，也相信可以将这份友谊保持到底，但是竟想不到中途发生变化！我真心希望李严能想到他的过失，不要再诡辩自解，也愿你跟蒋琬推心置腹，共同效力于蜀汉王朝，这样阻塞可以开通，逝去也可以复还。请细思劝诫，体会我的用心！"之后，诸葛亮又写信给蒋琬、董允说："孝起从前曾告诉我，说：'李严腹中，诡计多端，大家都认为不可接近。'但是我却认为只要不去刺激他，诡计便没有地方使用，哪里想到苏秦、张仪之事会再次重演，大出意外，这件事可要告诉孝起。"孝起，是卫尉南阳郡（今河南南阳）人陈震的别名。

当年苏秦、张仪二人曾到齐国受业于鬼谷先生，在一起共同学习了几年后，交情甚笃的两人分道扬镳，各自走上了自己实现抱负的道路。后来，在苏秦已经因为自己的合纵战略名显诸侯的时候，张仪还仅仅只是楚相的一个普通门客。

在当时，苏秦已经说服赵王而得以去与各国结缔合纵相亲的联盟，但是他害怕秦国攻打各诸侯国，在盟约还没结缔之前就遭到破坏，又考虑到没有合适的人可以派到秦国，因为他了解张仪的孤傲秉性，知道如果不用激将的办法，很难让他激发自己，于是暗中派人指引张仪说："您当初和苏秦交情很好，现在苏秦已经当权，您为什么不去结交他，以实现你的愿望呢？"张仪听了来人的话觉得也有道理，自己与苏秦一向交好，苏秦现在闻名于诸侯，而且自己也不是不学无术之辈，他相信张仪一定会重用自己的。于是张仪前往赵国，满怀希望地呈上名帖，请求会见苏秦，苏秦得知后却告诫门下的人不许为张仪引见，又让他好几天不能离去。

过了一段时间后，苏秦才接见了他。但是等张仪上门时，苏秦却只让他坐在堂下，赐给他奴仆侍妾吃的饭菜，还屡次严厉地责备他说："凭您的才能，却让自己穷困潦倒到这样的地步。难道我不能推荐您让您富贵吗？只是您不值得录用罢了。您去其他的国家吧，我这里是不会收留你这样没有用处的人的。"说完就拂袖而去，派下人把张仪打发走了。

张仪原想投奔苏秦，自认为都是老朋友了，从中可以得到好处，不料反而被他奚落羞辱，张仪的自尊心受到了极大的伤害，他相信自己的才能绝不比苏秦差，他以为苏秦能够做到赵国的宰相，致力于把六个弱小的国家团结起来对付秦国，那么他就要偏偏去投奔苏秦的敌人秦国。张仪知道诸侯中没有一个值得他侍奉的，只有秦国能困扰赵国，于是他就决定到秦国去寻找可以施展才能的机会。张仪向天发誓，我定与你针锋相对，辅助秦王一统天下，到时候再看我们鹿死谁手！不久，苏秦对他的家臣说：

"张仪才是天下最有才能的人，我大概比不上他呀。现在，幸亏我比他先受重用，然而能够有实力掌握秦国权力的，只有张仪才行。但是就是因为他太贫穷了，是没有机会求得引荐的，我担心他以小利益为满足而不能成就大功业，所以特地要把他招来羞辱他，以此激励他的意志，您替我暗中侍奉他。"

苏秦又向赵王禀明这件事，并暗中派人跟随张仪，和他投宿同一客栈，渐渐地接近他，并奉送车马金钱，凡是他需要的，都供给他，却不说明谁给的。

秦国当时正是欲一统天下的秦惠王当政，正在招贤纳士，广揽天下英才，张仪终于有机会拜见了秦惠王，把自己的破解合纵的连横大计献于秦惠王，果然得到了他的信任和重用，秦惠王任用他作客卿，和他商议攻打诸侯的计划。苏秦的家臣见任务完成了，要告辞离去。张仪说："靠您的相助，我才得到显贵的地位，我现在正要报答您的恩德，为什么您要离开呢？"苏秦的家臣将真相告诉了张仪："我并不了解您，真正了解您的是苏先生。苏先生担心秦国攻打赵国，破坏合纵联盟。他认为除了您没有谁能掌握秦国的大权，所以才用恶言恶语激怒先生您发愤，但是他又担心您不能平安到达秦国，所以才派我暗中供您钱财，这全都是苏先生的计谋。现在，先生您已被秦惠王重用，就请让我回去想苏先生复命吧！"听了苏秦家臣的话，张仪这才恍然大悟地说："哎呀，这些权谋明明都是我学习过的术业，而我却没有察觉到，我果真没有苏先生高明啊！但是我刚刚被秦国任用，又怎么能图谋攻打赵国呢？请替我好好感谢苏先生，请替我告诉他，苏先生当权的时代，我怎么敢奢谈攻赵呢？况且有苏先生在位，难道我有能力摆脱他的掌握吗？"

张仪出任秦国宰相以后，写信警告曾经诬赖他偷东西的楚国宰相说:"当初我陪你喝酒时,我并没有偷你的玉璧,你却鞭打我。你现在要好好地守护住你的国家,我可会偷走你脚下的城池呢!"

尽管以后张仪成为连横的主要领导人,而苏秦是他的对手,是合纵的领导人,但是苏秦和张仪的同窗之谊却令人艳羡,可以与春秋时期的管仲鲍叔牙媲美。试想,如果当初苏秦没有采取激将法,而只是留下张仪在自己的手下做个小官,那么历史上不仅仅没有了这一段美好的佳话,也绝对不会有这个在战国末期的历史舞台上叱咤风云几十年的连横家张仪了。但是,故事结果并不像人们所想的那么美好,张仪辜负了苏秦的信任,在他得到秦国的信任以后,就把激励自己出山又帮助自己顺利到达秦国的同学苏秦的重托忘掉了。他苦心研究天下大势,认为秦国一统天下是大势所趋,而苏秦极力倡导的合纵抗秦不过只能延缓诸侯的败落时间而已,但是最后的结果一定是,秦国最终会以自己的国富强兵吞并六国取代周室。张仪为好友苏秦惋惜,他认为苏秦以自己的雄才大略努力,却在做违背历史潮流的事情,到头来肯定是寸功未建,会落得个让天下人耻笑的下场。

为了顺应历史的潮流,建立自己的一番大功业,张仪他立即以全部的智慧投入到这个令他激动不已的伟大事业当中。张仪本来是魏国人,但是他为秦国立下的第一个功劳却是在秦惠王十年,与公子华一起率兵围困魏国的蒲阳。守军熬不住而投降,张仪反而劝说秦惠王不要蒲阳,并派公子到魏国做人质以示秦国决心与魏国修好,以达到拉拢魏国的目的。然后张仪又到魏国劝说魏王,人家秦国攻占了你的蒲阳而不取,反而来与你修好,你总得有所表示吧?在魏王看来,张仪本是魏国人,魏王天真地认为他的计谋一定会对魏国有利的,他身为魏国人总不会做对不起故乡的事情。魏王就轻易地把战略位置更重要的上郡、少梁献给了秦国。秦国以一个魏国的小小的蒲阳换取了两个更重要的城市，而且还被魏国感谢，被魏国视为友好的国家，这样的好事有谁能做得出来？秦惠王十分钦佩张仪的才能，任命张仪为相国。

做了几年相国以后，张仪又担任了将军一职，为秦国攻取了一些重要的城池和战略要地，使得秦国的边关日趋稳固。这个时候，张仪想着该是动手瓦解苏秦的合纵，让诸侯归附秦国的时候了。他向秦王请求免掉相国之位，为了秦国的利益到魏国担任宰相，他要劝说魏王带头归顺秦国。魏国与秦国就在张仪的策划下，魏王认为双方已经是友好交往的国家，张仪作为强大的秦国宰相到魏国来，而且理由是十分冠冕堂皇的，要辅佐魏王治理魏国，魏王自然是感激不尽的，立即任命张仪为相国。无知的魏王是怎么也没有想到，这个做过多少年秦国宰相的人，怎么会甘愿屈尊到弱小的魏国来做宰相呢？他心里还以为秦国和张仪是真心来帮助他的，所以当忠心魏国的大臣们奉劝他提防张仪的时候，他还愤怒地责备他们以小人之心，度君子之腹。

张仪被魏王任命为相国以后，张仪就奉劝魏王归顺秦国，但是最初魏王并没有采纳他的意见，张仪就暗中指使秦国派兵来攻打魏国，并接连夺取了魏国的两个城池。后来知直到魏襄王去世，魏哀王即位，张仪依然奉劝他归顺秦国，但是魏哀王仍旧不听他的建议，张仪因而又密令秦国继续攻打魏国，魏国又再次被秦国打败。次年，魏国遭到了齐国的大举入侵，魏国大败，实力不济，国家四周又都是盯着他们的豺狼虎豹，在这个时候，张仪感觉到有机可乘了。找到了对的时机，他就劝说魏王，合纵的盟约即将瓦解了，齐国作为合纵的盟友都来攻击魏国，以魏国疆域之狭小，兵力之疲弱，现在如果不投靠秦国，将来永远没有机会了。魏哀王觉得张仪的话非常有道理，就听从了他的劝告，决定要背弃合纵盟约，归顺秦国，这使苏秦苦心经营建立起来的合纵盟约拉开了瓦解的序幕。在张仪的一手策划之下，魏国投降了，秦王立即招回居功至伟的张仪重新回到秦国担任相国。这个时候，张仪又向秦王献出了自己的第二个扩张计划，请求秦王再派他去楚国做宰相，让他去瓦解楚国。

张仪心里明白，楚国与齐国交好，如果不能离间齐国和楚国的关系，那么秦国对齐国和楚国都无可奈何。因而，等他到了楚国以后，就立刻对楚怀王游说，如果楚国愿意关闭与齐国的边界，断绝与齐国的关系，那他就愿意劝说秦国，可以将商於一带六百里的地方献给楚国，并将秦王的女儿献给楚王，秦楚两国从此成为亲如兄弟的国家。当时楚国有贤臣陈轸和屈原，他们识破了张仪的计谋，都在奉劝楚王不要听从张仪的话，这会给国家带来灾难，但是贪婪的楚怀王已经被张仪的三寸不烂之舌彻底说服了，他不仅仅怒斥两个大臣鼠目寸光，而且立即将楚国的相印授予张仪，不顾众怒关闭与齐国的边界，并委托张仪全权办理与秦国的友好事宜，并且无知的楚怀王为了显示自己与齐国断交的决心，竟然派人到齐国大骂齐王无道，这使齐国一怒之下率先投靠了秦国。而张仪看到齐国归顺了秦国，心里知道自己的目的已经达到了，就对楚国到秦国的使臣说，我有六里封地愿意献给楚王。楚王听了使臣的汇报，知道上当受骗了，愤怒之下立即发兵攻打秦国，而秦国则联合齐国一起攻打楚国，楚国被双面夹击，不敌大败。

最终在张仪三番五次的阴谋诡计之下，楚怀王不听屈原等楚国良臣的意见，屈从了张仪，背弃合纵盟约，投靠秦国。六国之中已经有魏国、齐国、楚国归顺了秦国，张仪如法炮制，马不停蹄地到韩国、赵国、燕国游说，最终，六国都听从了张仪的计策，最后都解散了合纵盟约，一个个都归顺秦国。尽管，后来六国又因为张仪在秦国的失宠背信弃义，重新开始合纵结盟，六国联合起来对抗强大的秦国，但是因为张仪这些年以来的离间，六国已经是貌合神离，离心离德，最终又都成了秦国的阶下之囚。苏秦原想是靠张仪的才能达到自己合纵的目的，才用了些手段刺激他投靠秦国，没想到反而因此多了一个强大的敌人，张仪打乱了他的布局，破坏了他的计划，并最终帮助秦国统一，将让苏秦辛辛苦苦制造出的对峙局面付之东流。

诸葛亮因为对李严启用的失误，心中满是愧疚失望，但是对李严的一切惩罚都弥补不了蜀国失去了一个良好战机的损失，第四次北伐无疑成为诸葛亮心中一个巨大的遗憾，这不仅使诸葛亮要面对更为艰苦危险的局面，而蜀国也像是这场早早结束的战争一样，它即将要面对的不仅是外部的压力，更有内部的严重忧患——蜀国的掌舵者诸葛亮的身体日趋衰弱。

明星陨落

第五次北伐

经过三年休养生息和精心准备后，诸葛亮决定再次准备北伐攻魏，并在大举攻魏之前，和吴国定下了盟约约定要一举伐魏，然而朝中以谯周为首的蜀地本土官员借谶语大肆诋毁诸葛亮，反对北伐，大后方成都不稳，诸葛亮逼于无奈公开自己的财产，以安定士族官员的情绪。这一年，既宣告了一个时代的结束，也象征了另一个时代的开始。

　　这次诸葛亮发明了一种能在水小、流急、滩险的河道中运输军粮的"流马"，即一种既能划行又能拖行的窄长小船。诸葛亮通过"木牛"和"流马"的水陆搭配，成功解决了蜀军在秦岭山脉沿谷道进军时的军粮运输问题。

　　建兴十二年（234 年），诸葛亮凑足了十二万兵力经斜谷出五丈原，至渭水之南，此时，他的老对手——魏国大将军司马懿正督诸军屯渭水以北。曹魏大将军司马懿率军渡过渭水，背靠渭水构筑营垒抵御，他观察了四周的情况，对将领们说："诸葛亮如果攻击武功（今陕西武功县西），顺着山势向东挺进，将给我们造成压力；如果向西进入五丈原（今陕西眉县西），我们就平安无事。"就如司马懿所料一样，诸葛亮果然推进到五丈原。曹魏雍州刺史郭淮意料到了诸葛亮的计划，就建议司马懿说："诸葛亮一定要夺取五丈原渭水之北的地区，我们应先入据守。"听了郭淮的建议，魏军中的将领们大多都数不同意。

　　东吴呼应蜀汉北伐，魏军针对蜀吴结盟相约进攻的局势，决定采取"西守东攻"的合作战略。诸葛亮挥师北上五丈原，率军进至眉县时，想要在渭水之滨抢占有利位置对于诸葛亮这个想法，魏军早有预料，司马懿遂引诸军连夜渡渭水，背水为垒拒战，同时判断出他一定会走五丈原，便把战略前进基地从汉中前移至祁山、天水二地，而使渭水成为其后方的便利交通线，并利用陇西的资料增强军力，同时派郭淮一行屯兵抢占北原。这时，郭淮说："如果诸葛亮横跨渭水，控制五丈原全区，再进击北山（汧山），就可以切断通往陇右（陇山以西）的交通线，会引起汉人、羌人、胡人的巨大动乱，这不是国家之利。"觉得他的建议很有道理，司马懿听取了他的意见，遂命郭淮进屯北原。

　　魏国的战壕还没修好，诸葛亮就率领蜀军前来讨伐了，早有准备的魏军给予了蜀军强有力的回击，遏止蜀汉兵团攻势。没过了几天，诸葛亮见几次强攻没有结果，便率大军西行，想要暗度陈仓夜袭阳遂，但是他的一切行动都好像在魏军的预料之中，魏国郭淮等人早在阳遂防备，所以诸葛亮的谋算又一次落空了。诸葛亮因为以前数次出击，都因粮秣无以为继，不得不退，在粮草问题上吃了大亏，于是就改变了战略，决定实施军事屯田政策，命蜀国的士兵沿渭水河岸开垦当地居民田亩外的荒田，诸葛亮严格要求士兵的作为，军民两不影响，当地农民乐于接受他们，士兵也一切奉公，没有私弊。

诸葛亮派虎步监孟琰驻武功水北，适逢水涨，竟然生生阻断了诸葛亮和孟琰的联系，这是诸葛亮没有料到的。司马懿得知消息后立刻趁机出兵进攻孟琰。诸葛亮看着凶猛的洪水，心里始终不肯放弃，一方面派工兵连夜架桥，一方面派大批弩兵向司马懿的部队射箭，以达到阻击魏军的目的。几番的攻打没有得到任何效果，司马懿看到蜀军工事快要完成，知道已经丧失了最佳的机会，不想再做过多的纠缠，只好领军撤退了。处在司马懿大军的紧密盯梢下，诸葛亮自知处境极其危险，东进的道路受阻于司马懿，从渭水前进，又有郭淮阻挡，于是决定带军攻取散关、陇城等地，然后再回师进攻司马懿，于是两军开始在于五丈原相持百日。司马懿在蜀军粮食问题上占过巨大的便宜，想再一次以持久战消耗蜀军粮食，达到令蜀军自行撤退的目的，但是诸葛亮经过几次教训，也明白缺粮的严重性，于是开始组织士兵实施屯田来生产粮食，已达到自给自足的目的。

五月，吴军派出十万士兵配合蜀军三路攻魏，得知吴军来袭，魏明帝为了鼓舞军心自率主力反攻吴军；六月，曹睿亲督水师东击吴军，孙权探魏东下，不战而退；当孙权得知魏主的意图后，认为己方成了主战场，吃了亏，即令全线撤军，七月，吴军撤走，只剩下蜀军孤军奋战。

曹魏帝曹叡坚持与蜀军打持久战，命征蜀护军秦朗率步骑兵二万人支援司马懿抵御诸葛亮，并下诏司马懿："我要你坚守营垒，摧毁敌人的士气，使他们想进攻无法进攻，想决战而无法决战，用时间换他们的粮食，等到他们粮食耗尽，又没有地方可以抢夺，自然就会撤退，等他们撤退时进击，可以大获全胜。"

诸葛亮与司马懿对峙数月之后，心里急于决战，但是司马懿无论如何都坚守不出。为了使魏军出战，诸葛亮采用了各种方法进行挑衅，并故技重施，派使者屡次给司马懿送上女装，侮辱他男人的尊严。这次司马懿盛怒了，屡次向魏明帝上表请求出战，但魏明帝自知司马懿不是那狡猾的诸葛亮的对手，担心司马懿会输在诸葛亮的心机上，便派了辛毗来司马懿军中担任军师，以制止魏军出战。

辛毗，字佐治，颍川阳翟人，是曹魏的股肱之臣。当初，辛毗跟随其兄给袁绍当幕僚；当曹操任司空时，怜惜他的才华和品格，曾经多次征召辛毗，他不肯受命；在官渡之战后，辛毗跟随了袁绍的儿子袁谭；曹操攻下邺城后，上表推荐辛毗任议郎，后为丞相长史；黄初七年，文帝病故，明帝继位，封辛毗为颍乡侯，当时中书监刘放，中书令孙资专断朝政，朝中大臣纷纷投靠。由于辛毗不趋炎附势，凡事从来秉公而断，从不偏袒任何人，是被众将士所信服的忠贞老臣，在魏国有很高的地位。

当诸葛亮再次遣使到魏军约战时，司马懿终于无法忍耐他的挑衅，就下令命魏军出兵迎战，但被辛毗持杖节立在军门挡住，将领们都因辛毗素以刚正、执法严明而不敢轻言战事，大军被迫退回大本营。此后司马懿从怒火中冷静了下来，恢复了理智，考虑到诸葛亮攻人先攻心，自知不能再次上当，则不再考虑出战，只专心于防守，以待蜀军粮尽自退，然后乘其弊而追击之。面对敌人的沉默以对，诸葛亮想尽各种方法逼迫司马懿出战迎敌，但司马懿始终秉承"坚壁拒守，以逸待劳"的指示坚守不出，只耐心等待着蜀军粮草耗尽的那刻，赢来这一战的先机。司马懿的弟弟司马孚来信问前线军情，司马懿在回信上写道："诸葛亮志向高远而苦于没有机会，想要兴兵打仗但全力却被架空，他即使有十万兵力也只能作我的手下败将。"蜀汉护军姜维听到辛毗持节来此督战的消息，就对诸葛亮说："辛毗带着皇帝符节前来，司马懿再不可能应战了。"诸葛亮听到他的话，心里明白司马懿是想耗尽他的粮食，从始至终根本就没有迎战的意思，坦白地回答姜维说："司马懿实际上根本无心应战，所以索性就大张旗鼓，坚决要求非应战不可，就是在摆姿态而已，他是想借着皇帝的权威堵大家的嘴，他是掌握了魏国各个将领的心思。我们都知道，统帅在外，对天子的命令有时候都可以不接受，您仔细想一想，假如司马懿真的有能力击败我们，岂有千里之外请求准许他出军之理？"

不久，诸葛亮派使者又来求战，司马懿不谈军事，对使者正色道："诸葛亮的起居如何，每天吃多少？"使者不知情，又怕有诈，索性就实事求是地说："三四升。"然后他又假装无意地问道，"诸葛亮的日常生活怎样？"使者有些糊涂了，但还是照实说："凡事必亲力亲为。"经过一番不经意的询问，司马懿心里已经有谱了，他从使者的口中判断出诸葛亮已经时日无多，等他一死，蜀军内部必然大乱。别人很好奇，就问司马懿得出结论的原因，他回答说："诸葛亮食少事烦，怎么能活得长久！"果然应了司马懿的猜测，诸葛亮因为劳累过度于当月病故于五丈原军中。

八月，诸葛亮因积劳成疾而病倒，病情日益恶化。司马懿趁诸葛亮病重不能统军，于是率军攻打蜀军，斩杀了五百余人，俘虏数百士兵，投降者六百余人。这个消息很快就传到了成都，后主刘禅马上派李福去探望诸葛亮，并询问此后的国家大计。李福奉旨前往前线的蜀军大营，一路上不敢耽误一点时间，尽快地到达了诸葛亮的身边。两人在大帐中秘密交谈，李福在跟诸葛亮磋商中，得到了他的明确指示后，就立刻告辞返回成都，要向皇上刘禅禀报。但是李福只走了几天，在半路又匆匆赶回了诸葛亮的身边。看到李福半途折返，诸葛亮心里已想到了他的用意，就笑着对他说："我已经知道你回来的意思，我们虽然长谈一天，但是仍然觉得有些事还没有谈到，你是特地要我回答最重要的那个问题吧？你所问的事，我以为，蒋琬是适当的人选。"李福道歉说："以前实在忘记请示：先生百年之后，谁可以担当国家大事？所以中途匆匆折回。请再指示：蒋琬之后，谁可以继任？"诸葛亮点点头，认真地说："费祎。"李福再问："先生，那费祎之后呢？"诸葛亮不作答复，李福领悟了他的用意，就离去向刘禅复命了。

病逝五丈原

病入膏肓的诸葛亮自知活不了多久了，就吩咐众将领在他下葬时只需要挖洞一个，棺木能够放进去便足够，自己则穿着平常的服装即可，不须要其他配葬物，并在病榻上对各将领交代了他的身后事，命令杨仪和费祎统领各军撤退，由魏延、姜维负责断后，而让他奔波了小半辈子的北伐战争就此画下句号。不久，正如司马懿所预料的，诸葛亮在军营中与世长辞，时年五十四岁。

杨仪、姜维二人按照诸葛亮临终的部署，秘不发丧，整顿好军马从容撤退。当地百姓见蜀军整军撤走，立刻向司马懿报告，司马懿想到定是诸葛亮死了，没有犹豫地就出兵追击。见到魏军倾巢出动，姜维自知现在不是决一死战的时刻，就命杨仪回军向魏军做出进击的样子，他们带军返旗鸣鼓，像是早已料到魏军行动一样，司马懿见此状，心里害怕是诸葛亮装死引诱魏军出击，赶紧策马收兵，不敢再追赶。于是蜀军从容退去，进入斜谷后，才讣告发丧，司马懿自知上当，继续派出追兵，一直追击到赤岸，而蜀军已经快速撤走，他们没有取得什么战果，此事被魏人当作笑话传开了："死诸葛吓走生仲达"。司马懿听到这些嘲笑，却没有生气，只说："我能预料他活时的事，不能预料他死后的事。"等到战后清扫战场时，司马懿视察诸葛亮留下的残营废垒，惋惜地叹息说："他真是天下奇才。"

听闻诸葛亮病逝五丈原的消息，蜀国上下一片悲痛，后主刘禅称诸葛亮"功德盖世"，并评价追忆道"惟君体资文武，明睿笃诚，受遗托孤，匡辅朕躬，继绝兴微，志存靖乱；爰整六师，无岁不征，神武赫然，威镇八荒，将建殊功于季汉，参伊、周之巨勋。如何不吊，事临垂克，遘疾陨丧！朕用伤悼，肝心若裂。夫崇德序功，纪行命谥，所以光昭将来，刊载不朽。今使使持节左中郎将杜琼，赠君丞相武乡侯印绶，谥君为忠武侯。魂而有灵，嘉兹宠荣。呜呼哀哉！呜呼哀哉！"刘禅遵照诸葛亮的遗嘱将他安葬在了定军山，谥号"忠武侯"。最初，诸葛亮就自己的身后事上书给刘禅，文章写道，我在成都，有桑树八百棵，耕田十五顷，供给子弟饮食衣服，绰绰有余，我没有别的什么收入，所以我的财产不会增加。等到我死的那天，我绝不会让家里有多余的布匹，外面有多余的钱财，我绝不会辜负陛下。在诸葛亮逝世后，果然如此，他家中清贫，没有任何的多余的财产。

炎兴元年（263年），刘禅下诏为诸葛亮修武侯祠的时候，在他的墓前栽植了象征诸葛亮年龄的五十四株汉柏，以此纪念诸葛亮。蜀国的长史张裔，常常称赞诸葛亮的品格，经常说："丞相奖赏时，再疏远的人，都不会遗漏；处罚时，再亲近的人，都不会因私心宽恕；没有功劳的人得不到官爵，权势再大的人不能逃避刑责。这就是他使贤能的和愚劣的人都能忘身报国的原因。"

诸葛亮去世后，北伐军内部领导层就发生了分裂，尤其是军事参谋杨仪与前锋魏延二人。征西大将军魏延与丞相长史杨仪因争夺权力不和，他们之间不但存在不可调节的个人恩怨，而且军事立场也存在分歧——在对待北伐的观点上，杨仪主张大军撤退，全力进行生产，遵从诸葛亮去世前的指示，而魏延主张继续北伐，不满中途中断，更愤恨竟然要听命于政敌杨仪作断后将，所以强留费祎共谋夺取兵权。

最初，魏延勇猛超过常人，在战场上无人能敌，且在行军中善待部属，受到战士的爱戴。魏延生性好战，每次随诸葛亮出征，都向诸葛亮请求交付精锐部队一万人，另行出击，跟诸葛亮在潼关（今陕西潼关）会师，仿效当年韩信跟刘邦分道并出前例，但是诸葛亮考虑到大局都不允许。魏延常常认为诸葛亮这个人懦弱胆怯，总是抱怨自己的才干无处施展，但是顾忌他手中的权力而不敢造次。长史杨仪，干练敏捷，心思细腻，善于掌控各方，每次诸葛亮出军，杨仪都会在后方总揽全局，筹划粮秣，工作熟练而效率极高，做任何事情都是从不拖泥带水，遇到问题就立刻就处理妥当，所以，诸葛亮允许军事上的调度都由杨仪决定。魏延个性高傲，大家都让他三分，只有杨仪一人对魏延心怀轻视，从不假辞色，而魏延也因此对杨仪也深为愤怒，时间一长，两个人互相怀恨，势同水火，但是诸葛亮珍惜二人才干，不忍心偏袒任意一方，竭力使两个人能够和平共处。有一次，费祎出使东吴帝国，吴帝孙权酩酊大醉，就直接问他说："杨仪、魏延，在我看过，不过就是两个放牛的家伙，对国家虽然有鸡叫狗吠一样普通的小小贡献，实际上，他们并不重要，甚至微不足道。不过既然已经任用他们，就不能轻看这个问题，你们想过吗，万一有一天没有了诸葛亮，恐怕将发生祸乱。你们这群傻瓜，不知道考虑这些问题，难道要把这个烂摊子留给下一代解决？"费祎回答说："杨仪、魏延的不和睦，不过是为了鸡毛蒜皮般一点私怨，两人并没有英布、韩信那种难以驾驭的野心，而今，两人正在全力对付强大的敌人，都希望统一天下。事业成功就需要人才，伟大事业成功更需要更多人才。我们如果不用他们，如果只不过为了防备后患，那就跟为了防止惊涛骇浪，而放弃船只一样，始终不是长远的计划。"

在蜀国的朝廷之上，也因为二人的分裂，形成了两股力量，以文官为主的军队领导层已经厌倦了战争，明显地表现出了不想再战的立场，但是主要的问题又摆在了眼前——主战派的中心力量魏延，他手里有着一支在沙场走出来的精兵。诸葛亮死后，只剩下魏延独掌大权，他对将士说："丞相不在，魏延还在，丞相府官属和眷属，可以运送棺柩返国，我当率各军继续攻击敌人，怎么为了一个人的死，就废弃蜀国的天下大事呢？更何况，我魏延是什么人，怎能去做杨仪的部下，当他的后卫？"于是，就跟费祎共同拟具应变计划：决定谁应护灵南下，谁应留在前线拒敌。

魏延叫费祎亲笔书写，让他跟自己联名，并昭告所有将领。在魏延的威逼下，费祎无奈只能佯装附和，他骗魏延说："我应该回去向杨仪解释，杨仪是个文官，不太懂军事，一定不会反对你的部署。"费祎骗取了魏延的信任，答应魏延要回营押解杨仪为首的一干文吏过来，遂得逃出了魏延的控制，加快向朝廷回报战地的军情。魏延刚放费祎离开，他就出营上马，立刻狂奔而去。魏延自认为不会出差错，心里没有起疑。等到魏延派人查探大营，发现大军正在做撤退准备，魏延发觉自己被骗后勃然大怒，抢先领军急退，杨仪在费祎与姜维的支持下，组织主力部队脱离前锋魏延擅自拔营向成都后撤，魏延在极度的愤怒中组织手下部队赶在杨仪主力撤回之前烧毁其必经栈道，并带兵攻打杨仪的部队，在这场混乱激烈的内战中，双方死伤无数，给蜀国造成了无法挽回的损失。同时，杨魏两人皆飞檄告状，各自上表后主，互相攻讦对方谋反，在朝廷之上打起了激烈的口水战，后主刘禅问留守的蒋琬和董允该信何人，蒋、董两人都一致怀疑是魏延生了二心。之后，魏延军内部出现哗变，杨仪命将军王平应战，王平率兵进攻魏延，魏延引兵来战。战前，王平斥责魏延的先头部队说："丞相刚刚去世，尸首还有余温，你们怎么敢如此！"提及诸葛亮的名字，魏延的兵士心里都认为魏延理亏，纷纷倒戈，他手下士兵被王平遣散，于是魏延带着儿子数人逃往汉中。杨仪派马岱追杀魏延，在魏延兵败逃往汉中的途中被马岱所杀后，蜀国大军才得以顺利撤回了成都，这也代表着诸葛亮殚精竭虑的最后一次北伐在一场领导集团的内讧中惨淡收场。一代名将死在了自己人的刀下，一生戎马落到了死后"夷三族"的悲惨下场。各路兵马撤回成都之后，后主刘禅大赦天下，任命左将军吴壹为车骑将军，假节镇守汉中。任命丞相留府长史蒋琬为尚书令，总理国家政事。

诸葛亮死后，刘禅调整了国策，他听取了诸葛亮死前的意见，以蒋琬为诸葛亮的继任者，停止北伐，安抚士族，休养生息。曾经与诸葛亮不和并反对他北伐的谯周，得报诸葛亮病逝的消息，不顾朝廷不得北上吊丧的诏令，只身北上汉中。李严在梓潼郡得知诸葛亮病亡的消息，烧毁刘备给他颁的密诏，自知无法再被启用，大哭忧愤而亡。参军狐忠受李严生前所托，北上汉中祭拜诸葛亮，偶遇了也来拜祭诸葛亮的徐庶，徐庶此时已经是魏国任御史中丞，两人一见如故，心里对战争充满了厌恶，就结伴颠沛流离到花萼山隐居。徐庶为百姓治病，深得百姓爱戴，就像诸葛亮的遗训一样，"不为良吏，就为良医"，在他死后百姓自发为其立庙。吴国的皇帝孙权说："诸葛丞相德威远著，翼戴本国，典戎在外，信感阴阳，诚动天地，重复结盟，广诚约誓，使东西士民咸共闻知。"

杨魏之争对失去了诸葛亮的蜀汉带来了重大影响，损失了军事上的鹰派重要领袖魏延，从此失去军事上有效对抗曹魏的力量，之后再没有一个人能撑起蜀国的军事；在诸葛亮死后，蜀国的政治权力被后主刘禅收回，通过政务与军事分属蒋琬与费祎，而决策权收留给自己，蜀国也再没有出现任何一个人能够像诸葛亮一样独掌大权；蜀国的国策也由军事对抗曹魏转向联吴休养生息，但是此政策到姜维掌权就发生了改变。在继承人这一点上，诸葛亮失误地选择了只一味想着统一天下的姜维，造成其执政后，不顾国力因天灾人祸而衰弱，强行九伐中原而大败归来，大大加速了蜀国灭亡的速度。

诸葛亮的儿子诸葛瞻带着诸葛尚接过了诸葛亮的任务，两人在绵竹与魏国邓艾部激战中，不受威胁利诱而壮烈成仁，父子皆阵亡，诸葛瞻时年三十七岁，而诸葛尚年仅十七岁。

诸葛瑾、诸葛亮之后，诸葛亮的侄子诸葛恪又一手左右了东吴的命运。诸葛恪，字元逊，琅琊阳都（今山东沂南）人。从小就以神童著称，深受孙权赏识，弱冠便拜骑都尉。在孙登为太子之后，诸葛恪又为左辅都尉，为东宫幕僚领袖。直至陆逊病故，诸葛恪领其兵，为大将军，主管上游军事。孙权临终之际，诸葛恪成为托孤大臣之首，太子孙亮继位后，诸葛恪一手掌握吴国军政大权，达到权力人生的巅峰时期。诸葛恪掌握了吴国的军权后，率军抵挡了魏国的三路进攻，在东兴大胜魏军。此后，诸葛恪开始轻敌，率大军伐魏，围攻新城，连日不克，死伤异常惨重，等到大部队回军后为掩饰过失，诸葛恪更加独断专权，一手遮天，不久诸葛恪因为权力过大，威胁到了皇权，而被孙峻联合吴主孙亮设计杀害，被夷灭三族。

直到景耀六年春，朝廷才批准在定军山为诸葛亮立庙。曾为参军狐忠立即北上前来拜祭，当他来到定军山，发现主持修庙的居然是被诸葛亮流放过的、原长水校尉廖立之子廖涣，他错愕不已，也嗟叹不已，诸葛亮虽已作古，但他的人格魅力仍留在人世间。这年秋天，诸葛亮庙落成之时，曹魏三路大军进攻蜀汉。当时，沔阳县令廖涣带着百姓、县衙官员正在举行武侯祠落成大典，被魏国将军钟会的大军包围。魏国攻占成都，刘禅投降，失去了诸葛亮的蜀国走向了灭亡。在晋代一统天下后，司马炎曾诏诸葛亮的第三个儿子诸葛怀到洛阳封赠显爵，诸葛怀上表说："臣家在成都有桑八百株，薄田十五顷，衣食自有余饶；才同梠栎，无补于国，请得归庸下，实隆赐也。"晋武帝司马炎不能逼迫他就范，只得顺其志向。

诸葛亮从出山到病逝五丈原，走过了二十七个春秋。在这期间，他经历了无数的艰难险阻，数以百计的战斗，经常都是以寡敌众，以少胜多，变劣势为优势，在困境中取得了一个又一个来之不易的胜利。心高气傲的周瑜就曾经多次感叹："孔明神机妙算，吾不如也。"

诸葛亮是我国优秀传统文化孕育出来的忠于国家民族、自强不息、有奉献精神的杰出人物。他的名言"淡泊以明志，宁静以致远"、"鞠躬尽瘁，死而后已"，已成为中华民族宝贵的精神财富。从他一生的奋斗中，我们可以体会出"志"和"远"的深刻内涵，这就是国家的统一富强，人民生活的富裕安定，以及历史的发展，社会的进步。为此诸葛亮终生奋斗不息，奉献出了自己的一切。这种崇高的奉献精神，在一切仁人志士和广大人民群众中产生了强烈的共鸣，这也使诸葛亮受到了人们的爱戴和景仰。从哲理上讲，物质可以变精神，精神也可以变物质。人们景仰诸葛亮，必定学习实践他高尚的人格精神，而这种高尚的精神品质一旦变为人们的实际行动，便会成为一种强大的改造人类社会的物质力量。

月亮皎洁温柔的光辉洒在这片安宁的大地之上，一如既往，就像在默默地守候那个时代，沾满了泪水与鲜血，诸葛亮一步步走上了被人敬仰的神坛，也成为记录历史长河变迁的一分子，他留给了后世一个个无法猜透的谜，吸引着一批又一批的为他着迷的人来读他的历史，来猜他的过去。诸葛亮已成为中国古代历史的一个符号，永远被镶嵌在三国时代那战火纷飞的宏伟画面里。

发明与文化

说起发明，诸葛亮娴熟韬略，多谋善断，长于巧思，曾经革新"连弩"，可连续发射十支羽箭；又制作"木牛流马"，为山地军事运输做出了重要贡献，木牛流马善于上坡下坡，收粮等，其构造极其像牛、马，四条腿由粗木制成，内设有一绳，绳头接舌，绳尾接腿，每行二十里扭转舌头一次，方能再继续行走。他还推演兵法，制作出了"八阵图"。诸葛连弩是诸葛亮出山后发明的第一样作战兵器，旧样式的弩一次只能发一支箭，对于紧迫的战争，这明显十分不便。诸葛亮改良的弩一次竟能连发十支箭，提高了杀伤力，是三国军事上的一次重要革新。连发弩比一般的弩稍宽，射箭时平射，效率极高。而八阵图，又名八卦阵，这是诸葛亮自己创造的兵阵，他称之为八卦兵阵。而孔明灯，是诸葛亮北伐被司马懿困于平阳时所发明的一种用来向救兵传递信息的空飘灯，这也是利用加热的空气产生浮力的热气球的起源。在科技不发达的三国时代，诸葛亮仍能成为世界上第一个发现热气球空飘这个原理的人，而在十八世纪的西方，法国造纸商蒙戈尔菲耶兄弟用纸袋聚热气作实验时，才发现了纸袋能够随着气流不断上升这个现象。诸葛亮发明中最为传奇的便是馒头了，传说馒头是诸葛亮南征前的祭祀品，诸葛亮率兵攻打南蛮，班师回朝的途中必须经过泸水，突然狂风大作，大军无法渡江，诸葛亮不愿再害人命去祭祀，遂命厨子以米面为皮，内包黑牛白羊之肉，捏塑出人头形状，然后陈设香案，洒酒祭江。

诸葛亮精通音律，有很高的音乐修养，这方面在古籍中多有记述。陈寿《三国志·诸葛亮传》记载："玄卒，亮躬耕陇亩，好为梁父吟。"习凿齿的《襄阳耆旧记》中记载："襄阳有孔明故宅……宅西面山临水，孔明常登之，鼓瑟为《梁父吟》，因名此山为乐山。"《中兴书目》记载："《琴经》一卷，诸葛亮撰述制琴之始及七弦之音，十三徽取象之意。"谢希夷《琴论》也记有这样的内容："诸葛亮作《梁父吟》。"《舆地志》记载："定军山武侯庙内有石琴一，拂之，声甚清越，相传武侯所遗。"诸葛亮在音乐方面有着全面的修养和很高的艺术成就，他写有一部音乐理论专著——《琴经》。古人说"琴心剑胆"，而诸葛亮一生纵横沙场，既是著名军事家，也注重内外兼修，无论是书法和音乐，皆有很高的造诣。

要知道，历史中的诸葛亮不仅是出色的军事家，也是著名的文学家，他创作并流传下的《隆中对》（《草庐对》）、《出师表》、《诫子书》、《诫外甥书》、《将苑》（又名《心书》）、《便宜十六策》、《兵法二十四篇》、《兵要》、《心战》等等，这些作品基调或哀婉，或凝重，或深情，或严肃，他的文章最大程度地彰显了一个千古名相该有的胸襟和气度，字句都具有语言艺术上的极大张力。

诸葛亮还提出"勿以身贵而贱人，勿以独见而违众，勿恃功能而失忠信"，以此来警告世人千万不要高高在上而蔑视他人，也不要固执己见而违背众议，更不要因为自视过高而轻易地失信于他人，这样的人才能挑起大梁。

后记——千古名相诸葛亮

鱼水三顾合，风云四海生。

武侯立岷蜀，壮志吞咸京。

——李白

诸葛大名垂宇宙，宗臣遗像肃清高。

三分割据纡筹策，万古云霄一羽毛。

——杜甫

功盖三分国，名成八阵图。

江流石不转，遗恨失吞吴。

——杜甫

三顾频烦天下计，两朝开济老臣心。

出师未捷身先死，长使英雄泪满襟。

——杜甫

虫蛇穿画壁，巫觋醉蛛丝。

欻忆吟梁父，躬耕也未迟。

——杜甫

先主与武侯，相逢云雷际。

感通君臣分，义激鱼水契。

——岑参

出师一表真名世，千载谁堪伯仲间。

——陆游

管乐有才真不忝，关张无命欲何如？

他年锦里经祠庙，梁父吟成恨有余。

——李商隐

凛凛《出师表》，堂堂八阵图。

如公全盛德，应叹古今无！

——元微之

淡泊于今尚若斯，清流疏柏武侯祠。

三分未竟贤臣志，一表应怜庸主师！

——老舍

长星昨夜落营中，朴报先生此日倾。虎帐不闻施号令，
麟台唯显昭著名。空余帐下三千客，辜负胸中百万兵。好看
青怡白昼里，于今复无雅歌声！

——《三国演义》

不得不承认这些诗歌里的诸葛亮，即使在沉默的文字间也闪
耀着与众不同的光辉，乱世桃花逐水流，诸葛亮的大半生都在这
片土地上漂泊无定，看似风光无限好，但是只有他自己明白其中
的风霜苦楚。诸葛亮，字孔明、号卧龙（也作伏龙），汉族，琅
琊阳都（今山东临沂沂南）人，三国时期为蜀汉的丞相，是杰出
的政治家、军事家、发明家、文学家，在世时被封为武乡侯，死
后追谥忠武侯，东晋政权特追封他为武兴王，这一个个沉重的头

衔无不在向世人诉说这份福泽后代的荣耀，诸葛亮是注定要承受天下百姓目光的人。《袁子》说："行法严而国人悦服，用民尽其力而下不怨。及其兵出入如宾，行不寇，刍荛者不猎，如在国中。其用兵也，止如山，进退如风，兵出之日，天下震动，而人心不忧。亮死至今数十年，国人歌思，如周人之思召公也，孔子曰'雍也可使南面'，诸葛亮有焉。"

诸葛亮为报刘备的知遇之恩，花尽一生的心思，为了匡扶刘备建立蜀汉而殚精竭虑，之后又辅佐少主刘禅巩固帝业，他身上"鞠躬尽瘁，死而后已"的可贵精神，更是成为后世赞扬学习的楷模。他的精神生命要大大长于他的自然生命，诸葛亮为刘备父子鞠躬尽瘁死而后已的精神，直到现在，也依旧存在于世，并为世人所称赞。中国历史上有许多位宰相，但是诸葛亮无疑是其中最富有传奇色彩的一位，在官方史料里，在民间传说里，他创造了众多的富有奇幻色彩的发明，包括馒头、孔明灯、木牛流马、八阵图、诸葛连弩、孔明锁、地雷等等，这些给他的身上蒙上了一层看不清的纱，让后来人为他的奇思妙想万分着迷，想去猜当初他第一次燃起孔明灯的模样，想去猜他第一次画下八阵图的风采。

当年三顾茅庐的佳话依旧没有被人遗忘，刘备以求贤若渴、礼贤下士的精神造就了一代伟人，杰出的政治家，军事家——诸葛亮。诸葛亮是个重情重义的人，不顾自己年老体衰，为匡扶汉室而身先士卒，虽几次北伐皆无功而退，却仍矢志不渝，以死效忠于蜀汉。他夙兴夜寐，意尤嫌不足，总希望能够效忠贞之节，继之以死，来报效对先帝刘备的一片忠心。在五丈原时，诸葛亮旧病复发，一脚已经踏进了鬼门关，他自知危在旦夕，但为了上报君恩，下救民命，仍然顽强地奋斗在第一线。虽然他几次吐血不止，但仍然坚持扶病理事，与众将士计议军机，哪怕在临死前，无力支持的诸葛亮还要"强支病体，令左右扶上小车，出寨遍观各营，自觉秋风吹面，彻骨生寒，乃长叹曰：再不能阵讨贼矣！悠悠苍天，曷此其极！"

古代中国是一个长期处在封建制度下的国家，丞相的位置是尴尬的，也是高贵的，一人之下，万人之上，他拥有掌握全局的权力，但是在茫茫的历史长河中，能够建有功业、能称之为名相者却可谓是屈指可数，而这其中能够长期得到世人称颂而又为广大百姓所熟悉认同的，无一人出其诸葛亮其右。据史书记载：亮初亡，所在各求为立庙，朝议以礼秩不听。百姓遂因时节私祭之于道陌上。言事者或以为可听立庙于成都者，后主不从。很显然，从封建礼制讲，天子为至尊，诸葛亮不过一人臣而已，不能超越"礼秩"，为其立庙祭祀。最高统治者并未意识到诸葛亮精神生命的巨大潜力。然而，蜀汉的百姓却不管朝廷的"礼秩"，因为诸葛亮在他们心中的形象是无法磨灭的。据史书记载，"汉中之民，当春月，男女行哭，首载白楮币上诸葛公墓，其哭甚哀"。这说明，诸葛亮的精神仍活在蜀汉民心之中。

在政治上，诸葛亮实行法治有一套属于自己的理论："吾今威之以法，法行则知恩；限之以爵，爵加则知荣。恩荣并济，上下有节。为治之道，于斯著矣。"诸葛亮在中国古代社会长期受到上自皇帝下至庶民的普遍赞誉，这应该是对一个官吏最高的赞誉。

诸葛亮是中国三国时期的一个家喻户晓符号，他代表着漫漫沙场上燃起的狼烟和战士冲锋陷阵时的嘶吼。关于诸葛亮的生平，在陈寿的《三国志》中载有《诸葛氏集目录》，共二十四篇，十万四千一百一十二字，但是真正让广大人民记住传诵的却是元末明初罗贯中《三国演义》这部小说。在波澜壮阔、气势恢宏的

《三国演义》中，作者罗贯中对诸葛亮进行了神化，诸葛亮被赋予了呼风唤雨、神机妙算的奇异本领，他上知天文，下知地理，能掐会算，无所不能，诸葛亮应该算是全书中塑造得最为成功的核心人物，是维系全书的灵魂。在这部小说诞生后，诸葛亮的这个神仙一般形象就在古代民间颇为流行。文学形象固然是加有特意夸张的成分，但是无论如何去评价衡量真正的诸葛亮，他都完全可以称之为千古名相第一人。自诸葛亮之后，中国古代历史上所有清廉有为的官吏如宋代包拯，明代于谦、海瑞等等，无不以诸葛亮为楷模，显示了诸葛亮思想的巨大力量。

真实的诸葛亮出生富人之家，丰富的物质条件给了他美好的童年生活，但是他所处的那个时代是地主阶级和农民阶级矛盾最尖锐的时期，农民处在水深火热的环境之中，这样的时代注定了他的生活不能安于平静，必定要掉入这汹涌湍急的历史河流中去。诸葛亮幼年时期亲身经历了青州军的大屠杀，他见过百姓身上流出的血，嗅过刀上的血腥味，这是他人生的转折点，也是他心中永恒的伤痛。逃离琅琊郡，给了他一个改变历史的机会。

诸葛亮的一生都在为蜀国奔波着，"鞠躬尽瘁，死而后已"，就是对他最好的评价。隆中对策，占荆州，夺益州，步步为营，攻人攻心，他亲手帮刘备打下三分天下的基础，或败或胜，他所经历的每一战几乎都是史书上独一无二的经典战役。在罗贯中一部《三国演义》的描写之下，诸葛亮被逐渐神化了，他的传说故事妇孺皆知，火烧博望坡、草船借箭、诸葛亮吊孝、空城计等等，他被后人一步步推向了不可触及的神坛，成为作者笔下最富有传奇色彩的角色。在中国传统戏曲中，有关诸葛亮的故事长久以来都是重头戏，他这一角以老生所演，身穿着印有八卦图案的标志性外袍，手持羽扇。关于他手中的这把扇子，清朝康熙年间，襄阳观察使赵宏恩在《诸葛草庐诗》中写道："扇摇战月三分鼎，石黯阴云八阵图"，可见诸葛亮手里的羽扇代表着智慧和才干。在有关诸葛亮的戏曲中，诸葛亮这个形象总是手拿羽扇。而关于他的剧目多来自罗贯中的《三国演义》，包括《诸葛亮吊孝》、《收姜维》、《群英会》、《借东风》、《三气周瑜》、《空城计》、《战马超》（又名《两将军》）等等。诸葛亮这个艺术形象活跃在中国艺术中的各个角落，在朝堂上舌战群儒，在大帐中运筹帷幄，在前线看风刀雪剑，在战争中统领全军，他用破一生藏在每一段蜀汉的历史里。

《全唐诗》书中可见咏吟关于诸葛亮事的诗人 50 多位，诗歌近 100 首，其中以孔明为主题的约 40 首，李白的《读诸葛武侯传书怀，赠长安崔少府叔封昆季》、宋朝政治家文学家王安石的《诸葛武侯》、明朝文学家杨慎的《武侯祠》、近代历史学家郭沫若的《蜀道奇》，其中尤其是诗圣杜甫咏孔明的诗最多，并广为流传，著有《蜀相》（当中有两首同名蜀相）、《咏怀古迹其四》、《诸葛孔明》、《八阵图》、《古柏行》、《武侯庙》、《诸葛庙》、《阁夜》等。

因为诸葛亮的功绩与忠心，中国历代封建君主对诸葛亮无不大加称许，并丝毫不吝啬地不断追封他各个头衔。显然，诸葛亮身上所背负的雄才大略是每个君王渴求的，他耗尽心力为君主的事业筹划和奔走，扶幼主而忠心不变的德行，更是封建君主们所求之不得的，他们都期望着再出现一个诸葛亮让他们如虎添翼。历史上，晋朝追封诸葛亮为"武兴王"；宋朝时赐"英惠庙"，加号"仁济"；元朝时追封为"威烈忠武显灵仁济王"，尤其是元代时期的武庙从祀规模大减员，很多人都被剔除了，但是仍然有诸葛亮，他的地位还是和写出《孙子兵法》的孙武等平起平坐；明朝洪武年间，诸葛亮被列入帝王庙中从祀名臣之列；而在清朝时，每年春秋孔庙祭礼中，诸葛亮也被列入了从祀之列，可见不管历史如何变迁，诸葛亮在中国人心中始终处在不可替代的地位。

在历代的文学描写中，诸葛亮羽扇纶巾，总是一个风流倜傥的儒生的形象，而历代士子文人对诸葛亮普遍表示了肯定与认同。他们看到了诸葛亮身上所象征的儒家思想，仁、礼、忠、孝，这些品德都是儒家所提倡的君子之风，是儒家学派所向往的精神。三国时期，各国战争不断，本就是一笔糊涂的烂账，诸葛亮所选择的道路却非常鲜明，他维护封建纲常和崇尚儒家忠义道德，是三国时期一个正统思想家，但是诸葛亮并不墨守儒家教条，他尊王而不攘夷，在进兵南中，平定少数民族战乱时，采用了和抚夷越的方法，提出"西和诸戎，南抚夷越"，在三国中执行了最好的民族政策。历史上，凡是多民族国家，都曾面临过这个十分敏感的民族问题，诸葛亮在生产发展、社会稳定的基础上，加强了南中与内地的交往。据《普洱府志古迹》记载：旧传武侯遍历六山，留铜锣于攸乐，置铜镜于莽枝，埋铁砖于蛮砖，遗木梆于倚邦，埋马蹬于革登，置撒袋于曼撒，固以名其山。六大茶山中有一座就叫孔明山，当地人民还把茶树称作"孔明树"，把诸葛亮尊为"茶祖"。时至今日，基诺族、布朗族、佤族、傣族、哈尼族、壮族各村寨每年都要在诸葛亮诞辰这天举行盛大的集会，称为"茶祖会"，赏月歌舞，放孔明灯，以祭拜诸葛亮。

提到诸葛亮，就一定要提一提他强大的对手们。其一，东吴的周瑜，周瑜，字公瑾，是东吴四英将第一位，庐江舒城人，在童年时期就与孙策相识，结为生死之交，等到孙策脱离袁术自立后，周瑜就投奔了孙策，成为其旗下大将。在孙策平定江东的战争，周瑜中起到了谋士和武将的双重作用，在正史记载上，周瑜"性度恢廓""实奇才也"，而范成大誉之为"江左风流美丈夫"；宋徽宗时追尊周瑜为平虏伯，位列宋武庙七十二将之一；陈寿在《三国志》中写道："曹公乘汉相之资，挟天子而扫群桀，新荡荆城，仗威东夏，于时议者莫不疑贰。周瑜、鲁肃建独断之明，出众人之表，实奇才也。"其二，就是曹操，曹操字孟德，是沛国谯县（今安徽亳州）人，汉族，是东汉末年杰出的政治家、军事家、文学家、书法家，三国中曹魏政权的缔造者，陈寿在《三国志》描写他说："汉末，天下大乱，雄豪并起，而袁绍虎视四州，强盛莫敌。太祖运筹演谋，鞭挞宇内，揽申、商之法术，该韩、白之奇策，官方授材，各因其器，矫情任算，不念旧恶，终能总御皇机，克成洪业者，惟其明略最优也。抑可谓非常之人，超世之杰矣。"最后与诸葛亮一生相争的人物，就是最后得到了天下的司马懿。司马懿，字仲达，汉族，是河内郡温县孝敬里（今河南焦作温县）人，是三国时期魏国杰出的政治家、军事家，西晋王朝的奠基人。司马懿出身于东汉以来累世为二千石的豪强家庭，其父司马防官至京兆尹。司马懿早年为郡小吏，建安十三年受曹操三请，才出仕相助曹操，任丞相府文学掾，当时 30 岁，后任丞相府出簿。建安二十二年，曹丕立为太子，司马懿任太子中庶子，与陈群、吴质、朱铄同列为曹丕的"四友"，是曹丕智囊团的主要人物。在夺得天下之后，长子司马师自封公后，追尊为舞阳文宣侯；次子司马昭称王后，追尊为晋王；其孙司马炎称帝后，追尊为高祖宣皇帝，故也称晋高祖、晋宣帝。正是因为这三个人的出现，历史才给了我们这么多有关于诸葛亮的神奇传说。

沔阳名士黄承彦之女，诸葛亮之妻，诸葛瞻之母，诸葛亮发明木牛流马，相传是从黄月英的传授的技巧上发展出来，荆州一带的特产，相传部分也由黄月英所制造或发明。相传她长相丑陋，黄头发，黑皮肤，是有名的丑女。才貌双全的诸葛亮，不仅仅史书上说其"身长八尺，容貌甚伟"，而真实情况也确是一个身材魁梧、相貌堂堂的美男子，然而，就是这样一位可以帮助刘备打天下的美男子，却在二十五岁之际仍未娶妻，这在少年娶妻已成为惯例的三国时期，倒是少之又少的罕见现象，而且他最后娶的妻子还竟然是丑女黄月英，并把她堂而皇之地迎娶进门。相传为了和才女黄月英成婚，诸葛亮用毅力、智慧并巧借朋友之势，终于战胜了黄家父女设立的一道道难关，最终赢得了美人心。据说就是因为诸葛亮和黄月英的金玉良缘，在后人结婚时，姑娘怕羞而喜吹遮面的红盖头，就是从黄月英那儿学来的。诸葛亮与黄月英一生一世夫妻情感的亲密，没有摩擦，诸葛亮沉湎在黄月英温柔的照顾中，成就了一段才子佳人的传奇。

"吝则赏不行，赏不行则士不致命，士不致命则军无功"，诸葛亮一生崇尚节俭，所得的绝大部分财物都用于赏赐有功将士。

先帝刘备去世后，诸葛亮继续以"鞠躬尽瘁，死而后已"的精神，战斗到生命的最后一息，哪怕奄奄一息时，也要交代他死后蜀国的动向。

诸葛亮代表了中国人最向往的那种人，慎用权力，对人开诚布公，不计较虚名而重视实际。他身上有着中国读书人最传统的骄傲与清高，就像是徐庶曾经所说的一样：此人可就见，不可屈致也。将军宜枉驾顾之，诸葛孔明者，卧龙也。

儒家的思想是融化在中国人的血液里的东西，每一次翻腾，每一次流动，都带着对礼与义的尊敬，而诸葛亮把这种精神切实带到了他的生命中去，他用自己的双手将这些珍贵的品质放在了胸膛中，就算魂断如风筝，也要回到自己守候挂念的地方。

在蜀国的政治上，大到方针决策，小到政令下达，诸葛亮始终坚持以人为本，他认为只有当地人民的生活好了，才可以招来更多的人口，使地广人稀的汉中重新得到发展，逐步到达人多、粮多的良性循环，最后实现国富民强的目的，只有富国强兵了，才能使蜀国国运昌盛，人民安居乐业。经诸葛亮之手"踵迹增筑"的"山河堰"等水利工程造福了在此生活的中国百姓。

诸葛亮去世后，晋统一了三国，镇南将军刘弘作《诸葛武侯宅铭》，在隆中设祠立庙。明代成化年间，已逐渐形成了具有人文气息的隆中十景。一千多年来不知为多少游人所向往，王安石、苏轼、曾巩、唐寅等都曾在此留下了宝贵诗篇。实际上，在中国的多个地方都修建有武侯祠来纪念诸葛亮，目前保存完整的尚有九处武侯祠，其中四川成都最为著名，而河南南阳卧龙岗、湖北襄阳、黄陵庙、甘肃祁山、陕西勉县、岐山、重庆白帝城、云南保山都有武侯祠，下面为大家详细介绍几个武侯祠：

四川成都市的武侯区和武侯祠是具有代表性的建筑，1961年公布为全国重点文物保护单位，1991年经过当地政府批准，四川省成都市武侯区正式成立，1984年成立博物馆，2008年被评为首批国家一级博物馆，享有"三国圣地"之美誉。区名取自辖区内的武侯祠。武侯祠因诸葛亮生前被封为武乡侯而得名。祠堂位于四川省成都市南门武侯祠大街，是中国唯一的君臣合祀祠庙。明初时期，与昭烈庙合并一体，成为蜀中著名的历史旅游名胜之一，每年吸引大批游客来此参观吊念武侯。

湖北襄阳的武侯祠是祀奉诸葛亮的祠宇，位置在隆中山腰，建筑始建于晋朝，之后又历经隋、唐、宋、元、明、清、民国七个时期，被不断扩建修复。湖北襄阳的武侯祠是四进三院的层台式建筑，除第三进为卷棚式外，其他都是单檐硬山建筑，最特别的是其院中栽有两棵参天古柏，这使整个院落带着一种历经沧海桑田后的忧郁与沉寂，宛如经受过风吹雨打的老人，竟然带着几丝诸葛亮的气魄，主要的三殿内陈列着诸葛亮生平简介，而后面大殿内有诸葛亮及他儿子诸葛瞻、孙子诸葛尚塑像。

河南南阳武侯祠也是一个著名的景点，又名"诸葛亮庵"，处在河南南阳市卧龙区卧龙岗，始建年代可上溯至魏晋时期，是蜀国故将黄权在诸葛亮当年隐居的卧龙岗上修建的是纪念诸葛亮的大型祠堂群，汉昭烈皇帝刘备三顾处，历史上著名的"三顾茅庐"和"草庐对策"就发生在这里。1963年公布为河南省文物保护单位，1996年被国务院公布为全国重点文物保护单位。武侯祠内碑石林立，蔚然成景，将这一段惊心动魄的三国历史记录在这里。

陕西省汉中市武侯祠，位于勉县，始建于公元263年，为最早的武侯祠，故被称为"天下第一武侯祠"。诸葛亮出祁山的故事就发生在这里，而他也是在这里去世的。祠庙建于元初，明、清续有修葺，正殿内供奉诸葛亮坐像，殿壁嵌有青石四十块，上刻宋代民族英雄岳飞书写的诸葛亮《出师表》。而它的大门两侧题有对联道："未定中原，此魂何甘归故土；永怀西蜀，饮恨遗命葬定军。"字字句句道出了诸葛亮临终时的旷古遗憾，使整座建筑都带着一种不能言语的肃穆之感。

白帝城武侯祠位于中国重庆市东部的长江北岸奉节县白帝城白帝庙。刘备临终之际，于永安宫托孤于诸葛亮与李严，史称"刘备托孤"。武侯祠于明良殿西侧，祠中供奉诸葛亮及其子孙诸葛瞻、孙诸葛尚，位于武侯祠之前的是观星亭，传说当年诸葛亮率军入川时，曾在此夜观星象，思考用兵战略，"观星亭"由此得名。

而诸葛亮之墓，即武侯墓已属全国重点文物保护单位，位于陕西省勉县定军山脚下，当年诸葛亮临终前特意要求刘禅在他去世后将他葬在这里，嘱咐后人不要陪葬品，不要丰厚的葬礼，让他清廉地活着，也要清廉地死去。这里是诸葛亮的人生终点，他的魂归处，他在这里见证了那个时代的分分合合，合合分分，在天地万籁俱寂之中，听着后来人诉说着有关他种种的传奇。据史料地方志记载，公元263年，后主刘禅下诏为诸葛亮修武侯祠的时候，曾经在此栽植了象征诸葛亮年龄的五十四株汉柏，虽然后来因为某些原因遭到了严重破坏，但是现在仍有二十二株被保留了下来。因为当时对它们所谓争议良多，1979年当地政府为了证明它确实属于汉柏，请北京林学院的专家到武侯墓用现代科学手段对22株树木进行一一测定，并最终确认它们已生长了一千七百多年了，证明了这些参天的汉柏的的确确是陪着去世的诸葛亮才在此落地生根，是武侯墓不可分离的重要一部分。

武侯视克复中原为已之大任，但壮志未酬而身先亡，其七擒孟获、赤壁鏖战、火烧新野、草船借箭的大智慧却依旧在民间广为流传。中国流传下来的很多歇后语都是关于诸葛亮的：诸葛亮当军师——名副其实、诸葛亮唱空城计——没办法、草船借箭——多多益善、诸葛亮招亲——才重于貌、诸葛亮弹琴——计上心来、诸葛亮用兵——神出鬼没、诸葛亮的锦囊——神机妙算等等，无一条不是在赞扬诸葛亮的伟大智慧。而关于诸葛亮的成语也数不胜数，包括初出茅庐、鞠躬尽瘁、三顾茅庐、闭门思过、盖世无双、思贤如渴、龙盘虎踞、淡泊明志、俭以养德、妄自菲薄、任重才轻、草船借箭、作奸犯科、欲擒故纵等等。

在与对手的政治斗争中，诸葛亮总是善于把握全局，随机应变，因势利导，牢牢掌握制胜的主动权；在军事较量中，总是知己知彼，重视掌握情报，打心理战，或伏击、偷渡、伪装、奔袭，虚虚实实，千变万化，他的计策总是能出乎人们意料。

诸葛亮的一生都是故事，他以高远的目光看到了时代的变化，关于他的文化形象，中国历代文人总有些不同的看法，他是中国文人的靶子，那些是是非非，黑黑白白，清清浊浊，竟是哪代文人墨客都说不尽道不完的。莎士比亚说过，一千个观众就有一千个哈姆雷特，同样，这句话放在诸葛亮身上也十分适用。不管是世人高估他也好，还是名副其实也好，每个人心中的诸葛亮都不一样，如何知道高估还是低估？

你们从这本书中看到的诸葛亮，也许是属于残酷沙场上的可以指挥千军万马的军事家，也许是在朝堂上可以翻云覆雨的政治家，也许是严格教育子女的慈父，也许只是一个愚忠于蜀汉的普通人，那么多的"也许是"，但是我们只能从历史留下的只言片语中去想象当年烽火连天的一切，到底也没有人清楚，诸葛亮到底是怎样的一个人。不仅人会老，就连故事传说也总会有一天老去，没有什么东西可以永恒不变，面对时间的流逝和时代的变迁，我们无能为力，只能去哀叹这种无奈的式微，但是总会有一种永恒会超越时间，就像是烟花般灿烂地活在漫长的历史中，即使死去，即使改变，也会成为一段永不褪色的传奇。

附录　诸葛亮生平表

公元纪年	诸葛亮年龄	事　　件
181 年 （光和四年）	1 岁	诸葛亮出生于山东琅琊阳都（今山东沂南）
183 年 （光和六年）	3 岁	诸葛亮母亲章氏去世
188 年 （中平五年）	8 岁	诸葛亮父亲诸葛珪去世
193 年 （初平四年）	13 岁	离开家乡，前往豫章
195 年 （兴平二年）	15 岁	在荆州襄阳（今湖北襄樊）安定下来
197 年 （建安二年）	17 岁	叔父诸葛玄逝世。诸葛亮隐居南阳
199 年 （建安四年）	19 岁	诸葛亮与友人徐庶等从师水镜先生司马徽。官渡之战开始
200 年 （建安五年）	20 岁	官渡之战袁绍战败
201 年 （建安六年）	21 岁	刘备投奔刘表，屯兵新野

公元纪年	诸葛亮年龄	事　件
207 年 (建安十二年)	27 岁	刘备三顾茅庐。隆中对诸葛亮为刘备分析天下局势
208 年 (建安十三年)	28 岁	诸葛亮前往东吴"联吴抗曹"。赤壁之战曹军败北
211 年 (建安十六年)	31 岁	诸葛亮与关羽、张飞、赵云镇守荆州
214 年 (建安十九年)	34 岁	诸葛亮留关羽守荆州,与张飞、赵云分兵与刘备会师。刘备攻占成都,诸葛亮任军师将军,署左将军府事
219 年 (建安二十四年)	39 岁	七月,刘备自称汉中王。关羽失荆州
221 年 (蜀章武元年)	41 岁	刘备称帝,国号"汉",史称蜀汉。诸葛亮任汉国丞相,领益州牧
222 年 (蜀章武二年)	42 岁	夷陵之战刘备战败
223 年 (蜀建兴元年)	43 岁	刘备兵败白帝城,永安托孤于诸葛亮。刘备死,刘禅即位,封诸葛亮为武乡侯,领益州牧
225 年 (蜀建兴三年)	45 岁	诸葛亮南征,平定南蛮
227 年 (蜀建兴五年)	47 年	诸葛亮率军北驻汉中,准备北伐。上疏刘禅(《出师表》),矢志"兴复汉室"
228 年 (蜀建兴六年)	48 岁	诸葛亮率军攻祁山。马谡失街亭,诸葛亮自请处分,为右将军,行丞相事。十二月,诸葛亮第二次北伐
229 年 (蜀建兴七年)	49 岁	诸葛亮第三次北伐,夺取武都、阴平,复丞相位。四月,孙权称帝
231 年 (蜀建兴九年)	51 岁	诸葛亮第四次北伐,再出祁山,大败魏军,在木门道伏杀魏名将张郃

公元纪年	诸葛亮年龄	事　件
233 年 （蜀建兴十一年）	53 岁	诸葛亮在斜谷修造邸阁，屯集粮食
234 年 （蜀建兴十二年）	54 岁	诸葛亮再次北伐。八月，病逝于军中，葬于定军山